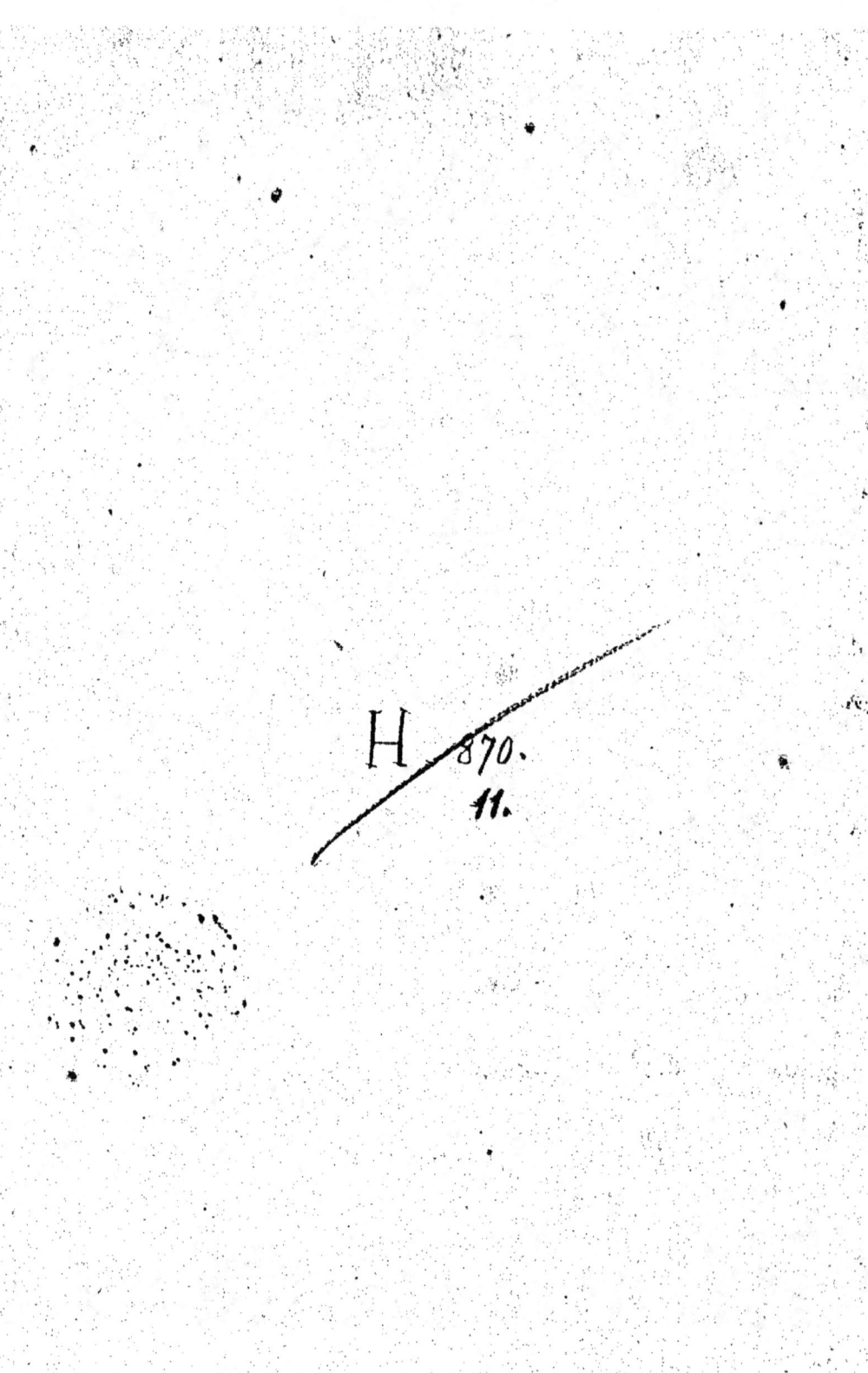

HISTOIRE DE L'EGLISE,

Par M. l'Abbé DE CHOISY.

TOME ONZIEME,

Depuis l'an 1661. jusques à l'an 1715.

A PARIS,

Chez CHRISTOPHE DAVID, ruë Saint Jacques, vis-à-vis la Fontaine S. Severin, au Nom de Jesus

M. DCC. XXIII.

Avec Approbation & Privilege de Sa Majesté.

A LA MEMOIRE
IMMORTELLE
DE
LOUIS LE GRAND.

JE m'adreſſe à Vous, GRAND PRINCE, pour Vous offrir ce dernier Volume de l'Hiſtoire de l'Egliſe, dont je Vous ai offert le commencement; & c'eſt en quelque façon votre Ouvrage, puiſque je ne l'ai entrepris que ſous vos auſpices, & que vos bienfaits m'ont donné le moïen de m'y employer tout entier.

Je viens à Vous avec confiance, les horreurs du tombeau ne m'épouvantent pas : un Heros Chrétien ne meurt jamais, pourvû qu'en gouvernant ses Peuples sagement, il ait sçû rendre à Dieu la gloire que toutes les Créatures lui doivent, & vous avez fait l'un & l'autre ; ainsi persuadé que celui qui est, que le Seigneur des Seigneurs vous aura fait misericorde, je croi vous voir aux pieds de son Trône, abîmé dans la lumiere éternelle, entouré de plusieurs millions d'ames que vous avez ramenées dans le bon chemin, & qui joignent leurs voix à la vôtre pour chanter le Cantique du Saint des Saints.

Si vous êtes parvenu à cette gloire, GRAND PRINCE, c'est par la voïe étroite de la Religion. Le Seigneur vous a fait boire dans son Calice qui purifie tout. Cette auguste famille, dont vous pouviez vous promettre la durée pandant plusieurs siecles, a disparu presque en un instant. Les maux du corps ont accompagné les afflictions de l'esprit, sans que votre constance, ou, pour mieux dire, votre résignation aux ordres du Souverain Maître, en ait été ébranlée. Nous vous avons vû aux prises avec la mort, dans toutes les angoisses de l'agonie, vous plaignant seulement au milieu de vos plus grandes douleurs, de ne souffrir pas assez pour l'expiation de vos pechez. Nous vous avons vû toûjours tranquile au milieu de la désolation publique, consolant des Princesses qui fondoient en larmes, donnant à votre arriere petit-fils, reste de tant de Rois, & notre unique esperance, des conseils que ce jeune Prince veut avoir toûjours devant les yeux, & qu'il regarde comme des Loix: & sans doute, que par vos prieres vous appuyerez vos conseils, & demanderez *pour lui au Tout-Puissant, cet esprit de force & d'intelligence, qu'il accorda autrefois à Salomon pour le gouvernement des Peuples.*

AVERTISSEMENT.

ENFIN, mon cher Lecteur, voici le dernier Volume de l'Histoire de l'Eglise; Dieu m'a fait la grace de m'accorder assez de jours pour achever un si long & si pénible Ouvrage. J'y ai suivi constamment les maximes que me donna il y a plus de vint ans Jaques Benigne Bossuet, Evêque de Meaux, lorsque malgré mon insuffisance, je l'entrepris par son conseil, que je regardai comme un ordre. Il me promit son secours. Il a vû, il a corrigé le premier Volume; mais dans le tems que j'en avois le plus de besoin, il fut enlevé par la Providence, qui vouloit couronner dans le Ciel les travaux d'un Pere de l'Eglise. Je n'ai pas perdu courage; animé par son esprit, dont il m'avoit laissé quelque étincelle, j'ai suivi la route qu'il m'avoit tracée. J'ai rapporté, à l'exemple de M. de Tillemont, les principales actions des Rois & des Empereurs, dans les occasions où ils se sont

AVERTISSEMENT.

déclarez protecteurs & défenseurs de l'E glise ; je ne pouvois pas m'égarer en sui vant de si bons guides. J'ai profité du travail immense de Monsieur l'Abb Fleury, tant qu'il a marché devant moi & quand je me suis vû tout seul, aban donné à moi-même, j'ai imploré le se cours de mes amis. Monsieur l'Abbé de Dangeau, dont la capacité est connuë a été mon Correcteur perpetuel. Mon sieur l'Abbé Dubos m'a redressé dans le derniers Traitez de Paix, où il a eu tan de part. Enfin, je me suis aidé de ce que j'ai pû, & me suis consolé par avance des fautes que j'ai faites assurément, quelque application que je me sois donnée pour n'en faire que le moins que je pourois.

J'espere qu'on me pardonnera si je me suis un peu étendu sur l'Ambassade de Siam, & sur les Missions Orientales ; nous aimons à parler de ce qui nous a passé par les mains. Nous en sommes bien instruits, & nous voulons en instruire les autres ; ce n'est pas sortir de mon su jet. On y trouve partout le triomfe de l'Epouse de Jesus-Christ, & la gloire d'un grand Roi, qui non content d'avoir

éteint

AVERTISSEMENT.

éteint l'herefie dans fon Royaume, s'embrafe du zele Apoftolique, & fait porter l'Evangile aux extrémitez de l'Univers.

Je me fuis trouvé dans ce Volume attaché prefque toûjours fur les pas de Loüis le Grand ; & parmi tant d'actions de guerre, que j'ai paffées fort légerement, j'en ai trouvé une infinité qui regardent l'Eglife, & je m'y fuis arrêté, fuivant ma vocation. J'ai toûjours vû ce Prince préferer la caufe de Dieu à ce defir infatiable de conquêtes, qui le poffedoit; & bien loin de profiter de la foibleffe de l'Empereur attaqué par les Turcs, il envoye à fon fecours les meilleures troupes de fon Royaume. Enfin, j'ai rapporté une Relation exacte des actions & des paroles de ce grand Roi pandant les derniers jours de fa vie : Relation faite d'heure en heure par une Dame, illuftre par fon attachement à fa Religion & à fon Prince, & qui ne le quittoit pas d'un moment : Ecrit qui merite d'être gravé à jamais dans les Annales de l'Eglife.

J'ai parlé fouvent des Empereurs Ottomans, qui, fans le vouloir, ont contribué à la gloire du nom Chrétien par le

AVERTISSEMENT.

combat de saint Gotard, & par le siege de Vienne.

Le siege de Candie est un de ces morceaux d'Histoire, qui attirent l'attention. J'ai apporté tous les soins possibles pour être instruit de ce qui s'y est passé. J'ai lû les meilleures Relations, j'ai entretenu plusieurs Officiers generaux qui y ont servi pandant le siege; & je puis avancer, sans craindre d'être désavoué, que les Venitiens ont vû croitre leur gloire dans leur défaite, en perdant une ville qu'ils ont défenduë pandant dix-sept années contre toutes les forces de l'Empire Ottoman.

Les démêlez entre la France & la Cour de Rome furent poussez fort loin sous le Pontificat d'Innocent XI. & l'on ne pût lui faire entendre raison, malgré toutes les avances que le Roi fit pour l'accommodement, jusqu'à lui envoyer un Ministre secret à l'insçû mesme de son Ambassadeur. Le Pape Alexandre VIII. qui succeda à Innocent XI. dit toujours qu'il vouloit tout accommoder, & n'accommoda rien; & ce fut Innocent XII. qui voyant que le Roi avoit abandonné

AVERTISSEMENT.

les franchises de son Ambassadeur à Rome, & qu'il n'étoit plus question de la Regale, donna enfin des Bulles aux Evêques de France, & même à ceux qui avoient été de l'Assemblée de quatre-vint-deux. Ils écrivirent seulement à Sa Sainteté qu'ils n'avoient jamais songé à rien dire ni faire contre les prérogatives du Saint Siege.

La maniere dont la Monarchie d'Espagne est entrée dans la Maison de France a été si extraordinaire, qu'on sera bien aise d'en trouver les particularitez les plus secretes. On admirera sur tout la politique prévoyante du Roi, qui plus de quatre ans avant ce grand évenement, l'avoit préparé par des mesures si justes, qu'elles réussirent, & que sans tirer l'épée, sans verser une goute de sang, il donna à son petit-fils vint-deux Royaumes, & un Empire sur lequel on dit que le Soleil ne se couche jamais.

Enfin, j'ai fait mention des principales Missions qui se sont faites depuis soixante ans; ce qui fera connoître que si la Religion Catolique a perdu beaucoup de peuples en Europe par les heresies de Luther

AVERTISSEMENT.

& de Calvin, elle en a regagné bien davantage dans les autres parties du monde Dieu suscitant de tems en tems des hommes apostoliques, & mesme des Martirs pour le soutien de son Eglise.

J'ai fait une addition au dixiéme Volume de l'Histoire de l'Eglise de plusieurs faits importans que j'avois oublié de rapporter.

ADDITION
AU TOME DIXIE'ME
DE
L'HISTOIRE DE L'EGLISE.
ANNE'E 1633.

JE croi qu'au lieu de m'amuſer à chercher une liaiſon qui ſeroit mauvaiſe, je ferai mieux d'avoüer franchement que j'ai oublié dans le dixiéme Volume de l'Hiſtoire de l'Egliſe de parler de l'inſulte que le Duc d'Epernon, Gouverneur de Guyenne, fit à l'Archevêque de Bordeaux en 1633. Fait important qui eut de grandes ſuites par la part qu'y prit toute l'Egliſe de France.

Jean-Loüis de Nogaret & de la Valette Duc d'Epernon, qui avoit été favori du Roi Henri III. & en grande conſideration ſous Henri IV. étoit plus accoutumé à commander qu'à obéïr. Sa naiſſance, ſon eſprit, ſon courage, ſa capacité à la guerre, ſes Gouvernemens, ſes Charges, ſes richeſſes, la memoire du Marquis de la Valette ſon pere, Meſtre de Camp General de la Cavalerie, & plus que tout, le merite de ſes enfans, qui avoient les plus grans Emplois de l'Etat, ſecondoient ſa fierté naturelle, & le rendoient d'un commerce fort difficile. D'autre côté, l'Archevêque de Bordeaux, frere du Cardinal de Sourdis ſon prédeceſſeur, n'avoit pas les manieres moins hautes, & ſe ſentoit appuyé du Cardinal de Richelieu, premier Ministre, & maître du Gouvernement. Ce Cardinal n'étoit pas content du Duc d'Epernon, depuis la maladie qu'il avoit euë à Bordeaux, pandant laquelle le Duc lui avoit rendu une visite suivi de tous ses Gardes. On lui avoit dit (l'Archevêque de Bordeaux en étoit accusé) qu'il avoit songé à s'assurer de sa personne ; & quoique cela fût faux, le seul soupçon l'avoit indisposé.

L'Archevêque étant arrivé à Bordeaux, & n'y ayant pas reçû les honneurs qu'on avoit accoutumé de lui rendre, il en accusa le Duc, qui ne se voulut pas donner la peine de s'en justifier ; il prit même plaisir dans la suite à lui donner de petits chagrins, défendit de lui porter de poisson les jours maigres, & fit maltraiter quelques-uns de ses Officiers. L'Archevêque en fit informer, & trouva le Parlement fort disposé à verbaliser contre le Duc. Ils n'avoient jamais pû s'accorder ; de Gourgues & Daguesseau Premiers Presidens, y avoient employé inutilement leur esprit & toute leur éloquence. On decreta contre des gens habillez de vert-brun, (c'étoit la livrée d'Epernon) L'Archevêque demanda main forte aux Jurats, & fit assembler son Clergé ; alors le Duc pour s'en vanger, ordonna au Lieutenant de ses Gardes d'attendre l'Archevêque dans la place de l'Archevêché, & de lui demander, en lui montrant ses Gardes, s'ils avoient la mine de bandis. Le Lieutenant se mit en devoir de le faire, & l'Archevêque ne voulant pas l'écouter, les Gardes saisirent la bride de ses chevaux. Il sortit aussi-tôt de son carosse, & se sauva chez lui en criant qu'on lui faisoit violence. Il fit faire de nouvelles informations, & excommunia le Lieutenant des Gardes, & ceux qui l'accompagnoient ; & sans nommer le Duc d'Epernon, il le désigna fort bien. Il envoya aussi-tôt un Courier au Cardinal de Richelieu, qui l'assura de sa protection ; mais comme il aimoit le

Cardinal & le Duc de la Valette, il travailla à accommoder l'affaire, & en donna la commiſſion à Villemonté Conſeiller d'Etat. Il n'en eut pas le tems, & les choſes s'aigrirent à un tel point, qu'on ne ſongea plus qu'à les pouſſer aux dernieres extrémitez.

L'Archevêque ayant ſçû que quelques Docteurs & pluſieurs Religieux aſſuroient que l'excommunication lancée contre le Lieutenant des Gardes du Duc étoit mal fondée, fit aſſembler tous les Curez de la Ville, & les Superieurs des Maiſons Religieuſes pour lui venir rendre compte de leur conduite. Pluſieurs eurent recours au Duc, qui défendit de pareilles aſſemblées comme contraires à l'autorité du Roi, & pour les empêcher mit les Archers du Guet aux Portes de l'Archevêché. Alors l'Archevêque ſe voyant preſque aſſiegé, ſortit à pied de ſa maiſon, criant par les ruës, *A moi, mon Peuple, il n'y a plus de liberté pour l'Egliſe*. Il alla en diverſes Maiſons Religieuſes, & aſſembla à ſa ſuite beaucoup de gens qui accouroient au ſpectacle. Le Duc averti, & craignant une ſédition, y accourut avec la vigueur d'un jeune homme; (il avoit quatre-vints ans) & ayant rencontré l'Archevêque, il l'arrêta par le bras, & lui demanda de quelle autorité il mettoit toute la Ville en rumeur. L'Archevêque s'écria, *Frape, Tiran, tes coups me ſeront des fleurs & des roſes*. Le Duc lui appuya deux ou trois fois le poing contre l'eſtomac, & voyant qu'il lui diſoit toûjours des injures, il leva ſa cane ſur lui, & fit tomber ſon chapeau par terre. On les ſépara. Le Duc retourna chez lui, & quoiqu'il pût juger que cette affaire auroit des ſuites, il n'en témoigna ni appréhenſion ni repentir, & en parla comme de l'effet d'un juſte reſſentiment, à quoi l'autorité du Roi & ſon honneur l'avoient engagé. Il fut même quatre jours ſans en écrire à la Cour, & ne fit dreſſer qu'à la priere de ſes amis un Procés Verbal, où il expliquoit simplement comme la chose s'étoit passée ; ce qui suffisoit pour sa condamnation. L'Archevêque ne fit pas de même ; il alla d'abord à son Eglise, & y prononça l'excommunication contre le Duc, & mit en interdit toutes les Eglises de Bordeaux, & celle du Château de Cadillac. Il fit faire des informations par le Parlement, & les envoya au Cardinal de Richelieu, qui ne songea plus qu'à vanger l'Eglise. Il fit assembler les Evêques qui se trouverent à Paris, qui jugerent que le Duc avoit été bien & dûëment excommunié. Quelques-uns de ses amis ne vouloient pas aller si vite, & representoient son repentir. Cospean, grand Predicateur, Evêque de Nantes, qui lui avoit obligation de sa fortune, s'écria en pleine Assemblée : *Si le Diable se pouvoit soumettre à Dieu au point que fait le Duc d'Epernon, il obtiendroit pardon de ses fautes.* Après qu'il eut été condamné, le Roi lui manda de sortir de Guyenne, & d'aller à sa maison de Plassac en Angoumois jusqu'à nouvel ordre. Il obéït, & y demeura quatre mois, se croyant veritablement excommunié, sans aller à l'Eglise, ni participer aux Sacremens. Il fut déclaré déchû de toutes les Charges & dignitez jusqu'à ce qu'il eut reçû son absolution. Le Pape pandant qu'il étoit nonce en France, avoit fait amitié avec lui ; il s'en souvint, & lui envoya un Bref d'absolution, après néanmoins qu'il auroit satisfait les Ministres de l'Eglise.

Cepandant ses enfans avoient adouci l'esprit du Cardinal de Richelieu. Il étoit content de voir le Duc d'Epernon humilié devant lui. Il l'obligea à donner la démission du Gouvernement de Mets, & le donna au Cardinal de la Valette, & la reconciliation entre le Cardinal & le Duc fut parfaite par le mariage du Duc de la Valette avec la fille aînée du Marquis de Pontchateau, parente du Cardinal ; mais avant toutes choses, il falut faire réparation à l'Archevêque de Bordeaux. La ceremonie s'en fit devant l'Eglise Paroissiale de Coutras en présence du Peuple. Le Duc se mit à genoux devant l'Archevêque, qui lui donna l'absolution; & dès que le Roi le sçût, il le rétablit dans toutes ses dignitez. Il rendit encore de grans services au Roi jusqu'à la malheureuse journée de Fontarabie. Le Prince de Condé & le Cardinal de Richelieu en accuserent le Duc de la Valette, qui par un jugement que le Roi prononça en personne, fut condamné à avoir le col coupé, & obligé à se sauver en Angleterre. Le pere fut enveloppé dans la disgrace du fils, & fut toûjours persecuté jusqu'à la fin de sa vie. On le confina dans le Château de Loche; on lui ôta cinquante mille écus de rente, sans qu'il voulut jamais donner la démission de sa Charge de Colonel General de l'Infanterie, ni de ses Gouvernemens, se flatant toûjours que l'innocence du Duc de la Valette seroit reconnuë, & qu'il lui succederoit dans tous ses Emplois. Il ne se trompoit pas, mais il n'eut pas la consolation de le voir, & mourut à Loche en 1642. à l'âge de quatre-vint-huit ans, heureux, chargé d'honneurs & de biens pandant soixante années, abandonné dans les derniers tems de sa vie à la dureté de ses ennemis, par une providence misericordieuse, qui lui donna le moïen de songer à son salut.

En 1618. le Duc d'Epernon avoit eu une affaire presque semblable. Il avoit fait une insulte au Garde des Sceaux du Vair. Ce Magistrat étoit en possession de préceder les Ducs & Pairs dans toutes les ceremonies; ils s'aviserent de le trouver mauvais. Les Ducs de Montmorency, de Montbazon, de Rets & d'Uzez étoient les plus échauffez. Ils s'assemblerent plusieurs fois chez le Duc d'Epernon, & le chargerent, comme le plus vieux, & peut-être le plus hardi, de les rétablir dans le rang qu'ils croyoient leur apparte-

* iij

nir. Il le fit à sa maniere, sans garder aucune mesure & choisit un jour de Fête que toute la Cour étoi assemblée dans l'Eglise de saint Germain de l'Auxerrois; & quand il vit que le Garde des Sceaux avoi pris sa place ordinaire, il le prit par le bras, & l'en fi sortir avec violence, sans que la préfence du Roi pû arrêter son emportement. Le Garde des Sceaux s'er plaignit au Duc de Luines, nouveau favori, & tou deux repréfenterent au Roi que c'étoit une affociation des Ducs, qui blessoit son autorité, & obtinrent la permiffion de faire arrêter le Duc d'Epernon. Ils savoient bien qu'accoutumé à commander sous les derniers regnes, il ne se plieroit jamais à des satisfactions. La commiffion n'étoit pas aifée à executer; le Duc ne marchoit jamais dans les ruës de Paris qu'à cheval, accompagné de ses deux fils & du Duc de Montmorency, & suivi de deux ou trois cens Gentilshommes ou Officiers des Gardes, qui dépendoient de lui comme Colonel General de l'Infanterie. Le Duc de Luines prit alors la résolution de le faire attaquer la nuit dans sa maison par quatre Compagies du Regiment des Gardes Suisses. Il en fut averti par le Chancelier de Sillery son ami, & sortit de Paris accompagné de trois cens chevaux, qui le conduisirent jusqu'à sa maison de Fontenai en Brie, & de-là il se rendit en diligence dans son Gouvernement de Mets, où il se vit en sureté. Il étoit heureux jusques dans les plus petites choses. Il portoit ordinairement des pandans d'oreilles de perles & de diamans. (c'étoit la mode sous le regne d'Henri III.) Il s'apperçût le soir en les ôtant, qu'il y manquoit une perle en poire qui valoit plus de dix mille écus. *On la retrouvera*, dit-il froidement, & un quart d'heure après un de ses Valets de Chambre la retrouva dans des broussailles, dans un bois où le Duc s'étoit promené l'après-dînée.

J'ajoûterai encore ici l'histoire des Sociniens, qui appartient au dernier siecle. Vers l'an 1546. Lelio Socin publia des erreurs qui firent horreur à tout le monde Chrétien. Il étoit de Sienne, fils d'un Jurisconsulte, & soûtenoit qu'il n'y avoit qu'une seule personne en Dieu ; que Jesus-Christ n'étoit point le Dieu Créateur du monde, mais un homme né d'une Vierge par la vertu du Saint Esprit, qui n'est qu'une simple vertu divine. Il se fit quarante Disciples dans l'Etat de Venise, dont les principaux étoient Valentin, Gentilis, Blandrate & Paul Alciat, qui tous se sauverent de peur de l'Inquisition ; les uns en Grece, les autres en Hongrie, en Moravie & en Pologne, où ils firent beaucoup de Sectateurs. L'exemple de Servet, qui avoit écrit contre la Trinité, & qui fut brûlé à Genêve par l'ordre de Calvin, leur fit connoître qu'il n'y avoit pas plus de sureté pour eux dans les Etats Protestans, que dans ceux des Catoliques. Socin ne laissa pas de se retirer à Zurich, & y mourut. Gentilis eut la tête tranchée par Sentence du Senat de Berne. Alciat se fit Mahometan, & Blandrate après avoir bien fait des Ecrits contre la Trinité, abjura ses erreurs avant que de mourir. Fauste Socin, neveu de Lelio, soûtint la plûpart des erreurs de son oncle, & en inventa de nouvelles. Il disoit que Jesus-Christ étoit un homme, mais plus excellent que les autres hommes, même que les Anges, né d'une Vierge par l'operation du Saint Esprit, destiné pour un ministere très-saint & très-élevé, établi Seigneur du Ciel & de la Terre, & Juge des vivans & des morts ; dignité pour laquelle on doit l'appeller Fils de Dieu, & Dieu, non par sa substance, mais à cause de son autorité & de son ministere, & que par cette raison on doit aussi l'adorer & l'invoquer. Il nioit le peché originel, rejettoit le Baptême des Enfans, & n'admettoit l'Eucharistie que comme un simple signe. Il se retira en Pologne, & y mourut en 1604. Ses Sectateurs s'y multiplierent, & eurent à Racovie une Maison & une Imprimerie; mais ils en furent chassez en 1660. par le Roi Casimir, & par la Reine Loüise-Marie de Gonzague, & se refugierent en Silesie, en Prusse, en Moravie & en Transilvanie, où il y en avoit depuis long-tems, & où l'on dit qu'il y en a encore présentement quelques miserables restes, mais ils ne s'accordent pas ensemble. Quelques-uns nient qu'on puisse donner à Jesus-Christ le nom de Dieu; d'autres ont embrassé l'Arianisme. Les Papes n'ont point été obligez à les condamner, ils sont partout en abomination, sans que l'Eglise s'en mêle.

HISTOIRE
DE L'EGLISE.
LIVRE TRENTE-QUATRIE'ME.

CHAPITRE PREMIER.

E Pape Alexandre VII. gouvernoit l'Eglise depuis cinq ans; il avoit confirmé toutes les Constitutions de ses prédecesseurs contre le Jansenisme, & en avoit fait publier une nouvelle, & un formulaire qu'on faisoit signer à tous les Ecclesiastiques, & même

An. de J.C. 1661.

aux Religieuses. Les assemblées du Clergé de France, & tous les Evêques avoient reçû avec respect tout ce qui avoit été reglé par le Saint Siege, & cette heresie qui avoit fait tant de bruit sembloit être entierement éteinte; mais il paroissoit d'ailleurs que le S. Pere ne soutenoit pas sur la Chaire de Saint Pierre la grande reputation qu'il s'étoit acquise à Munster, & dans ses autres negociations sous le nom du Cardinal Chigi; il s'amusoit à des bagatelles, & ne songeoit qu'à enrichir ses parens; il oublioit même sa qualité de Pere commun, & dans toutes les occasions il témoignoit son inclination pour l'Espagne. Il est vrai que dans le commencement du Conclave où il avoit été élû, les François lui avoient donné l'exclusion, (injure qu'on ne pardonne gueres,) mais elle avoit été levée à la recommandation du Cardinal Sachetti, & tous les Cardinaux de la faction Françoise lui avoient donné leurs voix; il en avoit témoigné peu de reconnoissance, en donnant au Cardinal de Rets une protection trop declarée, & en n'accordant rien aux instances que le Roi lui faisoit continuellement en faveur du Portugal qui lui demandoit des Evêques: aussi le Cardinal Mazarin lui donna la mortification de voir la paix generale signée, sans qu'il y eût aucune part; il avoit esperé qu'elle se feroit à Rome sous ses yeux

& par ses bons offices, ou que du moins il pourroit envoyer un Legat aux conferences de la paix ; les mauvaises dispositions dans les esprits s'aigrirent, & furent poussées aux extrémitez par un accident inopiné. Le Duc de Crequi, Ambassadeur de France à Rome y soutenoit son caractere avec une grande dépense. Un soir quelques-uns de ses palfreniers prirent querelle dans un cabaret avec quelques soldats Corses, les batirent & les desarmerent. Quelque tems après la même querelle étant arrivée, les Corses furent les plus forts, tuerent deux François, & poursuivirent les autres jusqu'au Palais Farnese, où demeuroit l'Ambassadeur ; ils tirerent aux fenêtres plusieurs coups de mousquet ; & ayant rencontré dans une ruë voisine la Duchesse de Crequi, ils tirerent sur son carosse, tuerent un de ses Pages, & l'obligerent à se sauver chez le Cardinal d'Est. Un pareil attentat demandoit une grande satisfaction. Le Cardinal Chigi Ministre d'Etat, Dom Mario Chigi General des armes Ecclesiastiques, & le Cardinal Imperialé Gouverneur de Rome, tinrent conseil sur une affaire si importante. Le Cardinal Imperialé fut d'avis de faire une justice exemplaire des Corses, mais les deux autres firent sauver les plus coupables, & protesterent seulement, qu'ils n'avoient eu aucune part à ce qui s'étoit passé ; ils se contenterent d'éloigner la Garde Corfe du Palais Farnefe, & d'y mettre d'autre milice, ce qui fembloit vouloir tenir l'Ambaffadeur comme affiegé dans fa maifon; le Cardinal Imperialé quitta le gouvernement de Rome; mais le Pape l'ayant fait Legat de la Romagne, montroit affez qu'il n'étoit pas mécontent de lui. Alors le Duc de Crequi après avoir pris l'avis des Cardinaux d'Eft, d'Aragon & Mancini, & celui du Duc Cefarini, envoya un courier au Roi pour recevoir fes ordres. La Reine Chriftine de Suede par le moyen du Cardinal Azolin, le Grand Duc, & les Venitiens fe mêlerent de l'accommodement, & perfuaderent au Cardinal Chigi de rendre une vifite au Duc de Crequi. Il le fit, mais comme il ne parla point d'excufe, & que la converfation ne roula que fur des complimens generaux, l'Ambaffadeur fe fentit encore plus offenfé, & manda au Roi que ne pouvant plus demeurer à Rome avec honneur, il s'étoit retiré avec le Cardinal d'Eft à San-Quirico fur les terres du Grand Duc. L'Abbé de Bourlemont Auditeur de Rote pour la France s'y rendit auffi.

Dès que le Roi fçut ce qui s'étoit paffé à Rome, il envoya ordre à Picolomini Nonce du Pape de fortir du Royaume, & écrivit à fa Sainteté pour lui demander une fatisfaction convenable, dont il s'expliqueroit dans la fuite, fouhaitant de pouvoir conferver toûjours le refpect qu'il lui devoit. Il fe faifit du Comtat d'Avignon, & fit marcher en Italie des troupes que les Ducs de Parme & de Modene devoient recevoir dans leurs Etats. La Reine de Suede avoit d'abord écrit au Roi pour lui offrir de bonne grace tout ce qui pouvoit dépendre d'elle, & dans la fuite changeant de ftile, elle s'offroit d'être mediatrice. Le Roi lui répondit que fa premiere lettre venoit de fon cœur, & la feconde de fa politique.

Cependant les Ambaffadeurs d'Efpagne & de Venife, & le Grand Duc firent enfin convenir de tenir des conferences à Pife en 1664. Rafponi Plenipotentiaire du Pape & Bourlemont Plenipotentiaire de France y fignerent un traité, par lequel il fut dit qu'on rendroit le Comtat d'Avignon aux Officiers de l'Eglife : que le Pape envoyeroit en France le Cardinal Chigi fon neveu avec la qualité de Legat *à lateré* pour affurer le Roi, dans une audiance publique, que ni fa Sainteté, ni pas un de fes parens n'avoit eu part à l'attentat des Corfes : que Dom Mario frere du Pape fortiroit de Rome, & n'y rentreroit qu'après que le Legat auroit eu audiance du Roi : que le Cardinal Imperialé iroit en France fe juftifier : que la nation Corfe feroit declarée incapable de jamais fervir dans les Etats

de l'Eglife, & que l'on éleveroit dans Ro[me]
une Piramide, dont l'infcription marquero[it]
le crime & la punition des Corfes. Il fut e[n]
fin reglé que le Pape revoqueroit l'incamera[-]
tion de Caftro & de Roncilioné, & acordero[it]
quatre ans au Duc de Parme pour payer f[es]
dettes, & qu'il donneroit au Duc de Moden[e]
pour fes prétentions fur les valées de Coma[c]chio, quarante mille écus ou un Palais dan[s]
Rome : mais comme le Duc de Parme n[e]
paya pas fes dettes dans le temps pref[-]
crit, les Duchez de Caftro & de Ronci[-]
lioné demeurerent réünis au Saint Siege. L[e]
traité fut executé fidelement ; le Cardina[l]
Chigi Legat *à lateré* vint en France avec un[e]
grande fuite d'Evêques & de Prélats Italiens[,]
& fut receu par tout avec de grands hon[-]
neurs : fa perfone & fes manieres gagneren[t]
les cœurs; il fit fon entrée le 28. Juillet à Fon[-]
tainebleau où étoit la Cour. Monfieur qu[i]
étoit allé au devant de lui dans la foreft, le fi[t]
monter dans fon caroffe, & lui donna la main[.]
Le lendemain il eut audiance du Roi qui l[e]
vint recevoir à la porte de fa chambre, il fi[t]
à fa Majefté les excufes fur l'affaire des Cor[-]
fes fuivant l'article du traité de Pife. Son[,]
équipage, fes livrées & toute fa fuite étoien[t]
magnifiques. Le troifiéme d'Aouft le Roi[,]
lui donna à dîner dans la fale des Suiffes, l[e]
Duc d'Anguyen y fit fa Charge de Grand-

An de J.C. 1664.

Maître. Le Legat eut un fauteüil à la gauche du Roi, & à quelque diſtance. Il eut ſon audiance de congé avec les mêmes ceremonies, le Roi lui témoigna ſa parfaite ſatisfaction, & lui envoya par Boneuil Introducteur des Ambaſſadeurs une croix de ſix gros diamans. Le Legat preſenta au Roi de la part du Pape le corps de Saint Zenon l'un des dix mille ſoldats qui ſoufrirent le martyre ſous les Empereurs Diocletien & Maximien : le corps du Saint fut mis à Paris dans la Chapelle du Louvre, & quelque tems après le Roi le donna aux Feüillans qui le vinrent chercher au Louvre en proceſſion : l'Evêque de Perigueux en l'abſence du Cardinal Antoine Barberin Grand Aumônier de France fit la ceremonie, qui fut magnifique, par les ſoins de la Reine mere qui y aſſiſta avec beaucoup de pieté.

Le Legat après avoir pris congé du Roi à Fontainebleau, vint à Paris, & y fit ſon entrée ſur une mule blanche entre le Prince de Condé & le Duc d'Anguyen à cheval, il receut les complimens du Parlement, de la Chambre des Comptes, & des autres compagnies en latin, & il leur répondit en la même langue : il alla faire ſes devotions à l'Egliſe de Nôtre-Dame, & après quelques jours de repos il reprit le chemin de l'Italie.

Le Cardinal Imperialé vint auſſi faire ſes

excuses au Roi, & fut fort bien receu; son frere avoit été bani par la republique de Genes, pour lui avoir donné retraite après l'affaire des Corses; le Roi demanda sa grace & l'obtint, les Genois ne l'avoient bani que pour faire leur Cour au Roi.

La mort du Cardinal Mazarin fit plaisir au petit peuple, qui croit toûjours gagner au changement; il avoit fait la paix & avoit promis des merveilles, mais ce n'étoit que les paroles d'un Ministre Italien: les impôts n'étoient point diminuez, & sous le prétexte specieux de rétablir les Finances, les choses alloient leur train ordinaire. On ne voyoit que spectacles publics mêlez de musiques, carousels, feux d'artifices, la Cour étoit dans la magnificence exterieure, toute la misere étoit au dedans: on voyoit bien les fleurs de la paix, on n'en avoit point encore goûté les fruits. Les plus gens de bien trembloient pour l'Etat, qu'ils voyoient sans pilote: il ne leur entroit pas seulement dans l'esprit que le Roi fut capable de gouverner, ni même qu'il s'en voulut donner la peine. Mais quand le Cardinal fut mort, il commença à se faire connoître: sa reconnoissance le faisoit soufrir depuis quelques années, il se sentoit capable de gouverner son Royaume, & ne pouvoit se résoudre à ôter le maniment de ses affaires à un homme qui l'avoit bien servi depuis son enfance;

enfance ; mais après sa mort, il s'apliqua tout de bon au gouvernement ; & quoi qu'entouré de tous les plaisirs séduisans, il se montra Roi. Il avoit vingt-trois ans ; il se chargea du soin des affaires, & n'en fut point embarassé. Son esprit caché sous les dehors modestes d'une bonté ingenuë se déclara tout entier. Il changea le mauvais ordre qu'on suivoit en tout, se choisit des Ministres, forma des Conseils reglez, réjoüit les peuples, & étonna toute l'Europe par une capacité à laquelle on n'avoit pas lieu de s'atendre. Il avoit passé son enfance dans les jeux & dans les plaisirs. La Reine sa mere s'étoit peu mise en peine de son éducation. Ses Gouverneurs, ses Precepteurs l'avoient presque abandoné à lui-même ; il ne savoit, à proprement parler, que ce que la nature lui avoit apris. L'étude lui faisoit de la peine, comme elle en fait à tous les enfans ; mais au lieu de le contraindre comme les autres, on le flatoit dans toutes ses inclinations, qui heureusement pour lui & pour nous se sont trouvées bonnes, douces, bien-faisantes. Il n'y avoit que sur le chapitre de la Religion qu'on ne lui pardonnoit rien ; & parce qu'un jour la Reine-mere alors Regente l'entendit jurer, elle le fit mettre en prison dans une chambre, où il fut deux jours sans voir persone, & lui fit tant d'horreur d'un crime qui

va infulter Dieu jufques dans le Ciel, qu'i
n'y eft prefque jamais retombé depuis ; &
qu'à fon exemple, le blafphême a été abo[li]
parmi les Courtifans, qui en faifoient alor[s]
vanité. On lui avoit i[n]fpiré dès fes premieres années les principes folides de la pieté[;]
ils fe placerent, ils fe graverent dans le fon[d]
de fon ame ; & fi dans la fuite de fa vie, l'ar[-]
deur de l'âge l'a fait ceder quelquefois à fe[s]
paffions, il a toûjours confervé un profon[d]
refpect pour la Religion. Il n'a pas non plu[s]
oublié les maximes du Cardinal Mazarin[.]
Souvenez-vous, Sire, lui difoit ce grand Minif[-]
tre, *de tenir les Princes du Sang le plus bas que vou[s]
pourez ; ne vous familiarifez point avec les Courtifans, de peur qu'ils ne vous perdent le refpect, & n[e]
vous faffent des demandes que vous ne pourez pas leu[r]
accorder, & prenez un vifage ferieux & fevere de[s]
qu'ils vous demanderont quelque chofe ; cultivez ave[c]
foin le talent royal de la diffimulation, que la Nature vous a prodigué ; deffiez-vous de tous ceux qu[i]
aprocheront de vous, fans en excepter vos Miniftres[;]
gardez dans les affaires un fecret impénétrable, qu[i]
feul les peut faire réüffir. Vous conoiffez mieux qu[e]
perfone le ridicule des hommes, mais fouvenez-vou[s]
qu'une raillerie faite par un Prince comme vous, fai[t]
des playes mortelles qui ne s'oublient jamais,* & l[e]
Roi a dit plufieurs fois qu'il fe fouvenoit toû[-]
jours d'un fi bon avis. *Enfin, Sire,* dit le Car[-]
dinal, *promettez aux François, & ne vous mette[z]*

pas en peine de tenir ; mais furtout ne foyez point cruel, prenez leur argent, mais épargnez leur fang, & c'eſt une maxime que le Cardinal a toûjours fuivie. Vous êtes trop bon, lui difoit un jour Ondedei : ſi vous faiſiez quelque exemple de févérité, on vous obéïroit mieux. Oüi, répliqua-t-il, mais on me haïroit davantage. Le Roi plein de ces maximes, commença à regler ſes Finances, qui étoient en mauvais état. Les revenus étoient mangez par avance, & la Cour ne ſubſiſtoit que par les prêts que faiſoient les Partiſans à gros interêts. La Reine étoit acouchée d'un Dauphin. Mademoiſelle d'Orleans, fille de Gaſton Duc d'Orleans, mort en 1660. avoit été mariée au Prince de Toſcane, & Monſieur frere du Roi, avoit épouſé Henriette-Anne d'Angleterre, Princeſſe qui n'avoit qu'à ſe montrer pour gagner les cœurs. Monſieur avoit eu pour ſon apanage les Duchez d'Orleans, de Chartres & de Valois. La Cour étoit dans la joïe ; ce n'étoit que fêtes, danſes, balets. Le Roi fit le Florentin Lulli Surintendant de ſa Muſique ; il étoit auſſi original dans ſon art que Corneille & Racine dans les Tragedies, que Moliere dans les Comedies, que Quinaut dans les Opera, que Deſpreaux dans les Satires, que la Fontaine dans les Fables ; & l'on peut remarquer en paſſant que le Roi a formé tous ces hommes ſinguliers que je viens de nommer, à l'exception de Corneille, tous auffi illuftres dans leur genre que Condé & Turenne dans le leur : remarque qu'on a faite dans tous les temps, que fous le regne des Heros, il fe forme toûjours de grans hommes dans toutes les conditions de la vie.

Le Roi au milieu de fes affaires, & même de fes plaifirs, fongeoit toûjours à fe défaire de Fouquet Surintendant des Finances. Ce Miniftre avoit donné affez de prifes fur lui; on l'accufoit de grandes diffipations, & de beaucoup de négligence dans les affaires; tout cela fembloit fuffifant pour lui faire de la peine. Outre qu'il y avoit une néceffité prefque abfoluë de changer de Surintendant, pour avoir occafion de condamner tout ce qu'il avoit fait, pour ne rien tenir de tout ce qu'il avoit promis, & pour dépoüiller tous ceux qui s'étoient enrichis pandant fon adminiftration; & malgré toutes ces raifons, le Roi lui auroit pardonné le paffé, s'il lui avoit découvert le veritable état de fes Finances. Fouquet lui donnoit des états de la dépenfe & des revenus de l'Etat; le Roi montroit tous les foirs ces états à Colbert, que le Cardinal lui avoit commandé; cela dura quelques mois, & Fouquet cachant toûjours quelque chofe, le Roi réfolut enfin de le perdre. Sa charge de Procureur General du Parlement de Paris étoit un rampart, à l'abri duquel il fembloit être en sûreté. A peine sortoit-on des guerres civiles, où la puissance de cette Compagnie n'avoit que trop éclaté ; il n'étoit pas à propos de lui fournir de nouveaux sujets de plaintes, en faisant faire le procès par des Commissaires à l'un de ses principaux Officiers ; & d'ailleurs s'en remettre au jugement de cent cinquante persones, qui veulent tous opiner longuement, c'étoit avoir peu d'assurance d'une briéve justice. Colbert persuada à Fouquet que pour gagner entierement l'esprit du Roi, il devoit vendre sa Charge, qui lui étoit inutile dans le poste où il étoit, & en offrir le prix à Sa Majesté. Il le fit, & par là se mit à sa discretion. On ne le ménagea plus. Le Roi voulut le faire arrêter à Vaux au milieu d'une fête qu'il lui donoit. *Ah ! Madame*, disoit-il à la Reine-mere, *est-ce que nous ne ferons pas rendre gorge à tous ces gens là ?* Mais elle l'en empêcha par bienséance, & le voyage de Nantes fut résolu. Le Roi infatigable y alla en poste, suivi du Prince de Condé, du Vicomte de Turenne, & d'une trentaine de Courtisans. Ses Ministres prirent à Orleans des cabanes fort dorées, & s'embarquerent sur la Loire ; Fouquet & Lionne dans une cabane, le Tellier & Colbert dans une autre. Un Commis de la Poste en les voyant passer, dit : *l'une de ces deux cabanes fera naufrage à Nantes.* Dès qu'on y fut arrivé, le Roi fit plus de careſſes que jamais au Surintendant, & le fit enſuite arrêter par Artagnan, Capitaine-Lieutenant des Mouſquetaires. On le conduiſit au Château d'Angers. On établit bien-tôt après la Chambre de Juſtice, compoſée du Chancelier, du Premier Préſident du Parlement, de Nemond Préſident au Mortier, de Pontchartrain Préſident de la Chambre des Comptes, de Dorieux Préſident de la Cour des Aides; Talon en fut Procureur General; il y avoit cinq Maîtres des Requeſtes, quatre Conſeillers de la Grand'Chambre, deux Conſeillers du Grand Conſeil, deux Maîtres des Comptes, deux Conſeillers de la Cour des Aides, & neuf Conſeillers tirez des neuf Parlemens des provinces. Le Marquis d'Oppede Premier Préſident d'Aix, avoit mandé au Comte de Brienne Secretaire d'Etat, que Roquexante Conſeiller d'Aix, étoit habile & homme de bien, mais qu'il ne le croyoit pas propre à une Chambre de Juſtice. Le Roi ſe fâcha contre d'Oppede. *Croit-il donc*, dit-il à Brienne, *que je veux faire un coupe-gorge? il eſt homme de bien, cela ſuffit*. Foucaud fut le greffier de la commiſſion. On avoit amené le Surintendant à Vincennes. Son procès dura encore trois ans; il ſe défendit avec beaucoup d'eſprit & de capacité, & il ne fut condamné qu'à un banniſſement perpetuel; mais on representa au Roi, qu'il étoit contre la politique de laisser aller Fouquet dans les Païs Etrangers, lui qui étoit instruit de toutes les affaires de l'Etat, & il fut renfermé dans la Citadelle de Pignerol. La Chambre de Justice, qui lui avoit fait son Procès, taxa les Partisans, & en tira plus de deux cent millions.

La mort de Cromvel avoit bien changé les affaires d'Angleterre; il déclara avant que de mourir, son fils Richard Protecteur; mais comme Richard n'avoit ni le courage ni l'habileté de son pere, il ne conserva pas long-temps sa dignité. Lambert & Monk firent révolter l'armée contre lui. Le Parlement le déposa, & la guerre civile étoit prête à s'allumer. Les Republicains avoient tâché de faire une Republique; les Generaux vouloient que les armées seules eussent toute l'autorité. Les grans Seigneurs ne se trouvant pas en état de parvenir à la premiere place, aimoient mieux partager la souveraine avec un seul homme, tel qu'étoit un Roi, que de vivre dépendans de tous ceux qui composoient le Parlement. Ainsi dans les deux années qui s'étoient écoulées depuis la mort de Cromvel, l'Etat avoit changé de forme cinq ou six fois. La fidelité de Monk, ou peut-être l'impossibilité où il étoit de s'établir solidement, lui fit prendre le parti de rappeller Charles II. leur Roi légitime. Il étoit depuis douze ans dans les païs Etra[n]gers, & n'avoit reçû aucune consolation d[es] Princes, que le sang devoit mettre dans s[es] interêts. La politique, la crainte du Prote[c]teur les avoit rendus insensibles à ses ma[l]heurs. Le General Monk lui fit envoyer d[es] Ambassadeurs en Flandre, où il s'étoit ret[i]ré, pour le prier de venir monter sur le tr[ô]ne de ses ancêtres. Il passa la mer presq[ue] seul, & fut reçû avec des acclamations e[x]traordinaires. Il ne voulut pas se servir d[es] conjonctures pour se rendre absolu : nat[u]rellement paresseux, il craignoit que les d[es]seins d'ambition ne l'empêchassent de joü[ir] des plaisirs inséparables de la Royauté ; s[es] souffrances passées l'y rendoient sensible. [Il] suivit les conseils moderez, & donna u[ne] amnistie generale, dont il excepta seuleme[nt] les soixante Commissaires qui avoient co[n]damné le Roi son pere. Ils se sauverent [en] divers pays, changerent de nom, & fure[nt] poursuivis par tout. On prétend que p[eu] éviterent le dernier suplice qu'ils avoient f[ait] souftrir à leur Roi. Les services de Monk f[u]rent bien recompensez ; il eut l'Ordre de [la] Jarretiere, la Charge de Grand Ecuyer, [le] titre de Duc d'Albemarle, & le Command[e]ment des Armées de terre dans les tr[ois] Royaumes. Tous les Princes de l'Europe e[n]voyerent des Ambassadeurs au Roi d'Ang[leterre]

terre, pour lui témoigner leur joïe de son rétabliſſement. Le Roi lui envoya le Comte de Soiſſons, ſuivi de pluſieurs Seigneurs François. Le Prince de Ligne y alla de la part du Roi d'Eſpagne, & peu de tems après les deux Rois lui envoyerent des Ambaſſadeurs ordinaires, le Comte d'Eſtrades pour la France, & le Baron de Bateville pour l'Eſpagne. Bateville homme d'eſprit & entreprenant, eut un ordre ſecret de traverſer autant qu'il pouroit le mariage du Roi d'Angleterre avec l'Infante de Portugal. Le Comte d'Eſtrades n'avoit pas moins d'eſprit que Bateville, & avoit plus de ſageſſe & d'habileté dans les negociations. Le mariage de Portugal ſe fit ; mais Bateville qui ne pouvoit demeurer en repos, ſe mit en tête de diſputer la préſéance au Comte d'Eſtrades ; les Ambaſſadeurs du Roi très-Chretien fils aîné de l'Egliſe, étoient en poſſeſſion depuis pluſieurs ſiecles de marcher immédiatement après ceux de l'Empereur. Il eſt vrai que Philipe II. Roi d'Eſpagne, ſe voyant maître de tant de Royaumes dans toutes les parties du monde, ne voulut plus que ſes Ambaſſadeurs cedaſſent à ceux de France, mais il leur ordonna de ne point aſſiſter aux cérémonies où il pouroit y avoir quelque diſpute. Philipe III. & Philipe IV. Rois d'Eſpagne en uſerent de même ; mais le Baron de Bateville croyant rendre un grand service à son maîtres, prit l'occasion de l'entrée de l'Ambassadeur de Suede, & y envoya son carosse avec une grande suite d'estafiers bien armez. Ils attaquerent le carosse du Comte d'Estrades, couperent les jarets à ses chevaux, & tuerent plusieurs François, qui furent acablez par le nombre des Espagnols, secondez par les Bateliers de Londre. Le Roi d'Angleterre avoit mis des gardes dans toutes les ruës pour empêcher le desordre, & n'ayant pû en venir à bout, il ne voulut plus voir le Baron de Bateville, prétendant qu'il avoit violé le droit des gens, & perdu son caractere.

Dès que le Roi eut apris ce qui s'étoit passé à Londre, il envoya ordre à l'Archevêque d'Ambrun son Ambassadeur à Madrid, d'en demander réparation ; elle fut telle qu'il la pouvoit souhaiter. Le Roi d'Espagne vieux & mal-sain, ne voulut point laisser d'affaires à son fils encore enfant ; il revoqua le Baron de Bateville, & envoya au Roi le Marquis de Fuentes pour l'assurer que jamais les Ambassadeurs d'Espagne ne disputeroient la préséance à ceux de France. Le Roi lui donna une audiance publique en présence du Nonce, & de tous les Ambassadeurs & Ministres étrangers. *Messieurs*, leur dit le Roi, *vous venez d'entendre la declaration que le Roi d'Espagne m'a fait faire ; je vous prie d'en informer vos Maîtres.*

Ce fut alors que le Roi songea à acheter Dunkerque. Il savoit que le Roi d'Angleterre manquoit toûjours d'argent, & qu'il étoit épuisé par sa liberalité naturelle, par les secours qu'il étoit obligé d'envoyer en Portugal, & encore plus par la depense excessive de ses plaisirs secrets. Le Comte d'Estrades Ambassadeur de France, & le Comte de Clarendon Chancelier d'Angleterre, furent chargez de la negociation, qui fut rompuë trois ou quatre fois, quoique de part & d'autre on eût fort envie qu'elle réüssit. Le Roi d'Angleterre esperoit par là se décharger d'une grande dépense que lui causoit la garnison de Dunkerque, & avoir assez d'argent pour se passer de son Parlement pendant quelques années, & le Roi se rendoit maître d'une place importante, qui ne lui seroit pas inutile dans les desseins qu'il pouvoit avoir sur la Flandre. Les Anglois demanderent d'abord douze millions, & d'Estrades n'en offrit que deux. Le Chancelier d'Angleterre n'eut pas été fort difficile, mais le General Monk, le Comte de Soubrampton Grand Tresorier, & l'Amiral Sandvik, formoient tous les jours de nouvelles difficultez. *Nous pouvons*, disoient-ils, *vendre cette place aux Espagnols ou aux Hollandois, qui nous en donneront tout ce que nous voudrons ; & pour mieux faire encore, le Roi n'a qu'à la ceder au Parlement, qui volontiers entretiendra la garnison.* Le Comte d'Estrades n'avoit pas de peine à leur repondre : *Les Espagnols*, leur disoit-il, *n'ont pas de quoi payer leurs propres troupes ; les Hollandois vous disputeroient bien-tôt l'Empire de la Mer, & vous savez les malheurs qui vous sont arrivez quand votre Parlement a été trop puissant.* Après que ces raisons eurent été discutées de part & d'autre avec beaucoup de chaleur, la negociation recommença, & chacun fit un pas en avant. Les Anglois se réduisirent à sept millions, & le Comte d'Estrades en offrit trois : enfin après sept ou huit conferences, le Traité fut signé le 27. Octobre, & quinze jours après ratifié par les deux Rois. Il portoit que la Ville de Dunkerque, la Citadelle & le Fort de Mardik seroient remis incessamment entre les mains du Roi, avec toute l'artillerie & les munitions de guerre, moyennant quoi le Roi payeroit au Roi d'Angleterre cinq millions de livres argent de France ; savoir deux millions comptant, & les trois autres millions dans le terme de deux ans. On craignoit que l'execution du Traité ne fut difficile ; la garnison Angloise murmuroit. Les deux millions avoient été conduits à Calais ; mais le Roi d'Angleterre declara qu'il ne vouloit recevoir l'argent qu'après que la garnison

An. de J.C. 1662.

Françoise seroit dans la Place, & qu'il ne demandoit d'autre sureté que la parole du Roi. Un procedé si noble ne surprit pas un Prince, qui en eut fait autant ; ainsi les troupes Françoises entrerent dans Dunkerque, & y trouverent tout en bon ordre ; le Comte d'Estrades eut le gouvernement de la Place. Le Roi donna aussi-tôt la franchise au Port de Dunkerque ; il avoit acoûtumé d'en user ainsi dans ses nouvelles conquêtes, afin de les acoûtumer au joug, & ne leur laisser jamais sentir que ses anciens sujets étoient chargez d'impôts, & qu'au plus tard leurs enfans devoient s'atendre à être traitez de même.

Les Corsaires de Salé troubloient le commerce des Marchands François. Mulei Ismaël Roi de Maroc, leur Souverain, avoit conquis quatre Royaumes, & se faisoit nommer Empereur ; mais quand il vit que les vaisseaux François empêchoient les Saletins d'aller en course, & les renfermoit dans leurs Ports, il envoya au Roi Macmed Thurom Ambassadeur, avec des presens, pour lui demander son alliance & son amitié ; cet Ambassadeur n'étoit rien moins que Barbare. *Grand Monarque,* dit-il au Roi, *je n'ai plus rien à desirer, puisque j'ai achevé le Traité de paix entre l'Empereur mon maître & le plus puissant Prince de la Loi de Christ, que ses amis aiment, & que ses ennemis crai-*

gnent. Il presenta au Roi vint Esclaves, & promit de faire mettre en liberté tous ceu[x] qu'on pouroit retrouver. Le Roi renvoya a[u] Roi de Maroc le Comte de Saint Amand qui porta la ratification du Traité, & fut re çû avec de grans honneurs. Les Tripolins & les Tunesiens firent aussi leur paix ; il n'y eu que ceux d'Alger, qui fiers du grand nom bre de leurs vaisseaux, & de l'impossibilit[é] d'attaquer leur Ville par Mer, ne vouluren[t] écouter aucune proposition. Le Roi y en voya par deux fois Duquesne, qui après avoi[r] bombardé la Ville, & ruiné beaucoup d[e] maisons, fut obligé à revenir à Toulon [à] cause de la mauvaise saison.

La France fut alors affligée d'une grand[e] famine. Le Roi diminua les tailles, envoy[a] de tous côtez chercher des blés & du ris, & en fit faire la distribution à la porte du Lou vre à tous les pauvres qui en vinrent de mander.

An. de J.C. 1663.

A la fin de l'année, la Republique de Suisses envoya au Roi quarante Ambassa deurs, pour renouveller leur ancienne ligu[e] avec la France. Ils eurent audiance à Fontai nebleau, & y furent traitez magnifiquement[.] Le Roi les vint voir à la fin du repas, & bu[t] à la santé de ses bons amis & comperes. Ils s[e] rendirent quelques jours après à Paris, & l[e] 18. Novembre ils jurerent dans l'Eglise d[e]

DE L'EGLISE. Liv. XXXIV. Chap. I. 23
Nôtre-Dame le renouvellement de leurs anciens Traitez en presence du Roi, qui les combla de graces & de presens.

Ce fut à peu près en ce tems-là que le Vicomte de Turene entreprit de défendre le Portugal contre toutes les forces de la Maison d'Autriche, & c'est peut-être l'une des plus grandes actions qu'il ait jamais faites. La France par le Traité des Pirenées avoit abandoné le Portugal, & les Espagnols se préparoient à l'attaquer vigoureusement. Ils faisoient passer leurs troupes d'Italie & de Flandre, & il sembloit qu'ils ne devoient pas avoir grande peine à soûmettre une Puissance qui leur étoit si inferieure. Le Vicomte de Turene fut touché *du zele de sa Patrie ;* & sans faire attention au danger où il s'exposoit en attaquant ouvertement la Maison d'Autriche, il representa au Roi l'interêt de la France; & que si le Roi d'Espagne se rendoit maître du Portugal, & par consequent des Indes Orientales, il seroit bien-tôt assez puissant pour recommencer la guerre. On l'écouta, on le loüa, sans vouloir faire aucune démarche éclatante qui pût donner atteinte à la paix. Le Roi vouloit regler le dedans de son Etat, qui demandoit son application toute entiere ; tout étoit encore en mouvement par le procès de Fouquet. Les Ministres ne vouloient point de nouvelles affaires.

Le Tellier d'un esprit doux, ne songeoit qu'[à]
se maintenir : Colbert avoit besoin d'une lon[gue] paix pour mettre en œuvre ses talen[ts] d'œconomie ; & Lionne ayant le départe[ment] des Etrangers, ne pouvoit se faire va[loir], qu'en faisant & défaisant des Traite[z] pour se préparer à faire la guerre, sans jama[is] la faire. Ainsi le Vicomte de Turene n'eu[t] que des loüanges ; mais il ne perdit pas cou[rage] pour cela, & résolut de faire au moin[s] tout ce qui dépendoit de lui. Il envoya e[n] Portugal le Comte de Schomberg, Chauve[t] & plus de trente Officiers de son Regiment, avec promesse de faire suivre incessammen[t] un secours considerable : nous verrons dan[s] la suite qu'il tint parole. Il leva des troupe[s] en son nom, malgré les plaintes du Marqu[is] de Fuentes Ambassadeur d'Espagne, & co[n]tre les ordres du Roi, qui, à la verité, ferm[a] les yeux pour ne pas voir. Il fit passer la M[er] à plus de trois cens Officiers, qui aprire[nt] aux Portugais, naturellement braves, un m[é]tier qu'ils ne savoient point, & ce fut leu[r] salut, & ce qui leur fit gagner la bataille d[e] Villaviciosa. La Reine de Portugal, Regen[te] du Royaume, envoya en France le Marqu[is] de Sandes. Le Vicomte de Turene lui pr[o]posa dans la suite le mariage de Mademo[i]selle de Boüillon sa niéce, avec le Prince Do[n] Pedro, frere unique du Roi de Portugal. L[a]
proposicio[n]

DE L'EGLISE. Liv. XXXIV. Chap. I. 25
propoſition fut écoutée d'abord, & puis rejettée par les ſoins ſoûterrains de Colbert, piqué contre le Vicomte qui avoit contribué à ſauver Fouquet. On parla de Mademoiſelle d'Elbeuf, mais les Portugais aimerent mieux Mademoiſelle d'Aumale, ſœur cadette de Mademoiſelle de Nemours, qui avoit épouſé le Duc de Savoye. Elle étoit plus riche, & le Roi en fut aſſez aiſe, ne s'étant engagé à payer la dot de Mademoiſelle d'Elbeuf qu'à la priere du Vicomte de Turene ſon oncle. Le mariage de Mademoiſelle d'Aumale ne ſe fit qu'en 1666. La Ducheſſe de Vandôme ſa tante la conduiſit juſqu'à la Rochelle, où elle s'embarqua le 30. de Juin 1666. pour paſſer en Portugal. Sa flotte étoit de trente-cinq vaiſſeaux. Après une navigation fort contrariée par les vents, elle aborda à Liſbone, & fut reçûë avec autant de joïe des Peuples, que s'ils euſſent déja connu ſes grandes qualitez veritablement royales. Le Roi Alphonſe la mena d'abord au Château d'Alcantara, & quelque tems après elle fit ſon entrée à Liſbone avec une magnificence extraordinaire. Le Vicomte de Turene maria Mademoiſelle de Boüillon au Duc Maximilien de Baviere, oncle de l'Electeur, & Adminiſtrateur de l'Electorat.

La Ville d'Erfort s'étoit revoltée contre l'Electeur de Mayence ſon Seigneur. Il y

An de J. C.
1664.

Tome XI. D

avoit voulu faire reciter les Prieres Catoliques, suivant l'ancien usage, le Magistrat s'y étoit opposé, le Peuple avoit pris les armes, & avoit chassé les Officiers de l'Electeur. Il en fit ses plaintes à l'Empereur, qui assez embarassé de la guerre contre les Turcs, ne lui pût donner que de beaux Mandemens Imperiaux, qui n'eurent aucune execution. L'Electeur eut recours au Roi, qui lui envoya cinq mille hommes sous la conduite de Pradel Lieutenant General, & Capitaine aux Gardes. Ils joignirent les troupes Electorales, & allerent assieger la Ville. Les Princes Protestans se remuerent, en criant qu'il ne faloit pas acoûtumer les Etrangers à entrer en armes dans l'Empire. Ils firent quelques assemblées, qui n'eurent aucune suite, & la Ville fut prise. Les Bourgeois envoyerent à l'Electeur treize Deputez lui demander pardon, ouvrirent leurs portes, & reçûrent une garnison, qui les obligea à bâtir eux-mêmes une Citadelle pour les tenir dans le devoir Pradel ramena ses troupes en France, ce qu calma la jalousie des Allemans. Pradel eut en suite le gouvernement de Bapaume.

Dès le commencement du siecle, il s'étoi élevé des contestations entre les Theologien sur l'infaillibilité du Pape, & sur la puissance sans bornes que les Docteurs ultramontain lui attribuent. Quelques particuliers avoien foûtenu dans leurs Theses, qu'il y a dans l'Eglise Romaine un Juge infaillible, même hors le Concile General, tant dans les questions de Droit que dans celles de fait; & que quoique les Conciles Generaux fussent fort utiles pour extirper les heresies & les schismes, ils n'étoient pas absolument necessaires. Le Parlement de Paris s'éleva contre cette doctrine, fit suprimer ces Theses, & obligea la Faculté de Theologie de declarer que le Pape n'a aucune autorité, même indirecte sur le temporel des Rois: que le Roi ne reconnoît de superieur au temporel que Dieu seul: que c'est la doctrine de la Faculté que les sujets du Roi lui doivent tellement l'obéïssance, qu'ils n'en peuvent être dispensez sous quelque pretexte que ce soit: que le Pape n'est point infaillible, & n'est point au dessus des Conciles Generaux, & qu'il faut soûtenir inébranlablement les anciens Canons & les Libertez de l'Eglise Gallicane. Le Parlement reçût avec joïe ces declarations de la Faculté de Theologie, & donna un Arrêt qui les confirme dans tous leurs points.

An. de J.C. 1663.

Il parut dans le même-tems plusieurs Ecrits sur la signature du Formulaire. Les uns soûtenoient que le fait & le droit étant inséparables, on étoit obligé de croire de foi divine le fait comme le droit, & par consequent de signer sans aucune distinction; &

les autres prétendoient que la question d[e]
fait ne pouvoit apartenir à la foi, & qu'o[n]
étoit obligé seulement à croire le fait d'u[ne]
foi humaine & ecclesiastique. Nous verro[ns]
dans la suite ces questions agitées & term[i]
nées en 1669. par la paix de l'Eglise.

La même année le Duc de Mekelbour[g]
prit la résolution d'abjurer l'heresie Luthe[-]
rienne. Il avoit eu autrefois plusieurs confe[-]
rences sur la Religion Catolique avec la Re[i]
ne Christine de Suede, qui par son exempl[e]
& par ses instructions, lui avoit persuad[é]
que c'étoit la seule bonne ; mais il craigno[it]
la revolte de ses sujets, tous Lutheriens. [Il]
vint en France, déclara son dessein au Roi
qui lui promit sa protection ; ce qui sufiso[it]
pour le mettre en sûreté. Le Cardinal Barbe[-]
rin Grand Aumônier de France, eut ordr[e]
du Pape de reconcilier le Duc de Mekel[-]
bourg à l'Eglise ; il en fit la fonction dans s[a]
Chapelle le 19. de Septembre, & lui donn[a]
le lendemain la Confirmation, avec le nom
de Loüis. Le Duc entendit la Messe dans l[a]
Chapelle du Palais Royal, fit une confessio[n]
generale, & communia. Le Cardinal, sui[-]
vant les pouvoirs qu'il avoit reçû de Rome,
cassa le mariage que le Duc avoit contract[é]
sans dispense avec la Princesse Marguerit[e]
sa cousine, & lui permit de se marier à qui i[l]
lui plairoit. La Duchesse de Châtillon, avec

An. de J. C.
1664.

un reste de beauté, trouva graces devant ses yeux. Il l'épousa, & le Roi leur fit tous les honneurs imaginables. Il donna audiance au Duc, le fit couvrir, & le mena au cercle de la Reine, où il fut assis. Le Roi signa ensuite un Traité avec lui, par lequel il le prit sous sa protection, & promit de le défendre contre tous ceux qui oseroient l'ataquer. Les Ducs de Brunsvvic, & quelques Princes voisins murmurerent, menacerent, & s'en tinrent là.

Vers le milieu de l'année 1664. le Roi toûjours attentif au bien de ses sujets, crût que pour assurer leur commerce dans la mer Mediterranée, contre les Corsaires de Barbarie, il faloit faire un établissement sur leurs côtes, & résolut de s'emparer de la Ville & du Port de Gigery, situez entre Alger & Tunis. Il chargea de cette entreprise le Duc de Beaufort Amiral de France, & lui donna le Comte de Gadagne pour Lieutenant General, le Comte de Vivonne & la Guillotiere pour Maréchaux de Camp, & le Chevalier de Clerville pour Ingenieur. La flote s'assembla au Port Mahon dans l'Isle de Minorque. Elle étoit composée de seize vaisseaux de guerre, de huit galeres, de sept vaisseaux de charge, & de quarante & une barque ; les galeres de Malthe les joignirent. Après quelques contrarietez des vents, ils aborderent à la rade de Gigery ; & malgré les Maures qu[i] étoient en grand nombre fur le rivage , Ca[-] valerie & Infanterie , ils débarquerent. L[e] Duc de Beaufort à la tête des Gardes , l[e] Comte de Gadagne fuivi du Bataillon d[e] Malthe , & le Comte de Vivone à la tête d[u] Regiment de Picardie. La Guillotiere range[a] en bataille ces trois premiers corps , qui fu[-] rent bien-tôt foûtenus par les Regimens d[e] Navarre, de Normandie, des Royaux & de[s] Vaiffeaux. Les Maures les ataquerent à di[-] verfes reprifes , & couperent la tête à quel[-] ques enfans perdus. Les Chevaliers de l[a] Rochefoucaud , d'Affigny & de Fontaine[-] Martel y furent bleffez. Les Maures s'étan[t] enfin retirez fur leurs Montagnes , les Fran[-] çois s'avancerent vers la Ville de Gigery qu'ils trouverent abandonnée , & y entre[-] rent. Ils fe faifirent en même-tems d'un[e] hauteur qui commandoit la Ville. On tra[-] vailla auffi-tôt à fe retrancher, par des ligne[s] qui furent achevées au bout de deux jour[s.] Il y avoit dans le Bataillon de Malthe fix vin[gt] Chevaliers revêtus de leurs Sobroveftes o[u] Cafaques d'armes de couleur rouge, couver[-] tes de grandes Croix de Malthe blanche. I[ls] combatirent avec leur courage ordinaire ; l[e] Chevalier de Boüillon s'y diftingua for[t.] Quand les lignes furent en bon état , [&] qu'on y eut mis trente pieces de canon e[n] baterie, on chanta le *Te Deum*, & la Croix fut arborée fur la principale tour de la Ville.

Les Maures ne firent aucune ataque jufqu'au 14. de Septembre qu'ils parurent fe réveiller. Ils avoient atendu trois mille hommes que les Turcs d'Alger leur avoient envoyés, & s'avancerent dans la plaine au nombre de dix à douze mille hommes. Les Turcs qui favoient le métier de la guerre mieux que les Maures, leur firent prendre des poftes avantageux, & firent un détachement de cinq cens hommes pour ataquer une redoute qui étoit à la tête du camp. Ils avoient aporté des échelles fi larges, que trois hommes y pouvoient monter de front. Ils y donnerent trois affauts, & furent toûjours repouffez. Ils tenterent une autre redoute, où ils eurent quatre-vint hommes tuez; & lorfqu'on s'atendoit à de nouvelles ataques, ils fe retirerent, mais ils revinrent en plus grand nombre à la fin d'Octobre. Quatre mille Turcs fe faifirent d'une montagne auprès de Gigery, & y établirent une baterie de canon qui incommodoit fort les retranchemens; ce qui obligea le Duc de Beaufort, fuivant l'avis du Confeil de Guerre, de faire rembarquer les troupes, le canon, & les munitions de guerre & de bouche. Le pofte n'étoit pas tenable devant une multitude d'ennemis; on n'avoit pas eu le tems de le fortifier. L'hiver

aprochoit ; tout fut rembarqué, Cavalerie
Infanterie, en une feule nuit, fans que [les]
Maures s'en aperçûſſent. Tout arriva h[eu]
reufement dans les ports de France, exce[pté]
le vaiſſeau de la Lune, fur lequel étoit le [Ré]
giment de Picardie. Ce vaiſſeau s'entrouv[rit]
& perit entre Toulon & les Iſles d'Hieres.

An. de J.C. 1664.

La Faculté de Theologie de Paris ven[oit]
de cenfurer les Livres de Jaques Vernant,
ceux d'Amedeus Guimenius ; les uns &
autres remplis de maximes dangereuſes, fa[uſ]
ſes, ſcandaleuſes & heretiques, tant fur [les]
matieres de la Foi, que fur celles de la M[o]
rale. Jaques Vernant avance que le feul S[ou]
verain Pontife a droit d'expliquer par l'o[ra]
cle de la vérité infaillible, les doutes [qui]
naiſſent fur la Foi, & qu'il n'eſt pas néceſſ[ai]
re pour cela d'aſſembler des Conciles Ge[ne]
raux, dont le Pape aprouve les définitio[ns]
& qu'il abroge quand il lui plaît par d'aut[res]
contraires : que l'Eglife aſſemblée dans [les]
Conciles Generaux ne reçoit pas de Di[eu]
immédiatement fon autorité : qu'il n'y a [au]
cune autorité inferieure à celle de Dieu, [qui]
puiſſe contraindre le pouvoir du Pape, [ni]
faire des Loix à celui qui ne releve que [de]
Dieu : que c'eſt une choſe inoüie dans [les]
Conciles Generaux, d'examiner les jugeme[ns]
du Souverain Pontife : que le Fils de Die[u a]
donné à faint Pierre la même puiſſance [qu'il]

lui est commune avec son Pere sur toute l'E-
glise ; que les Evêques reçoivent du Pape une
puissance qui ne leur est pas donnée de Dieu
immédiatement. La Faculté qualifia toutes
ces propositions d'heretiques ou de témérai-
res. Elle examina ensuite le Livre d'Amedeus
Guimenius, & y trouva les propositions suivantes : Il est permis de desirer la mort d'au-
trui, & de s'en réjoüir, non pas comme d'un
mal qui lui arrive, mais comme d'un bien
qui nous en revient, par exemple, pour he-
riter de ses biens : celui qui rend un faux témoignage contre quelqu'un pour sauver son
honeur, ne peche pas mortelement : il est
permis de tuer celui qui dit des injures à un
honête homme, lorsqu'on ne peut autrement le faire taire : quand on juge prudem-
ment qu'il n'y a point d'autre remede pour
éviter l'infamie, que d'accepter le duel, &
de se trouver au lieu assigné, quoique la
mort s'en ensuive ; on peut licitement accepter le duel, & même faire l'appel : le pré-
cepte de la charité n'oblige de soi-même qu'à
l'heure de la mort, & l'on y satisfait en
acomplissant les autres préceptes : il n'y a
point de simonie, de s'obliger par un pacte
exprès à donner une chose temporelle pour
une spirituelle par un esprit de gratitude : il
est permis de dérober dans une grande né-
cessité, par exemple, quand on est en dan-

ger de perdre l'honeur : quand on a perdu quelque écrit ou titre de Nobleſſe, ce n'eſt pas faire un peché mortel d'en contrefaire un ſemblable, &c. La Faculté cenſura ces deux Livres, en proteſtant qu'elle ne manquera jamais au reſpect qu'elle a toûjours conſervé pour les ſucceſſeurs de ſaint Pierre, & pour la Chaire de Rome, qu'elle regarde comme la mere & la maîtreſſe de toutes les Egliſes.

CHAPITRE II.

Combat de Saint Gotard en 1664.

LE Sultan Mahomet IV. regnoit depuis quinze ans, il en avoit vint-deux. Il ne paroiſſoit pas auſſi guerrier que ſes ancêtres; & pandant qu'il ſe livroit aux plaiſirs du Serail, Coprogli ſon Grand Viſir, établiſſoit Michel Abaffi dans la Principauté de Tranſilvanie, & faiſoit des conquêtes en Hongrie. L'Empereur depuis ſept ans qu'il avoit été élû, ne ſongeoit qu'à déſunir la ligue que les Princes du Rhin avoient faite avec la France. Elle étoit compoſée des Electeurs de Mayence, de Tréves & de Cologne, de l'Electeur Palatin, de l'Evêque de Munſter, des Ducs de Munſter, des Ducs de Brunſwic & de Lunebourg, & du Landgrave de Heſſe-Caſſel, pour conſerver la liberté de l'Alle-

magne contre les entreprises de la Maison d'Autriche. L'Empereur ne pouvant résister aux Turcs, imploroit l'assistance des Princes Chrétiens. La ligue du Rhin lui envoya un secours sous le commandement du Comte de Holac. Le Roi, comme l'un des Princes de la ligue, y envoya le Comte de Coligny Lieutenant General, avec les regimens de Piémont, de Turene & de la Ferté, qui faisoient chacun un bataillon, & ceux d'Espagny & de Grancé, qui joints ensemble ne faisoient qu'un bataillon. Il y avoit aussi quarante compagnies de cavalerie, qui faisoient dix escadrons. La Feüillade & Podvits étoient Maréchaux de Camp de cette petite armée. Le grand nombre de volontaires qui voulurent les suivre, obligea le Roi à mander à Coligny d'ordonner à chaque volontaire de choisir l'escadron où il voudroit combatre, afin qu'ils ne s'exposassent pas inutilement. Ils joignirent sur les bords du Raab l'armée de l'Empereur, commandée par le Comte Montecuculli, & l'armée de l'Empire. Le Grand Visir à la tête de quatre-vint mille hommes, après avoir emporté d'assaut le Fort de Serin, s'avança sur les bords du Raab, & fit passer sur un pont de fascines dix mille Turcs, qu'il prétendoit suivre avec toute son armée ; mais les François les chargerent si brusquement, qu'ils furent renver-
E ij

sez dans la riviere, & presque tous tuez ou noyez. Leur pont avoit été emporté par la riviere. Les François eurent l'honneur de cette journée, & emporterent quantité de drapeaux, & même onze pieces de canon de campagne, que des soldats de bonne volonté allerent prendre de l'autre côté de la riviere, qui étoit fort basse, & traînerent avec des cordages. La Feüillade Maréchal de Camp, s'y distingua fort. Le Chevalier de Loraine, le Duc de Boüillon & le Comte d'Auvergne son frere, le Duc de Brissac, le Comte de Saut, le Marquis de Villeroy, qui reçut un coup de fleche dans le bras, y acquirent beaucoup d'honneur. Le Chevalier de Saint Agnan avoit été tué deux jours auparavant au combat de Kermand. Les Turcs qui étoient de l'autre côté du Raab, décamperent, & quelque-tems après firent la paix, à condition qu'ils garderoient Varadin & Neuhausel, & que la Transilvanie demeureroit au Prince Abaffi leur Tributaire. L'Empereur, sans consulter les François, fit une paix désavantageuse. Il craignoit une revolte en Hongrie, & n'atendoit aucun secours du Roi d'Espagne, qui à peine pouvoit resister aux Portugais.

An. de J. C. 1664.

Le 16. du mois de Novembre, la Reine acoucha d'une fille, qui fut tenuë sur les fonts de Baptême par Madame, avec le Prince de Condé, qui la nommerent Marie-Anne. La Reine fut malade si dangereusement, que le 18. elle reçut Notre Seigneur, qui fut reconduit à l'Eglise de saint Germain l'Auxerrois sa Paroisse, par le Roi, acompagné de Monsieur & de toute la Cour. Les jours suivans, le mal augmentant, le Roi eut recours à l'intercession de sainte Genevieve Patrone de Paris, & manda aux Religieux de cette Abbaye, qu'il souhaitoit qu'ils découvrissent la Châsse de la Sainte, & qu'ils la descendissent. Ils auroient bien souhaité qu'on y eût observé les cérémonies ordinaires. La coûtume est que dans les nécessitez publiques, le Prevôt des Marchands & les Echevins s'adressent au Parlement, qui après avoir obtenu le consentement de l'Archevêque de Paris & de l'Abbé de sainte Genevieve, ordonne que la Châsse sera descenduë. L'Archevêque suivi de son Chapitre, en va prier l'Abbé, qui exhorte ses Religieux à s'y préparer par des Prieres, & par un jeûne de trois jours ; mais comme le mal de la Reine pressoit, on descendit la Châsse sans toutes les cérémonies, sans tirer à conséquence pour l'avenir, & on la porta dans la Chapelle de sainte Clotilde. Les Magistrats & les quarante Bourgeois, Porteurs ordinaires de la Châsse, l'acompagnerent. Le Roi suivi de Monsieur, & la Reine-mere suivie de Madame, y vinrent le lendemain, & y donnerent des marques de leur foi & de leur pieté. L'Archevêque s'y rendit avec les Ecclesiastiques des Eglises de saint Benoist, de saint Etienne d'Egrès, de saint Merry & du Sepulchre, vulgairement appellées les filles de Nôtre-Dame. Ensuite arriverent l'une après l'autre les Processions des Paroisses, & celles de toutes les autres Eglises de Paris, suivies d'un peuple infini. Le Roi & la Reine-mere y retournerent tous les jours : enfin le mal de la Reine étant fort diminué, & les Medecins la croyant hors de danger, on remonta la Châsse sans la recouvrir. Les prieres continuerent. Les Religieux de l'Abbaye firent une Procession dans leur Eglise, & y porterent une Image de la Sainte, au bas de laquelle il y a une de ses dents, qui est la seule Relique qu'on ait tirée de la Châsse depuis huit cens ans.

An. de J. C. 1665.

Le Pape Alexandre VII. venoit de canoniser François de Sales, Evêque de Genêve. Il avoit été béatifié en 1662. Il étoit mort en 1622. Sa pieté, son savoir, sa modestie, une oraison presque continuelle avoient édifié son diocese, qu'il parcouroit à pied au milieu de l'hiver, dans les montagnes à travers les neiges, quoiqu'un temperamment fort foible eut semblé devoir l'en dispenser. Il avoit converti plus de soixante mille heretiques. La France avoit été témoin de son zele apostolique. Il prêcha à Paris plusieurs Carêmes d'une maniere si affectueuse, que sans avoir besoin d'éloquence, il persuadoit presque toûjours. Il institua le saint Ordre de la Visitation, qui en peu d'années eut plus de quatre cens Maisons. Le grand nombre de miracles qui se faisoient tous les jours à son tombeau à Annessi, avoient obligé le Roi à solliciter sa canonisation, qu'il fit celebrer avec magnificence.

Le 20. de Janvier mourut la Reine Anne d'Autriche à l'âge de soixante-quatre ans & quatre mois, après une maladie longue & douloureuse, où elle montra sa pieté & sa constance. Le Roi lui rendit toûjours les services les plus dégoutans. Il lui devoit la vie & une éducation chrétienne, dont on a vû de si grans effets. On porta son corps à saint Denis, & son cœur au Val-de-Grace, dont elle avoit fait bâtir l'Eglise & le Monastere avec une magnificence royale. Henri de la Mothe-Houdancourt Evêque de Renes, son Grand Aumônier, lui ferma les yeux. Ce Prelat, Docteur & Proviseur de la Maison de Navare, étoit recommandable par son érudition & par son atachement à défendre la saine doctrine, & à maintenir la discipline ecclesiastique. Il fut fait dans la suite Archevêque d'Auch.

La même année Loüise-Françoise de la Baume-le-Blanc, Duchesse de la Valiere, entra aux Carmelites, y prit l'habit sous le nom de Sœur Loüise de la Misericorde ; & par une penitence sincere de trente-six années, pleura & repara les desordes de sa vie passée. La retraite, la pieté & la lecture de l'Ecriture Sainte lui agrandirent l'esprit : ce qui paroît par son petit Livre des Reflexions sur la Misericorde de Dieu. Elle mourut le 6. Juin 1710. à l'âge de soixante-sept ans.

En 1666. le Pere Amelotte Prêtre de l'Oratoire, fit imprimer une Traduction Françoise du Nouveau Testament, qu'il dédia à Hardoüin de Perefixe, Archevêque de Paris. L'année suivante parut une nouvelle Traduction du Nouveau Testament, imprimée à Mons : elle avoit été revûë & corrigée par Antoine Arnaud Docteur de Sorbone, & par quelques-uns de ses amis, qui n'ayant pû en obtenir le Privilege en France, la firent imprimer en Flandre, & la répandirent par toute la France. Elle fut aussi-tôt ataquée par l'Archevêque de Paris, qui crût y trouver plusieurs erreurs. *Cette Traduction*, dit-il dans son Ordonnance, *n'est pas conforme au Texte de la Version Latine, communément appellée Vulgate, en ce que souvent elle lui prefere le Grec des Septante, quoique l'Eglise ne l'ait point declaré autentique ; ce qui est manifestement contraire au respect dû* dû au *Concile de Trente*. Il ajoûte que cette nouvelle Traduction suit en beaucoup d'endroits la Traduction de Genêve : que les Traducteurs ont ajoûté à la Vulgate, ou en ont retranché tout ce qu'ils ont voulu : qu'ils ont rejetté tous les Titres ou Sommaires des Livres & Chapitres de la Bible, & ont mis à leur place des Sommaires de leur invention; qu'ils y ont ajoûté des interpretations qui tendent à renouveller les erreurs du Jansenisme, & qu'ils veulent faire croire, qu'il est non seulement permis, mais absolument necessaire à toutes sortes de persones, même aux plus simples, de lire l'Ecriture Sainte. L'Archevêque par ces raisons condamna la Traduction de Mons, & en défendit la lecture à ses diocesains sous peine d'excomunication. Le Cardinal Antoine Barberin Archevêque de Reims, & Georges d'Aubusson Archevêque d'Ambrun, firent la même défense dans leurs Dioceses. La Traduction de Mons fut aussi condamnée à Rome, & qualifiée *de temeraire, dommageable, & non conforme à la Vulgate, & contenant des choses qui peuvent blesser les persones simples*. Le Roi fit donner en même-tems un Arrêt du Conseil d'Etat, portant défense de vendre & debiter cette Traduction. On vit bien-tôt après divers Ecrits pour & contre. Antoine Arnaud & l'Abbé de la Lane présenterent au Roi une Requête,

Tome XI. F

par laquelle ils ofrirent de la défendre devant tels Juges qu'il plairoit à Sa Majesté de nomer. Ils établirent dans leur Requête deux maximes ; l'une qu'on doit soufrir des puissances, quand Dieu permet qu'elles soient prévenuës, sans jamais s'élever contre elles ; l'autre qu'il faut soufrir toutes choses plutôt que de trahir sa conscience & la verité. *L'observation de ces deux regles*, disent-ils, *fait les veritables Chretiens. La même vertu qui rendoit les premiers Fideles si parfaitement soûmis aux Empereurs, même Payens, les rendoit en même-tems comme insensibles aux plus cruels suplices, lorsqu'on les vouloit forcer à faire la moindre chose qui blessât leur foi ; c'est ainsi qu'ils ont apris à soûtenir la verité, non en résistant, mais en soufrant ; non en versant le sang des autres, mais en répandant le leur.* Cette Requête, quoiqu'écrite avec beaucoup de ménagement & d'éloquence, fut rejettée.

On publia dans le même tems une Declaration du Roi donée à Saint Germain en Laïe, portant défense d'établir aucuns Monasteres ou Comunautez sans sa permission. Il en avoit donné une pareille en 1659. d'autant plus nécessaire, que le nombre des Comunautez augmentant tous les jours, elles s'incomodoient les unes les autres, & incomodoient encore plus le Public, qui étoit obligé de fournir à leur subsistance; & si quelques-unes n'étoient pas à charge par leur pauvreté, d'autres le devenoient par leurs richesses, en possedant beaucoup de terres & de revenus. Le Roi marquoit dans sa Declaration, qu'il n'y entendoit pas comprendre les établissemens des Seminaires des Dioceses, sur quoi il laissoit toute liberté aux Evêques, pourvû que ces Seminaires fussent fondez & dotez.

En 1666. un Juif nommé Zabathaï osa se dire le Messie des Juifs. Il étoit né à Smirne en 1626. & avoit fait de grans progrès dans les sciences. Il alla à Constantinople, d'où il fut chassé par les Rabins. Il fit un voyage à Jerusalem, & y fut reçû avec de grans honeurs. C'est la coûtume des Juifs de Jerusalem de députer tous les trois ans à Constantinople, en Egypte, & en d'autres païs, un certain nombre de Rabins, pour recuëillir les aumônes. Zabathaï fut choisi pour aller en Egypte ; & en passant par la Ville de Gaza, il y rencontra Nathan, Juif originaire d'Allemagne, & Marchand fort riche. Nathan charmé de la capacité de Zabathaï, lia une étroite amitié avec lui, & forma le dessein de le faire passer pour le Messie, à quoi Zabathaï consentit, se voyant apuyé d'un homme qui pouvoit faire de grandes dépenses pour l'execution de cette entreprise. Nathan écrivit aussi-tôt aux Juifs de Smirne, qu'ils ne regardassent pas Zabathaï comme un homme ordinaire, mais comme leur Meſſie, qu'ils le reçûſſent comme leur Roi, & qu'il leur montreroit bien-tôt des effets de ſa puiſſance & de ſa ſainteté. Le peuple toûjours amoureux de la nouveauté, vint au devant de lui avec de grandes acclamations. Le bruit couroit parmi eux, que les dix Tribus d'Iſraël perduës depuis tant de ſiecles revenoient de pays inconnus ſe raſſembler dans les deſerts les plus éloignez de l'Arabie. On publioit même qu'on avoit vû dans les parties Septentrionales de l'Ecoſſe, un vaiſſeau dont les voiles & les cordages étoient de ſoïe, & que tous ceux qui le montoient parloient la langue des Hébreux : enfin il n'y avoit point de nouvelles ridicules à quoi les Juifs entêtez de leur prétendu Meſſie, n'ajoûtaſſent foi. Zabathaï ſe croyant bien apuyé de ſa Nation, ne ménagea plus rien, & fit publier la Lettre ſuivante en langue Hébraïque. *L'unique Fils de Dieu Zabathaï Sévi, le Meſſie & Sauveur d'Iſraël, élû de Dieu, afin que vous ſoyez faits dignes de voir ce grand jour de la délivrance & du ſalut d'Iſraël, & la conſommation de la parole de Dieu promiſe par les Prophetes & par nos Peres, par ſon Fils bien aimé d'Iſraël, que toute notre triſteſſe ſe tourne en allegreſſe, & qu'un chacun de nous ſoit dans la réjoüiſſance.* Ce fut alors que Zabathaï & ſon Prophete Nathan s'aviſerent de vouloir faire des miracles. Nathan étoit fort riche,

& fourniſſoit à la dépenſe. S'étant tranſportez au Sepulchre de Zacharie, Pere de Jean-Baptiſte, Précurſeur de Jeſus-Chriſt, ce Prophete fut vû de tous les aſſiſtans tenant un vaſe plein d'eau, pour effacer le peché de ceux qui l'avoient égorgé aux pieds de l'Autel. On entendit diſtinctement des voix ſortant de certains ſepulchres de Rabins morts depuis cent ans. Nathan ſoûtenoit qu'il voyoit leurs corps, qu'il liſoit dans l'interieur des perſones, & qu'il faiſoit décendre le feu du Ciel; ce qui ſembla paroître viſiblement le jour de ſon départ de Smirne. Il voulut auſſi prophetiſer, & eut l'inſolence de dire que le 27. du mois de Juin le Meſſie paroîtroit devant le Grand Seigneur, lui ôteroit la courone, & le meneroit enchaîné comme un captif : qu'enſuite il ſeroit reconu Monarque de tout l'Univers : qu'alors le ſaint Temple décendroit du Ciel tout bâti, orné & paré, & qu'ils y ofriroient leurs ſacrifices juſqu'à la fin du Monde. Les Juifs écrivoient de toutes les parties de l'Europe & de l'Afrique, qu'ils ſe diſpoſoient à venir trouver leur Meſſie, & que la ſeule Barbarie fourniroit cent mille hommes. Ils ne ſongeoient plus à leur commerce, & ſe flatoient de ne manquer de rien, quand leur Meſſie ſeroit le Maître.

Quand Zabathaï entra dans Jeruſalem, les Juifs témoignerent tant de joïe, que les Turcs craignirent une sédition, & prirent les armes; mais les Rabins les appaiserent en leur donnant cinq mille écus, & chasserent l'imposteur. Il prit la résolution d'aller à Constantinople, afin d'y faire son entrée en qualité de Messie; mais en aprochant des Dardanelles, il fut arrêté par l'ordre du Grand Visir, qui lui fit mettre les fers aux pieds. On le mena par terre à Constantinople, où les Juifs qui avoient été avertis de son arrivée, ne laisserent pas de le regarder comme leur liberateur, quoiqu'ils le vissent dans les chaînes: delà il fut ramené dans un des Châteaux des Dardanelles, dont le Gouverneur le traita fort doucement, le laissant voir aux Juifs pour de l'argent. Enfin le Grand Seigneur qui étoit à Andrinople, ordona qu'on lui amenât Zabathaï; il y arriva le 14. Septembre 1666. Le Grand Seigneur l'interrogea lui même, & lui dit qu'il vouloit voir un miracle de sa façon; qu'il l'alloit faire atacher tout nud à un poteau, & qu'il serviroit de but aux plus habiles de ses Archers; & que si son corps étoit impénétrable à leurs fléches il le croiroit le veritable Messie, & se feroit Juif. Zabathaï n'osa s'exposer à une pareille épreuve, & avoüa son imposture. Il eut le même jour une longue conference avec le premier Medecin de sa Hautesse, qui étoit un Juif; & le résultat de la conference fut, que pour éviter la mort dont l'imposteur étoit menacé, il n'y avoit point d'autre moyen que de se faire Mahometan, à quoi il consentit. On le mena devant le Grand Seigneur, & en sa présence il jetta à terre le bonet juif, qu'il foula aux pieds ; & en même-tems un Page de sa Hautesse lui mit un turban sur la tête, & le dépoüillant de sa robe juifve de drap noir, le revêtit d'une autre dont le Sultan lui faisoit présent. Il parut en cet état devant le Grand Seigneur, qui le nomma Agi Mehemed Efendi, c'est-à-dire, l'estimé Docteur Mehemed. Il le fit Capichi Bachi, & lui dona cinquante écus de pension par mois. Zabathaï pour se maintenir dans l'estime des Juifs, voulut faire passer cette action pour une feinte necessaire, mais bien-tôt après il comença à prêcher publiquement le Mahometisme : enfin le tems étant venu, non de la redemption des Juifs, mais de la punition de Zabathaï, le Grand Seigneur qui eut avis qu'il ne laissoit pas de faire secretement des fêtes avec les Juifs, le fit conduire avec sa femme au Château de Dulcigno sur les côtes d'Albanie, où il mourut le 10. Septembre 1676. âgé de cinquante ans.

Les Juifs depuis que Titus eut ruiné Jerusalem, étoient toûjours prêts à se revolter, dans l'esperance que le Messie qu'ils atendoient, les mettroit bien-tôt en liberté, &

les rendroit les maîtres du Monde. Ils crurent en avoir trouvé le moment l'an de Jesus Chrift 118. fous l'Empire d'Adrien. Ils fe révolterent ouvertement, fe faifirent de plus de cinquante Châteaux en Syrie & en Paleftine, & affemblerent des armées qui groffiffoient tous les jours par l'arrivée des enfans d'Ifraël qui les venoient joindre de tous les pays où ils étoient difperfez. Ils fortifierent extrêmement le Château de Bethoron, dont Salomon avoit fait autrefois une place confiderable ; & pour fe doner encore plus de relief ils fe fervirent de la Religion, déclarerent que celui qui les comandoit étoit leur Meffie & faifant allufion à la Prophetie du 24. Chapitre des Nombres, qui porte *qu'une Etoile fortiroit de Jacob*, ils nomerent leur chef Bencohal ou Barcokeba, c'eft-à-dire, le Fils de l'Etoile. L'Empereur Adrien envoya contre eux Jule Severe, le plus fage & le plus vaillant de fes Generaux. Severe gagna contre eux des batailles, & en perdit. Quelques Hiftoriens affurent que dans cette guerre, qu dura fix ans, il mourut plus de cinq cen mille hommes. Enfin l'Empereur y vint lui même avec toutes les forces de l'Empire. Le rebelles furent défaits en plufieurs rencontres, & leur Château de Bethoron fut affiegé dans les formes. Barcokeba s'y étoit enfermé, & s'y défendit avec une opiniâtreté

judaïque

judaïque; mais ayant été tué à une sortie, le Château se rendit, & les Juifs furent soûmis. L'Empereur en manda toutes les circonstances au Senat, & se glorifia de sa victoire. Il fit dans la suite rebâtir la Ville de Jerusalem, qu'il nomma de son nom Elia Adriana, & défendit aux Juifs d'y entrer, de peur qu'ils n'y vinssent en assez grand nombre pour s'en emparer.

L'an de Jesus-Christ 448. sous l'Empire de Theodose le jeune, il y avoit beaucoup de Juifs dans l'Isle de Candie; il s'éleva parmi eux un imposteur qui se dit être Moyse. *Je suis*, leur crioit-il, *votre grand Legislateur qui ai tiré vos peres de la servitude d'Egypte, & leur ai fait passer la Mer à pied sec, Dieu m'a envoyé du Ciel pour vous remener en Judée avec la même facilité.* Il leur prêcha la même chose un an durant, & en persuada plusieurs. Il leur assigna un jour pour ce grand évenement. L'Isle est entourée de hautes falaises. Il s'y rendit avec beaucoup de peuple, & leur commanda imperieusement de se jetter dans la Mer; plusieurs lui obéïrent, & furent tous noyez, à la reserve de quelques-uns que des Bateliers sauverent, en criant aux autres de ne se point précipiter. L'imposteur se sauva, sans qu'on sache ce qu'il devint. Cette histoire est raportée par Socrate, Auteur Grec, & l'un des Historiens de l'Eglise.

L'an de Jesus-Christ 933. il s'éleva parmi les Juifs de Perse un imposteur nommé Elroï, qui se dit le Messie. Il passoit pour Magicien, & faisoit des choses surprenantes. Le Roi Achmed Abuli Abbas se le fit amener pieds & poings liez ; mais l'imposteur trouva moyen de se sauver, & continua ses prestiges. On disoit qu'il passoit les rivieres sans ponts, & qu'il faisoit dix journées de suite sans s'arrêter ni pour boire ni pour dormir. Le Roi irrité, fit savoir à toutes les Synagogues de ses Etats, que s'ils n'empêchoient ce prétendu Magicien de suborner davantage ses sujets, il les extermineroit tous. Les Juifs effrayez, écrivirent aussi-tôt à Elroï en ces termes : *Nous te faisons savoir que le tems de notre délivrance n'est pas encore venu, & que nous n'avons pas encore vû les signes de son arrivée ; c'est pourquoi, en t'avertissant, nous te commandons de ne point persister dans tes entreprises, ni de faire des actions si hardies & si surprenantes ; & si tu continuës, nous te déclarons que tu n'es point des nôtres, ni du nombre des enfans d'Israël.* L'imposteur se moqua de tous ces avertissemens, & continua sa vie ordinaire, jusqu'à ce que son beau-pere, gagné par quelque argent, le poignarda dans son lit.

En 1667. N. de Lestonac, Marquise de Monferrand, étant devenuë veuve & fort riche, fonda à Bordeaux *la Congrégation de la Bienheureuse Vierge Mere de Dieu Nôtre-Dame*, dont le principal vœu est de travailler à l'instruction des filles. Elle étoit alors fort négligée par les Catoliques, qui envoyoient souvent leurs filles dans les Ecoles des Calvinistes, où elles recevoient de mauvaises impressions sur la Religion. Le Cardinal de Sourdis, Archevêque de Bordeaux, aprouva cette nouvelle Congrégation ; & quand le Pape Paul V. l'eut aprouvée, il dit au General des Jesuites, qu'il venoit de les allier à de vertueuses filles, qui vouloient rendre à l'Eglise dans les persones de leur sexe, les services que les Peres de la Societé rendoient à toute la Chretienté. En effet, ce nouvel Institut fut fondé sur le modele de la Compagnie de Jesus ; ce sont les mêmes Regles, autant que la difference du sexe & des emplois l'a pû permettre. Les Novices se disposent à la Profession par deux ans d'épreuve, & elles parviennent par degrez à la qualité de Meres après dix ans de Profession. Les Superieures y sont Electives & Trianales, ayant pandant ce tems-là assez d'autorité pour faire observer la Regle, & trop peu pour en pouvoir abuser. L'Office de la Vierge récité avec le Rosaire, & deux heures d'Oraison Mentale, partagent le jour, avec les occupations que donnent les Classes & les differens emplois de la Maison. La Dame de Lestonac eut la consolation, avant que de mourir, de voir ses filles établies dans toute la Guyenne, dans les Provinces voisines, & même en Catalogne & en Castille. M. Hermand dans son Histoire des Ordres Religieux, a oublié celui-ci, qui méritoit d'y avoir place.

La guerre recomença en 1667. entre la France & l'Espagne, par la mort du Roi Philippe IV. arrivée en 1665. Il ne restoit du premier mariage de ce Prince avec Isabelle de France, fille de Henri le Grand, que la Reine Marie-Therese. Le Roi ne songea pas à disputer le Royaume d'Espagne au Roi Charles II. mais il prétendit que le Duché de Brabant & celui de Limbourg étoient dévolus à la Reine, suivant les Coutumes particulieres de ces Provinces, qui adjugent la succession de leur Pays aux enfans du premier lit, au préjudice de ceux du second. Les Espagnols oposoient la renonciation de la Reine par la paix des Pyrenées. Les Jurisconsultes François assuroient que la renonciation d'une fille en la puissance de son pere étoit nulle, & se servoient pour le prouver de la Loi Romaine, qui declare qu'il y a une espece d'homicide à traiter de la succession d'une persone vivante, & que de convenir avec un pere qu'on ne lui succedera pas, c'est comme un monstre dans l'ordre de la nature.

Le Roi persuadé de son droit, mit l'affaire en négociation, & envoya un Ambassadeur à la Reine Regente d'Espagne, lui demander justice. Elle ne voulut rien écouter, & peutêtre que la chose en seroit demeurée là, si la Reine-mere n'étoit pas morte. Le Roi l'aimoit tendrement, la respectoit, & n'eut pas voulu la contrister; mais après sa mort, rien ne l'arrêta. Il redoubla ses instances auprès du Conseil d'Espagne, & demanda de plus la restitution de la dot de la Reine Isabelle, & le payement de celle de la Reine Marie-Therese, ce qui montoit à plus de six cent mille écus d'or, sans compter les interêts. Toutes ces instances furent inutiles, il prit la voïe des armes. Mais quelque juste raison qu'il eut d'ataquer la Flandre, la prudence ne lui permettoit pas de le faire, qu'il n'eut auparavant terminé la guerre qu'il avoit contre l'Angleterre : en voici le sujet. L'an 1662. la France & la Hollande avoient fait ensemble un Traité d'alliance défensive, qui obligeoit la France à secourir la Hollande, si elle étoit ataquée, & même à rompre avec l'agresseur. L'Angleterre avoit ataqué la Hollande pour des interêts de comerce, & pour l'obliger à rendre de certaines déférences à son pavillon. Le Roi fidele à ses engagemens, rompit avec l'Angleterre, & secourut puissamment les Hollandois par mer & par terre. Enfin après deux campagnes, la paix se fit à Breda par la médiation de la Suede, & les Traitez en furent signez à la fin du mois de Juillet 1667. Alors le Roi entra en Flandre à la tête d'une puissante armée ; le Vicomte de Turene en étoit General. Le Roi ne trouva pas grande résistance ; il prit en quinze jours Tournay, Ath, Armantieres, Courtrai & Doüai, & assiegea Lille. La Ville étoit forte, & avoit six mille hommes de garnison. La plûpart des Generaux jugeoient l'entreprise fort difficile, mais un jeune heros ne se croit rien d'impossible. La tranchée fut ouverte le 3. de Juillet, & le Roi y alla sur un grand cheval blanc. Il y eut un Page de la Grande Ecurie tué derriere lui. Alors le Comte de Charost Capitaine des Gardes du Corps, lui arracha son chapeau couvert de plumes blanches, & lui dona le sien.; & le Vicomte de Turene le menaça de quiter l'armée, s'il continuoit à s'exposer comme un soldat. Le Comte de Broüai Gouverneur de la Ville, aïant apris qu'il n'y avoit point de glace dans le camp, y en envoyoit tous les jours; & sur ce que le Roi dit au Gentilhome qui la faisoit aporter, qu'il n'y en avoit gueres, *Sire*, repliqua l'Espagnol, *le siege sera long, nous craignons qu'elle ne nous manque.* Il s'en alla, & Charost lui cria; *dites au Comte de Broüai qu'il n'aïlle pas faire comme le Gouverneur de Doüai, qui s'est rendu comme un coquin.* Etes-vous fou, lui dit le Roi ? *Comment, Sire,* reprit Charost, *le Comte de*

DE L'EGLISE. Liv. XXXIV. Chap. II. 55
Broüai est mon cousin. La place se rendit après neuf jours de tranchée ouverte; & le Roi content de sa campagne, s'en retourna à Saint Germain.

L'année suivante, le Roi après avoir conquis la Franche-Comté, fit la paix avec le Roi d'Espagne, lui rendit la Franche-Comté, & garda les Places qu'il avoit prises en Flandre. Le Traité fut signé à Aix-la-Chapelle par le Président Colbert, Plenipotentiaire de France, & par le Baron de Bergeich, Plenipotentiaire d'Espagne

An. de J.C. 1668.

Au comencement de l'année, on jugea à Rome dans la Congregation des Evêques & des Reguliers le procès entre l'Abbé de Cîteaux, General de son Ordre, & les quatre premiers Abbez, qui sont ceux de la Ferté, de Pontigny, de Clervaux & de Morimond. Cet Ordre est un des plus considerables de l'Eglise; il a plus de deux mille Abbayes tant d'hommes que de filles. Le General a droit de conferer à ses Religieux le Soûdiaconat. Le procès consistoit en ce que les quatre Abbez prétendoient que l'Abbé de Cîteaux ne devoit convoquer le Chapitre General que de leur avis, & avec leur consentement: que tous les Abbez de l'Ordre y devoient être appellez : que les décisions s'y devoient prendre par les filiations, & non pas d'homme à homme : qu'il devoit y avoir au moins

An de J.C. 1668.

vint-cinq Définiteurs, & que les quatre Abbez y devoient être nécessairement. Les contestations furent d'abord portées au Grand Conseil, & puis au Conseil d'Etat, qui renvoya l'affaire au Saint Siege; & après un long examen, le Pape décida par un Bref particulier, que l'Abbé de Cîteaux n'étoit point obligé de demander le consentement des quatre Abbez pour la convocation du Chapitre General : que les avis ne s'y donneroient point par filiation, mais d'homme à homme : & qu'à l'égard de la députation des Définiteurs, quand il ne se trouveroit pas un nombre suffisant d'Abbez, le General y pouroit supléer par le choix de Religieux. Le Pape confirma depuis les Chapitres Generaux des années 1672. & 1683. ordonant que les decrets & définitions y contenus seroient executez selon leur forme & teneur, jusqu'à un nouveau Chapitre General.

An. de J. C. 1663.

Le 14. de Mars, le Daufin fut baptisé dans le Château de Saint Germain en Laye. Le Pape Clement IX. son Parain, fut representé par le Cardinal de Vandôme, Legat *à latere* pour cette fonction. La Princesse de Conti y representa la Reine Doüairiere d'Angleterre sa Maraine, qui étoit malade. Dès que tout fut prêt pour la ceremonie, les Princes & les Princesses de la Maison Royale se rendirent au Château neuf dans la chambre du Daufin,

fin, qui étoit encore dans son lit. Mademoiselle le leva ; ensuite la Duchesse d'Anguyen distribua les honeurs du Parain & de la Maraine : savoir la serviette au Prince de Condé, & l'aiguyere avec le bassin d'or au Duc d'Anguyen, & ceux de l'enfant, qui étoient la saliere & le cremeau, au Prince de Conti, & le cierge au Comte de Clermont son frere. Alors comença la marche du Château neuf au Château vieux ; les Chevaliers de l'Ordre du Saint Esprit parurent avec leurs habits de ceremonie, & depuis ce tems-là ils ne le portent que quand ils sont reçûs dans l'Ordre. Le Daufin étoit vêtu d'un habit de brocard d'argent à chausses retroussées, avec la toque garnie de plumes blanches, & un manteau dont la queuë étoit portée par le Duc de Mercœur. On avoit élevé dans la Cour du Château vieux des Fonts Baptismaux, autour desquels chacun se rangea suivant son rang. Le Cardinal Antoine Barberin, Grand Aumônier de France, baptisa l'enfant, & le Legat le nomma Loüis. On le reconduisit ensuite avec la même pompe à son apartement du Château neuf.

Quinze jours après, le Roi s'étant trouvé un peu incommodé, & n'ayant pû faire la Cêne, le Daufin après avoir oüi le Sermon du Pere Mascaron, l'un des plus grans Prédicateurs de son siecle, lava les pieds à douze pauvres qu'il servit à table, les plats portez par Monsieur & par le Prince de Condé, le Duc d'Anguyen, & divers Seigneurs de la Cour.

La mort de Marie-Loüise de Gonzague, Reine de Pologne, arrivée en 1667. fut fort sensible au Roi, qui envoya le Marquis de Courcillon, depuis Abbé de Dangeau, faire des complimens de condoléance au Roi Casimir. Ce Prince, le dernier des Rois de Pologne de la Maison de Vaza, abdiqua la Courone l'année suivante. Il avoit succedé en 1648. à son frere Vladiflas, & avoit épousé sa veuve. Il fit assembler les Senateurs à Warsovie le 12. Juin, leur déclara son intention, & convoqua la Diete generale au 27. Aoust. L'ouverture s'en fit avec les ceremonies ordinaires, & le Roi leur dit:

Voici enfin le moment auquel votre Roi & votre Pere, consommant l'amour que ceux de sa Maison ont toûjours eu depuis plus de deux cents ans pour cette Republique, & se trouvant abatu sous le poids de l'âge, & des continuelles affaires, doit remettre entre vos mains la Courone, la chose la plus précieuse qui soit parmi les hommes ; voici le tems, dis-je, des funerailles de ma gloire, & qu'étant mort au siecle, je choisis pour le globe Royal un petit coin de terre dans l'aimable sein de la Republique, entre les cendres de mes prédecesseurs, afin qu'on puisse lire dans vos Anales que celui que vous avez vû le premier dans vos armées,

An. de J.C. 1668.

& le dernier dans la retraite, a été aussi le premier, qui se privant des grandeurs humaines, vous a remis la puissance royale par un motif de la plus tendre affection envers sa Patrie ; votre amour & les libres suffrages de ceux qui assisterent à mon élection, m'éleverent à ce haut degré de la Majesté, & mon amour reciproque veut que je m'en depoüille aussi, pour m'acquitter envers vous. Mes Ancêtres, qui ont été vos Rois, en quittant le Diadème, le laissoient ou à leurs freres, ou à quelqu'un de leur sang, mais j'ai voulu, par un témoignage de mon affection, rendre à la Republique ce que j'en avois reçû ; & trop content de la simple qualité de son Pere & de son Citoyen, laisser les titres pompeux d'Empereur & de Roi à un autre plus capable de la servir. Afin que vous soyez heureux en ce choix, je demanderai à Dieu dans ma solitude les lumieres dont vous aurez besoin en cette occasion, & maintenant je vous rens toutes les graces qui me sont possibles de l'amour que vous m'avez témoigné, des bons offices que j'ai reçûs de vous, des conseils que vous m'avez donnez, & de la provision que vous m'avez si librement accordée. Au reste, s'il est arrivé, ou par des raisons d'Etat, ou par une disposition du Ciel, que je n'aye pû plaire à quelques-uns, je les prie de me le pardonner, & je prens congé de vous avec toute la tendresse imaginable, souhaitant que vous m'ayez toûjours en votre memoire. C'est dans ces sentimens que je vous donne à tous & à chacun la benediction paternelle, en vous assurant que si je suis éloigné par le corps de ma chere Patrie, je lui serai toûjours étroitement uni par l'esprit; & d'ailleurs que je ne puis penser qu'avec une extrême joïe que ce corps doit trouver son repos dans son sein, lorsque selon le destin des hommes il sera sur le point de se réduire en cendres. Je vous en dirois davantage, mais j'en suis empêché par le défaut de ma memoire, & par la tendresse de mon cœur, qui ne me permet plus de vous parler que par mes larmes; c'est pourquoi je vous mets entre les mains mon discours par écrit, afin que le lisant, vous acheviez d'y aprendre quelle est pour vous mon affection.

Ce discours fut interrompu par les larmes de toute l'Assemblée. Les Senateurs & les Nonces se jetterent aux pieds du Roi, & le conjurerent de ne les point abandonner; il en fut attendri, sans que sa résolution en fût ébranlée. L'Archevêque de Gnesne lui parla ainsi.

C'est une merveille aussi surprenante pour tout le monde, qu'elle est affligeante pour nous, de voir, Sire, Votre Majesté, déposer la Courone avec autant d'empressement, qu'elle est recherchée & poursuivie par les autres, qui la regardent comme le souverain bien. Qui pouroit considerer, sans un extrême étonement, & même sans en être tendrement touché, cette action de Votre Majesté, qui surpasse toute la force de la vertu la plus heroïque ? Elle abandonne avec la derniere tranquillité ce qui a toûjours été le sujet de tant de travaux, & pour lequel les ambitieux ont combatu dès le commencement des siecles, & combatent encore dans le nôtre avec tant de chaleur ; Elle quitte ce que jamais perſone n'a pû voir entre les mains d'un autre ſans jalouſie, & même un trône que ſes Ancêtres ont poſſedé plus de deux cents ans avec une gloire qui ne ſauroit perir parmi les hommes : mais le dirai-je auſſi, elle abandonne avec cette conſtance ſa propre Patrie, laquelle ayant eu le ſoin de l'élever dès ſa plus tendre jeuneſſe, l'a miſe ſur le trône de ſes Peres, & que le Prince ſon frere a poſſedé, elle prend congé du Senat qu'Elle a comblé de bienfaits : car je ne remarque ici aucun qui ne ſoit ſa créature, & qui n'en ait reçû des graces & des honeurs. Enfin, elle dit adieu à la Nobleſſe, en laquelle conſiſte la plus grande force du Prince & du Royaume, en laquelle juſqu'à preſent on a vû le fondement du ſalut de l'Etat & de notre inviolable liberté, & qui enfin peut compter un nombre preſque infini de victoires remportées par ſes armes, lorſque Votre Majeſté a triomphé de ſes ennemis, qui l'étoient de toute la Nation. C'eſt en ce lieu où je pourois avec juſtice repreſenter vos inombrables & incomparables travaux pour le bien de la Patrie, pandant les vint années du gouvernement de Votre Majeſté, avec une douceur paternelle qui ne merite pas moins d'éloges ; mais la triſteſſe qui s'empare de mon cœur m'arrête au plus bel endroit de mon diſcours, & m'empêche de m'étendre ſur une ſi digne matiere ; deſorte que je ſuis contraint de remettre à la memoire d'un chacun, les faveurs & les graces que nous devons à Votre Majeſté, & que nous chercherons ſans ceſſe de meriter par nos juſtes reſſentimens ; ainſi je la ſuplic très-humblement de vouloir par ſa bonté naturelle, excuſer le défaut de ma langue, & la stérilité de mes pensées, comme un effet de la douleur que je sens avec toute l'assemblée, de la perte que nous faisons du meilleur Prince du monde. J'ajoûte à cette priere, celle de vouloir par cette même bonté, nous pardonner toutes les choses dans lesquelles nous pourrions l'avoir offensée contre notre intention, & qu'encore qu'elle ne desire plus continuer son Empire sur nous, ainsi qu'un Seigneur sur ses sujets, il lui plaise néanmoins nous conserver cette affection paternelle qu'elle nous a toûjours temoignée, l'assurant aussi de notre part que nous demeurerons inviolablement attachez à Elle par un amour filial, & une respectueuse obéissance.

Le Maréchal des Nonces remercia ensuite le Roi au nom de la Noblesse. Ce Prince se retira en France, & eut l'Abbaye de saint Germain des Prez, & quelques autres Benefices. Il avoit été dans sa jeunesse Jesuite & Cardinal, & en 1660. il avoit chassé les Sociniens de Pologne. Il mourut à Nevers le 14. Decembre 1672. Les Polonois après son abdication, assemblerent la Diete, & déclarerent le trône vacant. Il y avoit deux principaux concurrens à la Courone; le Duc de Neubourg soûtenu par la France, & le Prince Charle de Lorraine soûtenu par l'Empereur. Les deux factions parurent également fortes, jusqu'à la fin de la Diete, que tout d'un coup toutes les voix se réünirent en faveur du Prince Michel Viesnovieski, & il fut élu par acclamation. Il n'étoit confiderable que par fa naiffance ; il décendoit des Jagellons. Les Polonois étoient ravis de se voir un Roi de leur Nation, dans l'esperance qu'il n'aspireroit point à la tyranie, & qu'il les gouverneroit felon les Loix du Pays. Le grand Maréchal Sobiefki avoit beaucoup contribué à l'élection. Il gagna dans la fuite plufieurs batailles contre les Turcs ; & après la mort du Roi Michel, qui n'étoit proprement qu'une idole animée, il fut élu Roi en 1674. remit fa Nation en honeur, obligea les Turcs à faire la paix, & à ne plus fonger à conquerir la Pologne. Il mourut en 1696.

Le mois d'Octobre 1668. fut remarquable par la converfion du Vicomte de Turene. A la paix des Pyrenées, il avoit refufé à cette condition la premiere dignité de l'Epée, & s'étoit contenté de la charge de Maréchal General des camps & armées du Roi, qui lui donoit le comandement fur tous les Maréchaux de France : Charge qui avoit été poffedée fous le regne de Henri IV. par le Maréchal de Biron le pere, & fous le regne de Loüis XIII. par le Maréchal de Lefdiguieres avant qu'il fut Catolique. Le Vicomte après la campagne de 1667. où il eut la joïe d'enfeigner le métier de la guerre à un Prince qui l'a faite depuis avec tant de gloire, avoit fongé à ce qu'il y a de plus important dans la vie. Il avoit eu de fréquentes conferences avec le Duc d'Albret son neveu, depuis Cardinal de Boüillon, qui quoique fort jeune étoit Docteur de Sorbone, & fort habile, & avec l'Abbé Bossuet, depuis Evêque de Condom, dont le nom seul fait l'éloge; & se voyant convaincu de la fausseté de la religion Calviniste, il en fit abjuration entre les mains de François de Harlai de Chanvalon Archevêque de Paris. Sa conversion consola extrémement tout le monde Catolique, qui espera que l'exemple d'un si grand homme porteroit au moins les heretiques à examiner leur créance.

Vers la fin du mois d'Avril Pierre d'Alcantara & Marie-Madelaine de Pazzi furent canonisez dans l'Eglise de saint Pierre de Rome, avec les ceremonies acoutumées. Le Cardinal Barberin Doyen du Sacré Colege celebra la Messe, où le Pape assista à genoux ou sur un trône; & après qu'un Avocat Consistorial lui eut fait trois instances, à ce qu'il lui plût admettre Pierre d'Alcantara & Marie-Madelaine de Pazzi au nombre des Saints, le Pape redoubla ses prieres, & prononça la Sentence de Canonisation, entonna le *Te Deum*, & donna la benediction au Peuple.

CHAPITRE

CHAPITRE III.

Siege & prise de la Ville de Candie.

CE fut le sixiéme de Septembre que la Ville de Candie fut prise par les Turcs, après un siege ou blocus de dix-sept ans. Elle avoit été ataquée par differens Bachas, qui y périrent tous avec leurs troupes. Les Papes, le Grand Duc, les Chevaliers de Malthe, & plusieurs Princes Chrétiens, & entr'autres le Roi Loüis le Grand, y envoyerent de tems en tems des secours d'hommes & d'argent. Les Venitiens étoient maîtres de la Mer. Ils batoient toûjours les flotes Turques, & jettoient dans la place tant qu'ils vouloient de soldats, & des munitions de guerre & de bouche. Le Cardinal Mazarin au comencement du siege, chargea le Prince Almeric d'Est d'y conduire trois mille hommes, la plûpart des troupes du Prince de Condé, dont il étoit bien aise de se défaire; & pour cacher son intention, il y joignit deux de ses regimens. La Feüillade Duc de Roannès y mena six cents hommes en quatre brigades, à la tête desquelles étoient le Comte de Saint Paul, depuis Duc de Longueville, les Ducs de Château-Thierry & de Caderousse, & le Comte

An. de J.C. 1669.

de Villemor ; le Marquis de la Mothe-Fenelon y alla aussi avec son fils. Ils aborderent heureusement ; & contre l'avis des Generaux Venitiens, ils firent une sortie avec plus de courage que de conduite. Le Duc de Caderousse reçut un coup de mousquet au pied ; le Comte de Villemor & le fils du Marquis de Fenelon y furent tuez. Ils tuerent beaucoup de Turcs, perdirent la moitié de leurs gens, & se rembarquerent le lendemain pour retourner en France. Les Princes de Brunswik & de Lunebourg y envoyerent trois mille trois cents hommes, commandez par le Comte Josias de Valdek, qui fut tué à une sortie ; ils ne firent que retarder la prise de la place. Enfin, le Grand Seigneur ennuyé de la longueur du siege, y envoya à la fin de 1666. le Grand Visir Achmet Coprogli avec quarante mille hommes, résolu d'emporter la Place, ou d'y perir ; il y alloit de sa tête. Il avoit amené une prodigieuse quantité de canons, de bombes, & de munitions de guerre & de bouche. Il prit d'abord toutes les mesures que sa capacité lui suggera ; il fit élever des Forts garnis de canon à l'entrée du Port, pour empêcher les secours par Mer, commença la circonvallation, & donna des assauts, qui furent soûtenus avec le courage qu'inspire la Religion. La rigueur de l'hiver ne le rebuta pas ; il fit faire des baraques pour mettre ses soldats à couvert, & continua ſes ataques avec plus de fureur que jamais. François Morozini, Capitaine General des Venitiens, commandoit dans la Ville, & avoit toûjours ſous lui des Generaux étrangers. Le Marquis Ville, Savoyard, y fit voir ſon experience, par les nouveaux ouvrages qu'il fit faire, & fut bientôt rapellé par ſon maître. Le Marquis de Saint André-Mont-brun alla prendre ſa place avec la permiſſion du Roi. Il y fit encore plus que ſon prédeceſſeur; ſon grand âge ne lui avoit point ôté la vigueur de la jeuneſſe. Il admiroit les Turcs, & avoüoit qu'ils étoient admirables par la force & par la conſtance avec laquelle ils pouſſoient leurs ataques. *Jamais*, diſoit-il, *il n'avoit vû de ſiege pareil à celui de Candie, appellant jeux d'enfant tous ceux où il s'étoit trouvé, & diſant que celui de Candie étoit l'ouvrage des Geans.* On y voyoit des montagnes de terre, qu'on avoit tranſportées ſur la pointe des rochers, des digues qu'on avoit fondées dans la Mer; on y abatoit les murailles, on y renverſoit les Forts à coups de canon, & à force de mines & de fourneaux; des pluyes de feu & des grêles de bombes ne ceſſoient ni jour ni nuit. On ne voyoit plus dans la Ville aucune maiſon ſur pied; les Bourgeois étoient dans les caves, & les ſoldats ſur les breches. Saint André-Montbrun, à la vûë de toutes ces horreurs, redoubloit de courage.

Cepandant les Turcs faisoient de tems en tems des propositions de paix, toûjours avec la condition de rendre Candie, à quoi les Venitiens ne pouvoient se résoudre. La Ville n'étoit plus en état de se défendre; tous les ouvrages exterieurs avoient été emportez l'épée à la main, & l'on y craignoit un assaut general, lorsque le Roi sur les pressantes instances du Pape Clement IX. y envoya un secours considérable sous la Baniere de l'Eglise. Il étoit composé de 4900. soldats, & de 577. Officiers, tant en pied que réformez. Il y avoit trois escadrons de cavalerie de cent maîtres chacun, & un détachement de Mousquetaires du Roi commandez par le Comte de Montbron. Le Duc de Navailles commandoit toutes les troupes du débarquement, Lebret & Colbert-Maulevrier étoient Maréchaux de Camp; le Comte de Dampierre se devoit mettre à la tête de deux cens Officiers réformez, & Castelan devoit commander les cinq cens hommes détachez du regiment des Gardes, dont il étoit Major. Le Comte de Vivone General des Galeres, en avoit amené quatorze; Jaquier étoit Munitionaire general de l'armée. Le Duc de Beaufort, comme Amiral de France, étoit à la tête de tout. Le Pape y avoit joint ses galeres & celles du Grand Duc, avec quelques soldats, sous les ordres de son neveu Vincent

Rofpigliofi. Les François mirent pied à terre fans oppofition ; & voyant la Place fort preffée, réfolurent de faire une grande fortie, pour ruiner tous les travaux des Turcs. Morofini auroit voulu fe tenir fur la défenfive, mais le Duc de Navailles avoit ordre de ramener les troupes en France après un certain tems. La fortie fut faite la nuit du 24. au 25. de Juin, contre l'avis de Saint André-Montbrun. Le Duc de Navailles fuivi de fix mille hommes de pied & de fix cents chevaux, marcha aux tranchées des Turcs ; le Duc de Beaufort fe mit à la tête des enfans perdus. Les François fe faifirent d'abord de trois redoutes abandonnées, & d'un grand magafin de poudres. Les tranchées furent nétoyées, & les Turcs fe préparoient peut-être à quiter leurs lignes, lorfqu'un accident imprévu changea la face du combat. Le feu prit au magafin de poudre avec un bruit effroyable, & enleva en l'air une trentaine de foldats ; les autres qui étoient en avant, s'imaginerent que c'étoit l'effet d'une mine qui alloit être fuivie de bien d'autres : une terreur panique les faifit, ils jetterent leurs armes, & fe renverferent les uns fur les autres, fans que perfone les pourfuivit. En vain le Duc de Navailles, l'épée à la main, employa les coups, les menaces & les prieres, il fut contraint de les fuivre, & de rentrer dans la Ville pour les

I iij

mettre à couvert de la fureur des Turcs, qui à cet évenement imprévu avoient repris courage. Le Comte, depuis Maréchal de Choiseul, fit la retraite; on n'y perdit que huit cen[t] hommes, mais le Duc de Beaufort y perit: on ne pût jamais retrouver son corps. Il y a apparence qu'il fut enterré sous les débris d[u] magasin de poudre, qui avoit sauté. Le Du[c] de Navailles envoya le Chevalier de Flacou[rt] en demander des nouvelles aux Turcs, qui ré[s-] pondirent que le Seigneur Eternel avoit enlev[é] sa grande ame au Ciel. La Republique de Ve[-] nise lui fit faire un Service solemnel, où l[e] Doge assista, avec le College & le Senat e[n] deüil. Le Pape rendit aussi de grans honneu[rs] à sa memoire, & ordonna qu'on lui éleva[t] un tombeau magnifique dans l'Eglise d'Ara[-] celi, ce qui n'a point été executé. On n[e] perdit à la sortie de gens considerables, qu[e] le Comte de Rosan frere du Duc de Duras[,] le Marquis de Fabert, Ligniere, Castela[,] Major des Gardes, & quelques autres vo[-] lontaires. Le Comte de Dampierre fut em[-] porté d'un coup de canon dans une ruë [de] Candie.

Six semaines après la sortie, on tint Co[n-] seil de guerre. Le Duc de Navailles fut d'av[is] de capituler, & son avis n'ayant point é[té] suivi, il se rembarqua avec les troupes Fra[n-] çoises, qui étoient réduites par les maladi[es] à trois mille hommes. Les prieres du Capitaine General, & celles de Rospigliosi, General des troupes de l'Eglise, furent inutiles. Il laissa seulement six cens hommes dans la Ville. Le Roi le reçût fort mal à son retour, & l'exila dans une de ses terres en Perigord. Les Generaux des armées ont beau faire leur devoir, les Princes souvent leur imputent les mauvais succès. Le Pape & le Roi ne se rebuterent pas. On prépara un nouveau secours, qui devoit être commandé par le Maréchal de Bellefond ; mais la nouvelle étant venuë de la reddition de la Place, il ne partit point.

Le 27. d'Aoust le Capitaine General Morosini vit embarquer le bataillon de Malthe, & craignant à tout moment d'être emporté d'assaut, il assembla le Conseil de guerre, où il apella tous les Capitaines de la flote ; il y fut résolu tout d'une voix de capituler à des conditions honorables. Le Traité fut signé le 6. Septembre, & l'on convint que l'isle de Candie avec la Capitale seroient cedées aux Turcs par les Venitiens, qui n'y conserveroient que Spina-longa, Suda & les Garabuses, & la Forteresse de Clissa en Dalmatie: que les Turcs ne leur demanderoient ni tribut ni present: qu'ils auroient douze jours pour embarquer tous ceux qui ne voudroient pas demeurer dans la Ville; & que s'ils ne pouvoient pas tous tenir

mettre à couvert de la fureur des Turcs, qu[i] à cet évenement imprévu avoient repris cou[u]rage. Le Comte, depuis Maréchal de Choi[seul, fit la retraite; on n'y perdit que huit cen[s] hommes, mais le Duc de Beaufort y perit[:] on ne pût jamais retrouver son corps. Il y [a] apparence qu'il fut enterré sous les débris d[u] magasin de poudre, qui avoit sauté. Le Du[c] de Navailles envoya le Chevalier de Flacou[rt] en demander des nouvelles aux Turcs, qui ré[s]pondirent que le Seigneur Eternel avoit enlev[é] sa grande ame au Ciel. La Republique de Ve[ni]se lui fit faire un Service solemnel, où l[e] Doge assista, avec le College & le Senat e[n] deüil. Le Pape rendit aussi de grans honneu[rs] à sa memoire, & ordonna qu'on lui élevâ[t] un tombeau magnifique dans l'Eglise d'Ara[ceæ]li, ce qui n'a point été executé. On n[e] perdit à la sortie de gens considerables, qu[e] le Comte de Rosan frere du Duc de Duras[,] le Marquis de Fabert, Ligniere, Castela[n] Major des Gardes, & quelques autres vo[l]ontaires. Le Comte de Dampierre fut em[p]orté d'un coup de canon dans une ruë d[e] Candie.

Six semaines après la sortie, on tint Co[n]seil de guerre. Le Duc de Navailles fut d'avi[s] de capituler, & son avis n'ayant point ét[é] suivi, il se rembarqua avec les troupes Fra[n]çoises, qui étoient réduites par les maladie[s]

DE L'EGLISE. Liv. XXXIV. Ch. III. 71
à trois mille hommes. Les prieres du Capitaine General, & celles de Rospigliosi, General des troupes de l'Eglise, furent inutiles. Il laissa seulement six cens hommes dans la Ville. Le Roi le reçût fort mal à son retour, & l'exila dans une de ses terres en Perigord. Les Generaux des armées ont beau faire leur devoir, les Princes souvent leur imputent les mauvais succès. Le Pape & le Roi ne se rebuterent pas. On prépara un nouveau secours, qui devoit être commandé par le Maréchal de Bellefond ; mais la nouvelle étant venuë de la reddition de la Place, il ne partit point.

Le 27. d'Aoust le Capitaine General Morosini vit embarquer le bataillon de Malthe, & craignant à tout moment d'être emporté d'assaut, il assembla le Conseil de guerre, où il apella tous les Capitaines de la flote ; il y fut résolu tout d'une voix de capituler à des conditions honorables. Le Traité fut signé le 6. Septembre, & l'on convint que l'isle de Candie avec la Capitale seroient cedées aux Turcs par les Venitiens, qui n'y conserveroient que Spina-longa, Suda & les Garabuses, & la Forteresse de Clissa en Dalmatie: que les Turcs ne leur demanderoient ni tribut ni present: qu'ils auroient douze jours pour embarquer tous ceux qui ne voudroient pas demeurer dans la Ville; & que s'ils ne pouvoient pas tous tenir

dans leurs vaisseaux, le Grand Visir leur prê-
teroit des bâtimens plats & des chaloupes
Il n'y resta que deux Pretres Grecs, une femme, & trois Juifs. La capitulation fut obser-
vée régulierement ; & le Grand Visir s'étan
aperçû que des Janissaires pilloient des Bourgeois de la Ville, il en fit empaller quinze. I
étoit bien content de sa conquête, qui l'alloi
ramener en triomfe à Constantinople. Ainsi
la prise de Candie fit perdre à la Republiqu
de Venise un Royaume renommé dans la Fable & dans l'Histoire par son Jupiter & so
Minos, par son Dedale & son Minotaure
par l'amour d'Ariane pour Thesée, par l'ancienneté de ses Rois, & par la sagesse de se
Legislateurs ; plus considerable encore dan
ces derniers tems, où la Ville de Candie étoi
regardée comme le rempart de l'Europe Chretienne contre les Infideles.

Après la prise de Candie, le Grand Visi
Achmet Coprogli alla trouver le Grand Seigneur, qui le reçut comme il le méritoit, &
lui laissa toute l'autorité jusqu'à sa mort, qu
arriva sept ans après en 1676. à l'âge de qua-
rante-sept ans. Il en avoit été quinze dans l
ministere, habile, brave, exact à observe
les Traitez, severe sans aimer à verser l
sang, heureux à la guerre. Le Senateur Qui-
rini Ambassadeur de Venise à la Porte, assu
roit que la politique des Turcs passoit d
beaucou

beaucoup celle des autres Princes, qu'elle n'étoit point renfermée en des maximes & des regles, qu'elle confiftoit toute dans le bon fens, & ne fe remuoit que par le bon fens: que cette politique n'ayant ni art ni principe étoit comme inacceffible, & qu'il avoüoit de bonne foi que la conduite du Grand Vifir étoit un abîme pour lui, qu'il n'en pouvoit fonder le jugement, la prévoyance, la pénétration; l'artifice, & tous les détours, & qu'il ne fe laffoit point d'admirer un homme, qui fans parler, fans écrire, fans fe remuer beaucoup, gouvernoit un des plus puiffans Empires du Monde. Le Grand Vifir, fi plein de grandes qualitez, s'abandonna tellement à toutes fortes de débauches, & principalement à celle du vin, qu'il ruina une bonne conftitution que la nature lui avoit donnée. Avant que de mourir, il renvoya le Sceau de l'Empire au Sultan, qui le donna auffi-tôt à Kara Muftafa, en lui faifant époufer une de fes filles qui n'avoit que cinq ans. La fortune de Kara Muftafa échoüa au fiege de Vienne, ainfi que nous le verrons dans la fuite.

Le Roi après la mort du Duc de Beaufort, qui n'étoit que Surintendant de la Navigation de France, ainfi que l'avoit été le Cardinal de Richelieu, rétablit la Charge d'Amiral, & la donna au Comte de Vermandois, son fils naturel.

Ce fut en 1669. que fut faite la paix de l'Eglise. On en esperoit l'extinction entiere du Jansenisme; mais pour en expliquer les particularitez, il en faut reprendre l'histoire d'un peu plus haut.

Le Pape Innocent X. en 1653. avoit condamné les cinq Propositions extraites du Livre de Jansenius, intitulé *Augustinus*, & le Pape Alexandre VII. son successeur, les avoit condamnées de nouveau en 1656. Les Constitutions de ces Papes avoient été reçûës en France par tous les Evêques. Les Assemblées du Clergé, pour les faire executer, avoient dressé un Formulaire qu'on faisoit signer à tous les Ecclesiastiques, tant seculiers que reguliers, & même aux Religieuses; mais comme quelques Evêques n'avoient pas aprouvé ce Formulaire, & faisoient des Mandemens qui n'y étoient pas conformes, le Pape, à la priere du Roi, envoya le Formulaire suivant.

Je, soussigné, me soûmets à la Constitution Apostolique d'Innocent X. Souverain Pontife, donnée le 31. jour de Mai 1653. & à celle d'Alexandre VII. son successeur, donnée le 16. d'Octobre 1656. & rejette & condamne sincerement les cinq Propositions extraites du Livre de Jansenius, intitulé Augustinus, *dans le propre sens du même Auteur, comme le Siege Apostolique les a condamnées par les mêmes Constitutions, je le jure ainsi. Ainsi Dieu me soit en aide, & les saints Evangiles.*

Le Pape ordonna la signature de ce Formulaire, par une Constitution donnée à Rome à sainte Marie Majeure l'an de l'Incarnation du Sauveur 1665. Le Roi fit aussi-tôt publier une Declaration, qui enjoignoit à tous les Evêques de son Royaume de faire signer le Formulaire chacun dans son diocese ; presque tous le firent, il y en eut seulement quatre qui publierent des Mandemens, qui sembloient en détourner le veritable sens, en faisant la distinction du fait & du droit. Ce furent les Evêques de Beauvais, d'Angers, d'Alet & de Pamiers. Leurs Mandemens furent condamnez à Rome. Il étoit question de faire leur procès, ce qui n'étoit pas aisé, suivant les maximes de l'Eglise Gallicane. Le Pape avoit eu intention d'en donner le soin à l'Archevêque de Paris, afin que comme simple executeur, il déclarât aux quatre Evêques, que dans le terme de deux mois, ils eussent à souscrire le Formulaire purement & simplement ; & qu'en cas de coûtumace, il les déclarât suspens des fonctions Episcopales, & interdits de l'entrée de leurs Eglises ; mais enfin la Congregation établie pour cette affaire, fit résoudre Sa Sainteté, qui se mouroit, à nommer douze Archevêques ou Evêques de France, Commissaires pour faire le procès aux quatre Evêques, & à tous ceux qui ne voudroient pas signer le Formulaire. Les Commissaires étoient Charle d'Anglure de Bourlemont Archevêque de Toulouse, Jean de Montpezat de Carbon Archevêque de Bourges, & les Evêques de Lavaur, de Tulles, de Mande, de Soissons, de Lodeve, de Dol, de saint Malo & de Lombez, avec pouvoir au plus ancien d'en nommer d'autres à la place de ceux qui ne pouroient, ou ne voudroient pas assister à la commission. Cependant Alexandre VII. étoit mort, il falut s'adresser à Clement IX. son successeur. Dix-neuf Evêques, à la tête desquels étoit Loüis-Henri de Gondrin Archevêque de Sens, écrivirent au Pape en faveur des quatre Evêques. Ils écrivirent aussi au Roi, pour l'exhorter à soûtenir les Libertez de l'Eglise Gallicane ; mais ces deux Lettres furent également mal reçûës. Les quatre Evêques ne se rebuterent pas, & firent courir une Lettre Circulaire adressée à tous les Evêques de France, pour les engager à prendre leur défense. Elle fut suprimée par un Arrêt du Conseil, comme séditieuse, & tendante à renouveler les erreurs de Jansenius : alors les amis des quatre Evêques songerent à leur procurer un acomodement. Nicolas Sevin, Evêque de Cahors, écrivit à l'Evêque de Pamiers, que ne pas croire les décisions des Papes dans les faits, c'étoit saper les fondemens de la Religion, & sur tout la Tradition, qui n'est fondée que sur les faits : qu'il n'y avoit point d'autre regle de foi dans les choses de fait que l'autorité de l'Eglise : que lui-même avoit crû autrefois qu'Antoine Arnaud devoit se soûmettre à la décision du fait de Jansenius; & qu'enfin si les Papes s'étoient trompez dans quelques faits, c'étoient des faits particuliers qui n'interessoient point toute l'Eglise. L'Evêque de Cominges étoit d'un sentiment contraire, & prétendoit que ni le Pape ni toute l'Eglise en corps ne peuvent décider un fait, avec cette infaillibilité qui oblige nécessairement l'esprit humain à la croyance, même contre sa propre conviction.

Cependant les Commissaires nommez pour faire le procès des quatre Evêques commençoient à s'assembler, & il n'y avoit point de tems à perdre. L'Archevêque de Sens & l'Evêque de Beauvais en parlerent au Nonce Bargellini, qui venoit d'arriver en France, & le trouverent bien intentionné pour la paix. Les Cardinaux Ottobon & Azzolin lui avoient mandé que le Pape la souhaitoit, pourvû que l'honeur du Saint Siege fut conservé. L'Evêque de Beauvais vint à Paris, & Cesar d'Etrées Evêque de Laon fut adjoint à leurs conferences particulieres. Arnaud & Nicole témoignerent qu'ils souhaitoient une bonne paix. On fit enfin un projet de Lettre des quatre Evêques au Pape, par laquelle ils protesteroient de leur soûmission, sans faire mention de leurs Mandemens, où ils avoient fait la distinction odieuse du fait & du droit. Les médiateurs firent voir ce projet au Nonce, qui l'aprouva, & promit de le faire aprouver au Pape. Ils l'envoyerent aussi-tôt aux quatre Evêques, & les presserent de le signer. Les Evêques de Beauvais & d'Angers le signerent ; ceux d'Alet & de Pamiers en firent difficulté ; mais enfin persuadez par les lettres des Evêques de Châlons, de Beauvais & d'Angers, & même par celle d'Antoine Arnaud, ils signerent comme les autres, & la lettre fut mise entre les mains du Nonce, qui l'envoya à Rome. C'est une piece trop importante pour ne la pas raporter ici toute entiere.

LETTRE DES QUATRE EVESQUES au Pape.

TRES-SAINT PERE,

Comme il n'est pas moins du devoir des Evêques de conserver l'union de la charité que la verité de la Foi, tous ceux qui nous connoissent savent que dans toute notre conduite nous avons toûjours tâché de n nous écarter jamais de ces deux regles si importantes

C'est une disposition que nous avons toûjours portée dans le cœur, mais nous nous sommes trouvez singulierement animez à en donner à toute l'Eglise une preuve éclatante dans l'affaire presente des souscriptions, en nous persuadant que les mesures que nous allions prendre en cette occasion, seroient un temoignage de respect honorable au Saint Siege ; car ayant apris que dans la maniere d'executer la Constitution du Pape Alexandre VII. & de souscrire un Formulaire de Foi, plusieurs des Evêques de France nos confreres, quoiqu'unis avec nous dans les mêmes sentimens, avoient néanmoins suivi dans la discipline une conduite differente, & qui avoit été plus agréée de votre Sainteté, nous avons crû devoir les imiter en ce point, en changeant de conduite sur la maniere d'exiger la signature du Formulaire, parce que nous n'avons rien plus à cœur que de contribuer à la paix, & à l'union de l'Eglise, & de donner des marques de notre respect envers le Siege Apostolique ; C'est pourquoi nous ayant, comme eux, assemblé les Synodes de nos dioceses, nous avons ordonné une nouvelle souscription, & nous l'avons aussi faite nous-mêmes : nous avons donné à nos Ecclesiastiques les mêmes instructions que ces Evêques avoient données aux leurs : Nous leur avons prescrit la même déférence pour les Constitutions Apostoliques, qu'ils avoient prescrites à ceux qui leur sont soûmis ; & comme nous avons été toûjours unis avec eux dans la même doctrine, & les mêmes sentimens, nous nous sommes encore unis à eux dans ce point de discipline, & dans la maniere d'agir. Nous ne désavoüons pas, très-

Saint Pere, que ce n'a pas été sans peine & sans difficulté que nous en avons usé de la sorte, parce que nous n'ignorions pas combien ce changement de conduite & de discipline, donneroit occasion à des persones mal intentionées, de parler de nous d'une maniere désavantageuse ; mais quelques-uns des Evéques nos confreres, qui travaillent avec beaucoup de zele à calmer tous les troubles de l'Eglise, nous ayant representé que c'étoit là le moïen d'y établir la paix, & que cette conduite étant plus respectueuse envers votre Sainteté, lui seroit aussi plus agréable, nous n'avons pû rien refuser à des considerations si chretiennes, étant résolus comme nous sommes, d'employer non seulement tout ce que nous possedons en ce monde, mais notre vie même, pour assurer la paix de l'Eglise : car quelques bruits, Très-Saint Pere, qu'aient semé de nous ceux qui ne nous aiment pas, nous pouvons prendre Dieu & notre conscience à témoin, que nous avons toûjours eu à l'égard de l'Eglise de Rome la même disposition d'esprit & de cœur qu'ont euë les Evéques de l'Eglise Gallicane dès les premiers siecles de l'Eglise, & qui a toûjours été fort agréable au Saint Siege : mais nous savons aussi que la charité ne seroit pas veritable, si elle refusoit de rendre aux puissances ecclesiastiques ce qui leur est dû selon le degré d'honneur où Dieu les a établies ; si elle ne reconoissoit dans les successeurs de saint Pierre la primauté de l'Eglise que Jesus-Christ a donnée à cet Apôtre, & si elle ne confessoit que les Eglises répanduë dans tout le monde, doivent être necessairement & inseparablement unies à l'Eglise Romaine, comme à la

source

sources de l'unité. Nous porterons cette foi, Très-Saint Pere, jusqu'au Tribunal de Jesus-Christ, nous en donnerons des marques publiques tant que nous vivrons, & nous ne manquerons jamais à aucun des devoirs ausquels des Evêques Catoliques sont obligez par la profession de cette Foi.

Cette deference religieuse, Très-Saint Pere, qui est fondée sur la foi même, & qui est gravée profondément dans notre cœur, n'est pas seulement un respect generalement dû à tous les Souverains Pontifes qui ont rempli le Siege Apostolique, c'est encore un devoir particulier que nous rendons à votre Sainteté, qui ayant donné des preuves si singulieres de son zele pour l'établissement de la paix temporelle & spirituelle de l'Eglise, exige de nous une affection singuliere, & une veneration que nous lui rendrons avec autant de joye qu'elle l'a meritée avec justice ; nous esperons aussi en même-tems que les nuages que quelques soupçons avoient pû former, étant dissipez, votre Sainteté se portera d'elle-même à repandre sur nous des effets de sa bonté & de sa charité apostolique ; ainsi après avoir déraciné avec tant de gloire toutes les semences de division qui pouroient troubler ou la tranquilité des Etats, ou l'union des Fideles, Votre Sainteté poura s'apliquer à l'avenir, avec tout son zele & toute sa lumiere, à la guerison des playes de l'Eglise universelle, dont le soin lui a été confié. C'est pour cela, Très-saint Pere, que nous demanderons sans cesse à Dieu, par nos prieres & nos sacrifices, que pour le bien de son Eglise il conserve long-tems Votre Sainteté, qu'il rende son

Tome XI. L

Pontificat durable, & qu'il la comble de ses benedictions & de ses graces les plus abondantes. Donné
1. *Septembre 1668.*

L'acomodement sembloit être fait lorsqu'on manda à Rome que les quatre Evêques avoient inseré dans leurs Mandemens particuliers, des restrictions sur le fait & le droit qui pouroient renouveller la question. Le Pape s'en plaignit au Roi ; cependant l'Evêque de Châlons, l'un des médiateurs, donna à M. le Nonce un certificat contenant que les quatre Evêques avoient condamné sincerement les cinq propositions, & que quant à l'attribution de ces cinq propositions au Livre de Jansenius, ils avoient rendu au Saint Siege toute la déférence & l'obéïssance qui lui est dûë, comme tous les Theologiens conviennent qu'il la faut rendre, au regard de tous Livres condamnez selon la doctrine catolique, soûtenuë dans tous les siecles par tous les Docteurs, & même en ces derniers tems par les plus grans défenseurs de l'autorité du Saint Siege, tels qu'ont été les Cardinaux Baronius, Bellarmin, de Richelieu, Palavicini, & les Peres Sirmond & Petau, & même conformément à l'esprit des Bulles Apostoliques, qui est de ne dire, ni écrire, ni enseigner rien de contraire à ce qui a été décidé par les Papes sur ce sujet. L'Evêque de Châlons atteste dans sa lettre, que le sentiment des quatre Evêques, & ce qui est contenu dans leurs procès verbaux y est conforme, que c'est aussi sa créance, & celle des dix-neuf Evêques; Antoine Arnaud attesta aussi la même chose au bas de la lettre. Alors le Roi fit dire aux Commissaires qu'ils pouvoient s'en retourner chez eux. En effet, le Pape fut content de la lettre des quatre Evêques, & félicita le Roi sur son zele & sa perseverance au bien de l'Eglise. Il écrivit aussi aux médiateurs, & enfin aux quatre Evêques le Bref suivant.

BREF DU PAPE CLEMENT IX.

A nos venerables Freres Henri Arnaud Evêque d'Angers, Nicolas Choart Evêque de Beauvais, François-Etienne Caulet Evêque de Pamiers, & Nicolas Pavillon Evêque d'Alet.

VENERABLES FRERES, Salut & bénédiction Apostolique. Notre venerable Frere l'Archevêque de Thebes, notre Nonce à la Cour de France, nous a envoyé ces jours passez la lettre de vos fraternitez, par laquelle vous nous faisiez connoître avec de grandes marques de la soûmission que vous avez à notre persone, & au Saint Siege, que conformément à ce qui est prescrit par les Lettres Apostoliques émanées de nos prédé-

cesseurs, d'heureuse memoire, Innocent X. &
Alexandre VII. vous aviez souscrit sincére
ment, & fait souscrire le Formulaire conten
dans les lettres du même Pape Alexandre VI.
& quoiqu'à l'occasion de certains bruits qu
avoient couru, nous ayons crû devoir alle
plus lentement en cette affaire ; (car nou
n'aurions jamais admis à cet égard ni excep
tion ni restriction quelconques, étant très
fortement attachez aux Constitutions de no
prédécesseurs) presentement toutefois aprè
les assurances nouvelles & considerables qu
nous sont venuës de France, de la vraïe &
parfaite obéïssance avec laquelle vous ave
sincerement souscrit le Formulaire, outr
qu'ayant condamné sans aucune exceptio
ou restriction les cinq propositions, selo
tous les sens, dans lesquels elles ont été con
damnées par le Saint Siege Apostolique
vous êtes infiniment éloignez de vouloir re
nouveller les erreurs que ce même Siege y
condamnées, nous avons bien voulu ici vou
donner une marque de notre bienveillanc
paternelle.

Le Docteur Antoine Arnaud qui avoit e
beaucoup de part à l'acomodement, alla voi
le Nonce, qui l'exhorta à achever son Livr
de la Perpetuité de la Foi, en lui disant qu'
avoit une plume d'or pour la défense de l'E
glise.

Il ne restoit pour une paix entiere, qu'à rétablir les Religieuses de Port-Royal ; c'étoit une Abbaye de Religieuses de l'Ordre de Cîteaux à six lieuës de Paris, fondée en 1204. Elle avoit été gouvernée par des Abbesses perpetuelles jusqu'au tems de la Mere Angelique Arnaud, qui en prit possession en 1602. quoiqu'elle n'eut que douze ans. Elle renouvella ses vœux en 1612. y mit la reforme, la transfera à Paris sous la jurisdiction de l'Archevêque, & en 1629. obtint du Roi Loüis XIII. que l'Abbesse seroit élective & trianale. Il n'étoit resté qu'un Chapelain à Port-Royal des Champs ; mais comme il y avoit de grans bâtimens, Antoine Arnaud, frere de la Mere Angelique, le Maître de Sacy, d'Andilly, & la plûpart des anciens défenseurs de Jansenius y allerent demeurer. Il fut alors question de signer le Formulaire. Hardoüin de Perefixe Archevêque de Paris, le fit presenter aux Religieuses de Port-Royal, qui promirent une créance sincere pour la Foi, & un silence respectueux pour le fait. L'Archevêque n'étant pas content, fit envoyer l'Abbesse & douze Religieuses en differens Monasteres, & permit aux autres d'aller demeurer à Port Royal des Champs, sans avoir l'usage des Sacremens, jusqu'à ce qu'elles eussent signé le Formulaire. Les défenseurs de Jansenius en étoient sortis auparavant; mais quand elles virent que les quatre Evêques, Antoine Arnaud, & leurs autres Directeurs s'étoient soûmis, elles en firent de même, & donnerent un écrit pareil à la lettre des quatre Evêques. Aussi-tôt l'Archevêque de Paris renvoya toutes les Religieuses qui avoient été désobéïssantes à l'Abbaye de Port-Royal des Champs, leur permettant d'élire entr'elles une Abbesse tous les trois ans, la Maison de Paris demeurant une Abbaye de nomination Royale. L'on partagea le revenu entre les deux Maisons, ensorte que la Maison de Port-Royal des Champs, comme plus chargée de Religieuses & de bâtimens, en eut les deux tiers.

Le Pape Clement XI. sachant que depuis lon-tems les Missionaires de la Chine n'étoient pas d'acord sur la maniere d'y enseigner la Religion Chretienne, les uns tolerant de certaines cérémonies qu'ils croyoient purement civiles, & les autres les accusant d'idolâtrie, résolut d'envoyer à la Chine pour conoître la vérité, Charles Thomas Maillard de Tournon Patriarche d'Antioche, qu'il créa Legat *à latere*; mais il est absolument necessaire de reprendre de plus haut l'histoire des Missions de la Chine.

En 1556. quatre ans après la mort de saint François Xavier, le Pere Gaspard de la Croix, Dominicain Portugais, entra le premier à la

Chine, y prêcha l'Evangile, & en fut chaffé. Le Pere Martin de Reda, Religieux de faint Auguftin, y entra en 1575. enfin les Peres Rogeri, Pafio & Ricci Jefuites Italiens, y entrerent en 1581. & après avoir apris la langue, y firent un établiffement. Quelques Miffionaires Dominicains y pafferent enfuite, s'y établirent, & bâtirent un Convent à Macao, mais les Jefuites y firent plus de converfions que tous les autres Ordres enfemble. Le Pere Ricci gagna les bonnes graces de l'Empereur Vamli, en lui donnant deux tableaux, l'un de Jefus-Chrift, & l'autre de la fainte Vierge. Il bâtit une maifon à Pekin, & s'apliqua à lire les Ouvrages de Confucius, grand Philofophe, dont la memoire étoit fort refpectée à la Chine. Il en admira la morale, & crut même y trouver des chofes conformes à la Religon Chretienne. Il fit imprimer en 1603. un livre qui plût fort aux Chinois lettrez, parce qu'il tâchoit d'y montrer que la Loi Chretienne étoit conforme à la doctrine de Confucius. Le Pere Longobardi Jefuite, ne fut pas de fon avis, & fit un Ecrit où il prétendit prouver que les Chinois n'avoient jamais reconnu de fubftance fpirituelle diftinguée de la matiere, & qu'ils n'avoient point de vraïe notion, ni de Dieu, ni des Anges, ni de notre ame. Le Pere Ricci Superieur, fit brûler le livre du Pere Longobardi. La plûpart des Missionaires des autres Ordres furent de l'avis du Pere Longobardi & condamnerent les cérémonies qui se faisoient pour honorer Confucius, & pour se souvenir des morts.

En 1633. Jean-Baptiste Moralés, Dominicain Espagnol, entra à la Chine, & condamna hautement les cérémonies que les Jesuites toleroient pour gagner les Chinois qui se convertissoient en foule. Les Dominicains & les Religieux de saint François furent chassez de la Chine, & conduits à Macao. Jean-Baptiste Moralés vint à Rome se plaindre au Pape Innocent X. & obtint en 1645. un Decret de la Congregation de la Propagation de la Foi, par lequel les cérémonies Chinoises furent condamnées. Le Pape aprouva le Decret; mais l'année suivante les Jesuites ayant exposé la question sous une autre face, obtinrent du Pape Alexandre VII. un Decret tout contraire, qui jugeoit les cérémonies Chinoises purement civiles. Les Dominicains s'en plaignirent en 1669. & le Pape Clement IX. leur répondit que les deux Decrets faits sur differens exposez subsistoient toûjours.

Quelque tems après, on érigea en France une nouvelle Congregation de Missionaires seculiers, qui s'établirent à Paris pour toutes les Missions Etrangeres. François Palu, Chanoine

noine de saint Martin de Tours, depuis sacré Evêque sous le titre d'Heliopolis, Pierre Lambert de la Motte Evêque de Berite, Edme Cotolendi Evêque de Metellopolis, nommez Vicaires Apostoliques, furent envoyez à la Chine avec ordre de s'informer des cérémonies Chinoises, mais ils ne pûrent y entrer. (les Chretiens y étoient persecutez.) L'Evêque de Metellopolis demeura à Siam, celui d'Heliopolis au Tonkin, & celui de Berite à la Cochinchine. Enfin au mois de Janvier 1684. l'Evêque d'Heliopolis entra à la Chine, & mourut dix mois après. Les Missionaires Maigrot, Leblanc & Pin y étoient avec lui ; & comme Maigrot avoit été nommé par le Pape Vicaire Apostolique de Fokien, il commença à en faire les fonctions ; & après avoir lon-tems examiné les cérémonies Chinoises, il donna un Mandement en 1693. par lequel il ordonna qu'on se serviroit, pour signifier Dieu, du mot Chinois, *Tien-chu*, qui suivant l'usage signifie le Seigneur du Ciel, & défendit d'exposer dans les Eglises un Tableau où soient écrits ces mots Chinois, *King-tien*, adorez le Ciel. Il défend d'assister aux sacrifices qu'on ofre deux fois l'année à Confucius, & aux ancêtres. Le Mandement fut observé par tous les Missionaires de la Chine, à l'exception des Jesuites, & envoyé à Rome. Les Directeurs des

Miſſions Etrangeres de Paris écrivirent au P[ape] Innocent XII. qui venoit d'être élu, u[ne] lettre fort éloquente, où ils acuſent le Pe[re] le Comte Jeſuite, d'avoir déguiſé les fait[s] & dreſſé un plan à ſa mode des cérémoni[es] Chinoiſes; d'avoir diminué celles qu'ils fo[nt] à l'honeur de Confucius, & augmenté cell[es] qui ſe font pour honorer l'Empereur & l[es] Mandarins; d'avoir changé par des interpr[é]tations ingenieuſes, les noms & les notio[ns] ordinaires; d'avoir donné le nom d'image ou de repreſentation de l'ame, à ce qui ſign[i]fie le trône de l'eſprit ou le ſiege de l'am[e] d'avoir nommé une ſimple ſale ce que le[s] Dictionaires de leurs peres ont traduit u[n] Temple; d'avoir voulu faire paſſer pour fe[ſ]tin, ce qu'ils reconoiſſoient autrefois être u[n] ſacrifice, & d'avoir changé en ſimples co[m]plimens ce que les Rituels de l'Empire expr[i]ment par forme de prieres. Les Miſſionair[es] inſiſtent principalement ſur le ſiſtême, d[i]ſent-ils, qu'il a imaginé d'une Religion auſ[ſi] parfaite que la Chrétienne, que les Chino[is] ont profeſſée deux mil ans avant Jeſus-Chriſt[:] qu'ils ont ſacrifié à Dieu dans le plus ancie[n] Temple de l'Univers : que leur Morale éto[it] auſſi pure que la Religion : qu'ils ont eu [la] foi, l'humilité, le culte interieur & exté[]rieur, le Sacerdoce, les Sacrifices, la ſainte[]té, les miracles, l'eſprit de Dieu, & la plu[s] pure charité, qui eſt le caractere & la perfection même de la veritable Religion ; & qu'enfin de toutes les Nations du Monde, celle de la Chine a été la plus conſtament favoriſée des graces de Dieu. Les Directeurs du Seminaire des Miſſions Etrangeres, à la fin de leur lettre, preſſoient le Pape de juger la queſtion ſur les cérémonies Chinoiſes. *Nous ne demandons*, diſoient-ils, *ni la condamnation ni l'aprobation, mais le jugement & la deciſion, afin que les Vicaires Apoſtoliques ayent une regle qu'ils puiſſent ſuivre, & qu'ils puiſſent faire ſuivre paiſiblement aux nouveaux Fideles.*

Dans le tems qu'on examinoit à Rome les cérémonies Chinoiſes, les Directeurs du Seminaire des Miſſions Etrangeres déférérent à la Faculté de Theologie de Paris pluſieurs propoſitions extraites des Ecrits des Jeſuites de la Chine, qui furent toutes cenſurées, avec diverſes qualifications de temeraires, de fauſſes & d'heretiques.

La mort du Pape Innocent XII. interrompit l'inſtruction du procès ſur les cérémonies Chinoiſes ; mais après l'élection de Clement XI. elle recommença avec plus de vivacité que jamais. On produiſit de part & d'autre une infinité d'écrits. Les Jeſuites envoyerent à Rome la requête qu'ils avoient préſentée à l'Empereur de la Chine, dans laquelle ils avancent que les Chinois honorent

An de J. C, 1700.

Confucius comme un grand Philosophe : que les libations & autres cérémonies qu'ils font pour honorer leurs parens défunts, font feulement pour témoigner leur reconnoiffance à ceux qui font les chefs de leurs familles : que le *Chan-ti*, ou Souverain Seigneur, eft honoré par les facrifices qu'ils ofrent au Ciel & à la terre : qu'on n'ofre point ces facrifices au Ciel materiel, mais à l'auteur du Ciel & de la Terre, & que la tablette que l'Empereur leur a donnée, où il a écrit de fa propre main *King-tien*, adorez le Ciel, n'a point d'autre fignification que celle-ci, *adorez le Seigneur du Ciel*. L'Empereur après avoir lû la requête des Jefuites, y fit la réponfe fuivante : *Ce qui eft contenu dans cet Ecrit eft très-vrai & très-conforme à la doctrine ; rendre fes devoirs au Ciel, à fes Seigneurs, à fes parens, à fes Maîtres & à fes ancêtres, c'eft une Loi commune à tout le monde : les chofes qui font contenuës dans cet Ecrit font très-vraies, & il n'y a rien à coriger.*

Les Jefuites en envoyant au Pape l'atteftation de l'Empereur de la Chine, lui manderent que fi l'on défendoit les cérémonies Chinoifes, qui dans le fond font purement civiles, la Religion établie avec tant de peines, & qui faifoit de fi grans progrès, feroit en danger d'être renverfée par l'obftination des Peuples attachez à leurs cérémonies. Ils proteftent à la fin de leur lettre, de leur parfaite foûmiſſion aux ordres de Sa Sainteté. Les Miſſionaires ſeculiers, & les Vicaires Apoſtoliques ne laiſſerent pas de pourſuivre la condamnation des cérémonies Chinoiſes. *On ne s'eſt point encore aviſé*, dit l'Evêque de Tilopolis, *de s'en raporter ſur la Religion Chrétienne à un Empereur Payen; c'eſt à peu près*, dit-il, *comme ſi les Juifs qui n'euſſent pas été d'acord entr'eux ſur les honeurs rendus à la ſtatuë de Nabuchodonoſor, fuſſent allez demander à ce Prince, ſi ces honeurs étoient politiques ou religieux ; ou comme ſi les Chrétiens étant en conteſtation ſur les viandes immolées aux Idoles, euſſent tâché d'avoir un certificat de l'Empereur Tibere, pour prouver qu'il n'y avoit aucun mal à en manger : ou enfin comme ſi de faux freres voulant excuſer les erreurs du Paganiſme, avoient ſuplié l'Empereur Julien de declarer que par le nom de Jupiter on entendoit le Dieu ſouverain, le tout puiſſant qui regnoit dans le Ciel & ſur la Terre.*

Les Jeſuites de leur côté firent paroître une lettre d'Alvare Benaventé Evêque d'Aſcalon, Vicaire Apoſtolique de Kiamti, qui remontre aux Cardinaux, qu'il ſeroit très-difficile d'empêcher les Chinois convertis de rendre à Confucius & à leurs ancêtres les honeurs qu'ils ont acoutumé de leur rendre : qu'ainſi, quand il ſeroit évident qu'il y auroit quelque ivroïe dans ce culte, il ne faudroit l'arracher que peu à peu, de peur d'arracher en même-tems le bon grain. Il dit enſuite qu'après avoir consulté l'Evêque de Basilée, Dominicain Chinois de nation, & le Pere Blaise Verbiest, aussi Chinois de nation, & après avoir examiné les livres Chinois, il juge qu'il faut s'en tenir à la pratique des Jesuites, parce qu'elle est plus avantageuse à la propagation de la Foi, & qu'il est plus probable que les honeurs qu'on rend à Confucius & aux ancêtres, sont dans leur institution, & selon l'opinion commune des Chinois, un culte purement civil & politique *Voilà*, dit-il, *ce que j'ai pensé, & ce que je pense encore presentement.*

L'Abbé de Lionne Evêque de Rosalie étoit revenu de la Chine, & pressoit le Pape de juger l'affaire en l'état qu'elle étoit. Les Directeurs du Seminaire des Missions Etrangeres écrivoient dans le même sens. Les Jesuites soûtenoient que l'affaire n'étoit pas encore assez éclaircie ; enfin, le Pape assisté des Cardinaux Inquisiteurs de la Foi, donna un Decret qui condamne les cérémonies Chinoises ; & sans le faire publier en Europe, il l'envoya à la Chine au Patriarche d'Antioche, Legat *à latere*, & qu'il créa depuis Cardinal de Tournon, pour le faire publier & executer, s'il le jugeoit à propos. Il avoit été nommé Legat à la fin de 1701. & ne pût entrer à la Chine qu'au mois d'Avril 1705. Il entretint d'abord les Jesuites & les autres

Miſſionaires, & les trouva d'avis differens. Les Jeſuites perſiſtoient dans leur ſentiment; il n'y eut que le Pere Viſdelou, qui étoit à la Chine depuis vint ans, qui ſe déclara contre les cérémonies Chinoiſes. L'Evêque d'Aſcalon ſoûtenoit qu'on en pouvoit pratiquer quelques-unes. Le Legat reçut à la fin de l'année le Decret du Pape, qui condamne les cérémonies, & le fit ſignifier aux Jeſuites. Il alla enſuite à Pequin, fut reçû par tout avec de grans honeurs, & entretint pluſieurs fois l'Empereur, qui n'étant pas content de ſes réponſes, le renvoya à Kanton, & delà à Macao, où il fut mis en priſon, ſans avoir communication avec perſone. L'Evêque de Conon fut bani de l'Empire. Le Cardinal de Tournon lui écrivit une lettre de conſolation, où il envie le bonheur qu'il a eu de ſoufrir pour la cauſe de Jeſus-Chriſt. Il fit publier en même-tems un Mandement, qui condamne encore les cérémonies Chinoiſes, & qui preſcrit aux Miſſionaires ce qu'ils auront à répondre quand on les interrogera. L'Evêque d'Aſcalon & celui de Macao, & les Jeſuites appellerent au Pape, prétendant qu'il n'avoit été informé que par des gens qui ignoroient la langue & les coutumes Chinoiſes; mais Sa Sainteté confirma tous ſes Decrets précédens, & tous les Mandemens du Cardinal de Tournon. Tous les Generaux

des Ordres reguliers, & même celui des Jé‑
suites, promirent d'y obeïr.

Le Cardinal de Tournon, toûjours priso‑
nier à Macao, y souffrit beaucoup, & y mou‑
rut au mois de Juin 1710. avec une constanc[e]
chrétienne. Le Pape en eut la nouvelle l'an[‑]
née suivante, & fit son éloge en plein Con[‑]
sistoire. Il le commença en ces termes:

VENERABLES FRERES,

„ De ce lieu où nous vous parlons, nou[s]
„ avons souvent déploré les miseres publiques[;]
„ aujourd'huy nous venons répandre des lar‑
„ mes sur une perte domestique, qui nous e[st]
„ commune à tous; ou plutôt c'est une pert[e]
„ qui interresse tout le Public, & qui doit êtr[e]
„ regardée comme un sujet d'affliction pou[r]
„ toute l'Eglise, puisqu'elle nous regarde éga[‑]
„ lement, & qu'elle doit nous toucher si fort
„ vous & nous: vous comprenez bien que c'e[st]
„ de la cruelle mort de CHARLES THOMA[S]
„ Cardinal de Tournon, que je veux vous par‑
„ ler; nous avons perdu, MES VENERABLE[S]
„ FRERES, nous avons perdu un Predicateu[r]
„ des plus zelez de la Religion orthodoxe, u[n]
„ défenseur intrépide de l'autorité du Sain[t]
„ Siege; un soûtien très-puissant de la discipli‑
„ ne Ecclesiastique, une grande lumiere & u[n]
„ grand ornement de votre Ordre; nous avons
perdu

perdu notre Fils votre Frere. Les travaux
immenfes qu'il a entrepris pour l'amour
de Jefus-Chrift l'ont acablé : il a été épuifé
par une longue fuite de miferes qu'on lui a
fait endurer ; & comme un or pur, il a été
éprouvé dans la fournaife, par un nombre in
fini d'injures qu'il a foufertes avec une grandeur d'ame, & une force merveilleufe : cependant, fi on examine ces chofes comme elles le doivent être, bien loin qu'elles foient
capables de mettre le comble à notre douleur, elles en appaifent dans notre efprit tous
les fentimens les plus vifs & les plus cuifans.
En effet, l'Apôtre nous avertit que nous ne
devons pas nous attrifter de ceux qui dorment du fommeil de la mort, comme font
les autres hommes qui n'ont point d'efperance. Nous avons fujet de croire que la pieufe
mort de notre Cardinal a été précieufe devant les yeux du Seigneur.

Le 29. d'Avril le Cardinal Altieri fut élu Pape âgé de quatre-vints ans, & prit le nom de Clement X. On eut beaucoup de peine à lui faire accepter le Souverain Pontificat, & il difoit qu'il ne s'y étoit réfolu que fur les preffantes inftances du Cardinal de Boüillon. Le Cardinal Maldachini, comme premier Diacre, acompagné du Maître des Ceremonies, fe rendit auffi-tôt à la Loge de la benediction, fuivant la coutume, & annonça

An. de J.C. 1670.

des Ordres reguliers, & même celui des J[esuites]
suites, promirent d'y obéir.

Le Cardinal de Tournon, toûjours pris[on]nier à Macao, y souffrit beaucoup, & y mou[u]rut au mois de Juin 1710. avec une constanc[e] chrétienne. Le Pape en eut la nouvelle l'a[n]née suivante, & fit son éloge en plein Co[n]sistoire. Il le commença en ces termes:

VENERABLES FRERES,

« De ce lieu où nous vous parlons, nou[s]
« avons souvent déploré les miseres publique[s]
« aujourd'huy nous venons répandre des la[r]
« mes sur une perte domestique, qui nous e[st]
« commune à tous; ou plutôt c'est une per[te]
« qui interresse tout le Public, & qui doit êtr[e]
« regardée comme un sujet d'affliction pou[r]
« toute l'Eglise, puisqu'elle nous regarde ég[a]
« lement, & qu'elle doit nous toucher si fort
« vous & nous: vous comprenez bien que c'e[st]
« de la cruelle mort de CHARLES THOMA[S]
« Cardinal de Tournon, que je veux vous pa[r]
« ler; nous avons perdu, MES VENERABLE[S]
« FRERES, nous avons perdu un Predicateu[r]
« des plus zelez de la Religion orthodoxe, u[n]
« défenseur intrépide de l'autorité du Sai[nt]
« Siege, un soûtien très-puissant de la discipl[i]
« ne Ecclesiastique, une grande lumiere & u[n]
« grand ornement de votre Ordre; nous avon[s]
p[e]rd[u]

perdu notre Fils votre Frere. Les travaux immenses qu'il a entrepris pour l'amour de Jesus-Christ l'ont acablé : il a été épuisé par une longue suite de miseres qu'on lui a fait endurer ; & comme un or pur, il a été éprouvé dans la fournaise, par un nombre infini d'injures qu'il a soufertes avec une grandeur d'ame, & une force merveilleuse : cependant, si on examine ces choses comme elles le doivent être, bien loin qu'elles soient capables de mettre le comble à notre douleur, elles en appaisent dans notre esprit tous les sentimens les plus vifs & les plus cuisans. En effet, l'Apôtre nous avertit que nous ne devons pas nous attrister de ceux qui dorment du sommeil de la mort, comme font les autres hommes qui n'ont point d'esperance. Nous avons sujet de croire que la pieuse mort de notre Cardinal a été précieuse devant les yeux du Seigneur.

Le 29. d'Avril le Cardinal Altieri fut élu Pape âgé de quatre-vints ans, & prit le nom de Clement X. On eut beaucoup de peine à lui faire accepter le Souverain Pontificat, & il disoit qu'il ne s'y étoit résolu que sur les pressantes instances du Cardinal de Boüillon. Le Cardinal Maldachini, comme premier Diacre, acompagné du Maître des Ceremonies, se rendit aussi-tôt à la Loge de la benediction, suivant la coutume, & annonça

An. de J.C. 1670.

l'exaltation de Clement X. ce qui fut suivi des cris de joïe du Peuple assemblé dans la Place de saint Pierre. Le 11. du mois, jour destiné au couronement du Pape, il fut porté devant l'Eglise de saint Pierre, suivi des Cardinaux. Le Cardinal Charles Barberin lui en présenta les clefs. Il y entra, & le Maître des Ceremonies lui fit voir deux canes, au bout de l'une desquelles il y avoit une bougie allumée, & à l'autre un peu d'étoupes, où il mit le feu, en lui disant par trois fois, le genou en terre : *Saint Pere, ainsi passe la gloire du monde.* Ensuite Sa Sainteté celebra la Messe, & fut portée en la loge qui donne sur la Place de saint Pierre. Le Cardinal Maldachini lui mit sur la tête la Thiare enrichie de pierreries. On fit des feux par toute la Ville. Quelques jours après le Pape alla en grande pompe prendre possession de l'Eglise de saint Jean de Latran, aux aclamations du Peuple, à qui il donna sa benediction. Il avoit été complimenté dans la Place du Capitole par le Senateur de Rome, qui l'assura de son obéïssance. Tous les Princes Chrétiens témoignerent beaucoup de joïe de son exaltation.

An. de J. C. 1670.

Le 29. de Juillet Madame Henriette d'Angleterre mourut à saint Cloud à l'âge de vint-six ans, d'une colique causée par un épanchement de bile qui enflama les boyaux, & qui lui causa la mort au bout de neuf heures avec de grandes douleurs. Elle reçut tous les Sacremens de l'Eglise, avec une résignation & une pieté exemplaire. Le Roi & la Reine avertis de son mal, la vinrent voir, & ne lui parlerent que par leurs larmes ; Monsieur en parut inconsolable. Son corps fut porté à saint Denis, & six semaines après on y fit un Service solemnel pour le repos de son ame. L'Abbé Bossuet, nommé à l'Evêché de Condom, fit l'Oraison Funebre, & quelque-tems après il fut fait Precepteur du Daufin ; le President de Perigny, son premier Precepteur, venoit de mourir. Charle de Sainte Maure Duc de Montauzier, avoit été fait son Gouverneur en 1668.

La Compagnie Hollandoise des Indes Orientales, après avoir fait la guerre pandant deux ans aux Macassars, qui sans contredit sont les plus braves & les plus déterminez des Indiens, avoient fait la paix avec eux. Je raporterai ici seulement le commencement du Traité. *Articles de Paix entre Haut & Puissant Prince Paduca Sui Sultan Hassan Oudyn Roi, & autres Principaux des Etats de Macassar, d'une part, & Messire Corneille Spelman Anuiq, Gouverneur de la Côte de Coromandel, Surintendant & Commissaire des Provinces de l'Orient, Amiral & Commandant en Chef des forces navales & autres, au nom de Noble & Illustre Seigneur Maëtruicker Gouverneur General, & des autres Membres du Conseil des Indes, par représentation du Haut & Souverain Regime établi par la Compagnie Privilegiée des Etats Generaux des Provinces Unies des Pays-Bas, Trafiquant dans lesdites Indes Orientales, d'autre part.* Le Traité fut fort avantageux aux Hollandois.

En 1671. Olier Marquis de Nointel, Ambassadeur de France à la Porte, voulut profiter de l'embaras où étoit le Grand Seigneur, par la guerre qu'il avoit à soûtenir contre les Allemans, les Polonois & les Moscovites. Nointel avoit été d'abord fort mal reçu. Les Turcs insolens de leur puissance, faisoient souvent des avanies aux Marchands Chrétiens, & même aux Ambassadeurs, qui en cachoient une partie à leurs Maîtres, parce que l'ambassade étoit fort lucrative, & qu'ils y faisoient leurs affaires particulieres. Enfin, après bien des remises, le Grand Visir Achmet Coprogli donna audiance à Nointel. Il gouvernoit l'Empire Ottoman avec une autorité absoluë depuis la prise de Candie, où il avoit acquis beaucoup de gloire ; & suivant la maxime de son pere Mahomet Coprogli, aussi Grand Visir, il avoit fait étrangler tous ceux qui pouvoient lui faire quelque ombrage. Il reçut l'Ambassadeur avec une hauteur insuportable, sans se lever, sans le saluer. *Monsieur l'Ambassadeur*, lui dit-il, *vous demandez le renouvellement des anciennes capitulations que nous avions avec la France, mais vous avez oublié que* nous trouvons par tout les François en ennemis ? Ne vous souvient-il plus du combat de saint Gotard, & du Siege de Candie, dont le Roi votre Maître a retardé la prise pandant plusieurs années, par les grans secours qu'il a envoyez, & cepandant vous osez demander que tous les Marchands Chrétiens puissent venir en Turquie trafiquer sous la Baniere de France : que les François ne payent que trois pour cent de Doüane au lieu de cinq : que leurs vaisseaux puissent aporter des marchandises des Indes par la Mer Rouge, & les transporter par terre à Alexandrie sans payer de nouveaux droits : qu'eux & leurs Interpretes puissent faire du vin chez eux : qu'on rende aux Chrétiens Romains les Eglises de la Palestine : que les Jesuites & les Capucins de Galata joüissent pareillement de leurs Eglises : que les Capucins puissent faire rétablir la leur, qui a été brûlée, ce que nous n'acordons pas aisément, & que les differends qui arriveront entre les Turcs & les Consuls François soient jugez en plein Divan. Et vous acompagnez vos demandes de discours éternels sur les grandes armées du Roi votre Maître, comme si nous devions craindre qu'il ne vienne assieger Constantinople. Quelles plus grandes graces pourions-nous acorder à nos meilleurs amis ? Après ce discours, que l'Ambassadeur trouva fort long, il lui tourna le dos & ne le voulut plus écouter. Il partit le lendemain pour aller faire la guerre en Pologne. J'ai tiré ces particularitez de la relation du Chevalier Chardin, témoin oculaire, qui étoit alors à Andrinople.

N iij

Mais au retour de Pologne, le grand V[isir]
fir ayant apris les grands armemens de
France, & ne sçachant pas qu'ils alloient tom[-]
ber sur les Hollandois, il renoüa la negocia[-]
tion avec Nointel, & lui accorda la plus gra[nde]
de partie de ses demandes; l'Ambassadeur [de]
France eut aussi la permission d'aller à Jeru[-]
salem visiter le saint Sepulcre; il avoit pris [ce]
prétexte pour visiter toutes les Echelles d[u]
Levant, & y trouva partout les Consuls Fran[-]
çois acablez des avances que leur faisoie[nt]
payer tous les jours les Bachas & les moin[-]
dres Officiers Turcs. Ils faisoient payer au[x]
marchands dans les Doüanes non seuleme[nt]
les trois pour cent suivant les capitulation[s]
mais jusqu'à huit ou dix pour cent, & l[es]
obligeoient encore à leur faire des presen[s.]
Nointel en écrivit fortement au grand Visi[r]
se plaignit que les capitulations n'étoient p[as]
observées, & lui protesta que si sa justice
sa bonté n'y donnoient ordre, les marchan[ds]
étoient résolus à abandonner le comerce, &
retourner en France. Il parle dans plusieu[rs]
de ses lettres que nous avons vûës, avec fe[r-]
meté comme témoin oculaire, se plaint d[es]
Grecs schismatiques, qui tourmentent con[-]
tinuellement les Religieux Observantins Gar[-]
diens du saint Sepulcre, quoiqu'ils soient sou[s]
la protection particuliere de l'Empereur [de]
France : enfin après avoir parcouru la Ter[re]

sainte il retourna à Constantinople, & peu de tems après à Andrinople où étoit le grand Seigneur; la préfence de l'Ambaffadeur apuya ses demandes, après beaucoup d'inftances, le grand Vifir lui en acorda une partie.

Il y a dans la Terre fainte trois Convens de Religieux de faint François, un à Jerufalem où il y a quarante Moines, un autre à Bethléem, & le troifiéme à Nazareth fous l'obédience du Gardien de Jerufalem. Ces Religieux font le fervice divin au faint Sepulcre, & ont fouvent à effuyer des avanies de la part des Turcs; il y a en ce pays-là beaucoup de Grecs, d'Arméniens, de Cophtes & d'autres fchifmatiques, peu de *Latins*, la plûpart Etrangers & Pelerins.

C'eft ici la place naturelle de parler des faints lieux qui font encore dans la Paleftine, & qui ont été fanctifiez par la vie, les actions, la prédication, les miracles & les soufrances de Jefus-Chrift.

Il y en a à Jerufalem, à Bethléem, à Nazareth & dans les montagnes. L'Eglife du faint Sepulcre eft le plus fameux des lieux faints de Jerufalem; c'eft un grand édifice fur le Calvaire, que l'Impératrice Helene & l'Empereur Conftantin ont fait bâtir, autour & au dedans duquel il y a diverfes Chapelles pour les Grecs, les Cophtes, les Abiffins, les Arméniens & les François, qui font les

Religieux Observantins ou Cordeliers. O[n]
apris par les dernieres relations que cette gra[nde]
de Eglise qu'on apelle l'Eglise de la Résurre[c]-
tion, étoit en mauvais état, & que le dôme
menaçoit ruine ; mais le Marquis de Bon[nac]
Ambassadeur de France à la Porte, a obte[nu]
un *caticherif* ou commandement absolu [du]
grand Seigneur pour faire la réparation [du]
dôme, avec ordre au Bacha de Jérusalem [&]
au Visir Bacha de Damas de prêter main fo[rte]
aux Religieux François. Ils en avoient beso[in,]
les Mograbis, qui sont les descendans [des]
Maures, chassez de Grenade, les vinrent [at]-
taquer & les eussent tous massacrez, si [les]
Bachas n'avoient envoyé à leur secours [des]
troupes, qui dissiperent les Mograbis, & [la]
réparation du dôme a été faite depuis sa[ns]
opposition.

On voit dans l'Eglise de la Résurrectio[n le]
tombeau où notre Seigneur fut enseveli ;
est taillé dans le Roc d'une figure quarré[e,]
il est renfermé dans une Chapelle de mar[bre]
embellie de lampes fort riches, qui ont [été]
données par les Princes Chrétiens ; on y [en]-
tre par une autre petite Chapelle, qu'on [a]-
pelle de l'Ange, parce que c'est l'endroit [où]
étoient placez les Anges, qui aprirent a[ux]
trois Maries la Résurrection du Sauveur ; [on]
voit en diférens endroits de l'Eglise le trou [où]
la Croix fut plantée, qui est le lieu où Jes[us-]
Ch[rist]

Chrift expira ; la pierre de l'onction où fon Corps fut embaumé, celui où les foldats partagerent fes vêtemens, & l'endroit où il aparut à la Madelaine en habit de Jardinier. Le Maître-Autel de la Chapelle des Cordeliers qui eft à la droite de cette Eglife, eft le lieu où l'on croit que Jefus-Chrift fe fit voir à la Sainte Vierge après fa refurrection. A quelques pas de là eft l'endroit où la vraie Croix fut diftinguée des deux autres par un miracle. Les autres principaux endroits de Jerufalem font le mont des Olives, le mont de Sion, & la valée de Jofaphat.

Les Lieux faints de Bethléem confiftent en deux grotes. Dans l'une il y a le lieu où notre Seigneur naquit. L'endroit de la Creche où la fainte Vierge le mit repofer eft occupé aujourd'hui par une créche de marbre; au lieu que celle où Jefus-Chrift fut mis étoit de bois. Dans l'autre grote on voit le fepulcre des Inocens, l'oratoire & le fepulcre de S. Jerôme, & celui de fainte Paule & de fainte Eutochium fa fille.

A Nazareth on revere particulierement la grote où le myftere de l'Incarnation fut confomé; car on diftingue cette grote de la chambre de la fainte Vierge qui a été tranfportée miraculeufement à Lorette.

Enfin dans les montagnes de Judée on voit une Eglife bâtie à l'endroit même où le

Tome XI.   O

saint Précurseur du Messie naquit ; on y voi[t] la grote & le desert où il fit penitence, & l[a] maison où sainte Elizabeth reçut la visite d[e] la sainte Vierge, & où saint Jean-Baptist[e] fut sanctifié par la présence de la mere d[u] Sauveur.

An. de J.C. 1672.

Après la mort du Cardinal Mazarin l[e] Roi s'étoit donné tout entier au gouvernement. La Justice reglée & respectée également des petits & des grans, les Edits contre les duels renouvelés, & observés à la rigueur, les places fortifiées, les troupes bien entretenuës, & exercées par de continuelles revûës, le comerce florissant, l'Ocean join[t] à la Mediteranée par le canal de Languedoc qui étoit fort avancé, l'établissement de l[a] compagnie des Indes, les finances en bon ordre l'avoient mis en état après la mort d[e] Philippe IV. Roi d'Espagne, de faire valoi[r] les droits de la Reine sur la Flandre, lorsqu'i[l] se vit insulté par les Hollandois qui devoien[t] toute leur puissance aux Rois ses prédecesseurs, & que lui-même avoit depuis peu soûtenus contre l'Evêque de Munster & contre l'Angleterre. Ils n'avoient eu aucune consideration pour les prieres qu'il leur avoit faites en faveur des Catholiques : *Je vous demande seulement*, leur disoit-il, *qu'il soit permis aux Catoliques de servir Dieu dans leurs maisons privées, sans craindre la visite de vos Commissaires ;*

ceux à qui l'Inquisition d'Espagne a été aussi odieuse qu'à vous-mêmes, en soufrent une autre qui n'est gueres moins rigoureuse. Les Etats Generaux lui répondirent en ces termes: *Leurs Hautes-Puissances declarent par ces présentes avoir dudit changement proposé & moderation prétenduë conçû un sensible mécontentement.* Ils firent mettre des insolences dans leurs Gazettes & dans leurs Medailles; mais le Roi les eut méprisées s'ils s'en fussent tenus-là, ils se vantoient de l'avoir forcé à faire la paix d'Aix-la-Chapelle, & Vanbeuning fit fraper une Medaille avec ces paroles, *Sta Sol, Arrête-toi Soleil*, faisant allusion au nom de Josué qu'il portoit, & au Soleil que le Roi avoit pris pour sa devise; ils firent conclure la triple alliance entre l'Espagne, l'Angleterre, & la Suéde; ils s'appliquerent à la ruine de la nouvelle Compagnie des Indes; ils promirent aux Espagnols de les secourir en cas de guerre: & sur ce que le Roi dit à Vanbeuning, leur Ambassadeur, qu'il trouveroit bien le moyen de les mortifier par mer & par terre, il répondit fiérement, *par mer, Sire*, se fiant sur le grand nombre de vaisseaux que sa Republique avoit dans toutes les parties du monde. Il continua de pareils discours, disant à qui vouloit l'entendre, que si le Roi attaquoit les Hollandois, il s'attireroit une guerre d'armes, de ligues & de commerce. On comtoit que pandant la paix

le sel, le bled, le vin, les habits nouveaux, l[es]
modes, & même les poupées faisoient entr[er]
tous les ans en France plus de trente milion[s,]
néanmoins les Etats Generaux aprenant l[es]
grans preparatifs de guerre que faisoit le Roi
avertis de la ligue qu'il projettoit contr'eu[x]
avec l'Angleterre, l'Electeur de Cologne, [le]
Duc de Neubourg, & l'Evêque de Munster, [ils]
rapellerent Vanbeuning, & envoyerent en [sa]
place Pierre Groot, esprit doux, qui fit [de]
grandes soumissions au Roi, & lui offrit quel
ques places sur la Meuse, mais il ne fut poi[nt]
écouté. Madame Henriette, sœur du R[oi]
d'Angleterre, avoit fait signer la ligue a[u]
Roi son frere en 1670. & quoi qu'elle fut mo[r]
te, l'amitié & l'alliance entre les deux Ro[is]
avoit continué. Les Princes du Rhin avoie[nt]
promis de donner passage aux troupes Fran
çoises: la conjoncture étoit favorable. Le[s]
Hollandois étoient divisez entr'eux, & par
tagez en deux factions, celle du Prince d'O
range qui avoit été dépoüillé de la dignité [de]
Statouder, & celle des Republiquains. Jea[n]
Wit étoit pensionaire de Hollande, & son frer[e]
Corneille wit comandoit les armées navale[s.]
Les Etats Generaux en voyant venir la guerr[e]
du côté de la France, tâcherent de réünir e[n]
quelque façon les deux factions, & regleren[t]
que durant la campagne prochaine le Princ[e]
d'Orange auroit le comandement des armée[s]

de terre, & que Corneille Vvit comanderoit la flotte.

Vers le commencement de l'anée les Anglois firent les premiers des actes d'hoſtilité, & attaquerent la flote Hollandoiſe de Smirne, la diſperſerent, & en prirent pluſieurs vaiſſeaux, ils ſe plaignoient que les Hollandois troubloient leur commerce dans les Indes Orientales; & ce qui leur étoit encore plus ſenſible, qu'ils oſoient refuſer de baiſſer le pavillon devant celui d'Angleterre. Alors les Etats Generaux ſongerent à leur défenſe, ils leverent des troupes, fortifierent leurs places, s'aſſurerent par un traité ſecret du ſecours d'Eſpagne, firent une alliance étroite avec l'Electeur de Brandebourg, à qui ils promirent tout le pouvoir du Statouder en attendant le titre, & mirent cent vaiſſeaux en mer. Le Comte d'Etrées, Vice-Amiral de France, avoit joint la flote d'Angleterre; cepandant le Roi partit à la tête de ſix-vint mille homes, dont il dona la conduite au Prince de Condé & au Vicomte de Turene, les premiers Generaux de leur ſiecle. L'entrepriſe étoit impoſſible du côté de la Meuſe, à cauſe des places fortes qui bordoient le païs, & fort difficile du côté du Rhin. On s'y determina à la fin, & le 1. de Juin le Roi fit attaquer en même tems Orſoi, Burich, Veſel & Rhimberg. Ces quatre places ne durerent que trois jours. On fût que le Prince d'Orange s'étoit retranché fur Liffel avec les principales forces de la Republique. Le Roi fit auffi-tôt marcher l'armée pour forcer le paffage; mais il changea de deffein fur l'avis que lui donna le Comte de Guiche, Lieutenant general, qu'il y avoit un guai vis-à-vis de Tholus, au deffous du fort de Skin, & que les troupes pouroient entrer par-là dans le Betau, centre des Provinces-unies, païs abondant, où l'armée trouveroit aifément à fubfifter. Le Comte revenoit de Pologne, & avoit vû plus d'une fois paffer des rivieres à la nage. Il s'offrit à donner l'exemple le 21. de Juin, & fe jetta à l'eau avec fix-vint cuiraffiers, le Chevalier de Vendôme, le Comte de Vivone, le Duc de Coiflin, le Comte de Saut, le Comte de Lionne le fuivirent ; & malgré le feu du fort de Tholus, ils aborderent & mirent en fuite trois efcadrons de cavalerie ennemie. Dans le même tems le Prince de Condé, n'ofant mettre le pié à l'eau, à caufe qu'il avoit la goute, paffa le Rhin dans un bateau avec le Duc d'Anguien fon fils & le Duc de Longueville fon neveu. Pafferent auffi-tôt les Gardes du Corps, les Gendarmes & les Chevaux-Legers en efcadron, fans qu'un cheval avançât plus que l'autre. Le Roi, quoique content d'un fi heureux fuccès, fe repentoit dans fon cœur d'avoir fuivi le conseil du Prince de Condé, & de n'avoir pas passé le Rhin à la nage à la tête des Gardes du Corps, il l'eut fait sans danger, & eut effacé le Granique. L'occasion étoit manquée, il donna l'ordre de travailler à un pont de bateaux, lorsqu'on entendit un bruit de mousquetades de l'autre côté du Rhin. La garnison de Tholus s'étoit retirée dans des haies; le Duc d'Anguien & le Duc de Longueville, par une émulation de gloire, piquerent à ces haies, en criant, *tue*, *tue*, tous les volontaires les avoient suivis, & le Prince de Condé, lui-même, se sentant Pere aussi-bien que General, s'étoit avancé pour arrêter leur ardeur. Alors les Hollandois firent une décharge & s'enfuirent, le Duc de Longueville, jeune Prince de vint-trois ans, qui étoit apellé à la Couronne de Pologne, fut tué, le Prince de Condé eut le poignet cassé, le Duc de Coislin, le Comte de Saut, le Prince de Marsillac, Vivone, Brouilly, Termes, Beringhen, Morevert, Beauveau, furent fort blessés. La blessure du Prince qui étoit fort douloureuse, le metant hors d'état d'agir, le Roi dona le comandement de l'armée du Prince de Condé au Vicomte de Turene, & poursuivit ses conquêtes. Il prit Doesbourg, Monsieur prit Zutphen; l'Evêque de Munster plus guerrier que Prelat prit Deuventer & Covorde. Le Marquis de Rochefort avec trois mille

chevaux ou dragons s'empara d'Utrek, o
il se trouva plus de vint mille Catoliques
La grande Eglise fut reconciliée par le Car
dinal de Boüillon, Grand Aumônier de Fran
ce. La Province d'Utrek avoit été fort ata
chée à la Religion Catholique, & fort per
secutée par les autres Provinces-unies qu
étoient toutes protestantes. Le Roi remit le
Catoliques en possession de leurs Eglises &
de leurs biens, mais sans tourmenter les pro
testans ; la veritable Religion doit songer
persuader les consciences, & jamais à les for
cer. Les troupes Françoises se saisirent aus
de Narden. Dans la suite le Vicomte de Tu
rene assiegea & prit Nimegue, qui fut pres
que la seule place qui se défendit. Le Mar
quis de Rochefort après être entré dan
Utrek n'avoit pas songé à se saisir des éclu
ses de Muyden, comme il le pouvoit fair
aisément, & par-là l'armée du Roi eût p
marcher en bataille jusques aux portes d'Am
sterdam.

Dans le même tems les Etats Generau
envoyerent au Roi des Ambassadeurs lui de
mander la paix, à condition de lui cede
Nimegue, Graves, & toutes les villes qu'il
avoient en Flandre & en Brabant, à la re
serve de l'écluse, & de lui payer vint milion
pour les frais de la guerre. Il falloit aussi qu'i
contentassent le Roi d'Angleterre, l'Electeu
d

de Cologne, le Duc de Neubourg, & l'Evêque de Munster. On ne conclut rien; & Grotius étant retourné à la Haie, la populace s'en prit aux Vvits, & les massacra. D'autre côté le Roi d'Angleterre envoya des Ambassadeurs au Roi pour arrêter la rapidité de ses conquêtes qui començoient à déplaire à son Parlement. La campagne finit, & la suivante comença par la prise de Mastrik. Je n'entrerai point dans le détail des sieges, des combats, des batailles jusqu'à la paix de Nimegue, je les passerai fort legerement. La ligue de tous les Princes de l'Europe en faveur des Hollandois ne servit qu'à faire éclater la puissance de Louis le Grand qui voulut bien leur doner la paix.

CHAPITRE IV.

LA Religion Catolique Romaine a souffert de grandes revolutions en Ethiopie. David Roi de l'Abissinie ou Ethiopie Occidentale reçut fort bien les Ambassadeurs & les Missionaires que lui envoya Jean III. Roi de Portugal, & renvoya François Alvarés, Aumônier de l'Ambassade, avec des lettres de soumission pour le Pape Clement VII. Ces lettres lui furent présentées avec grand apareil, en presence de l'Empereur Charles V.

Ce Roi David demandoit du secours contre les Adeléens qui lui faisoient la guerre. Les Portugais y allerent avec des troupes & des Missionaires. Les successeurs du Roi David persecuterent les Catoliques ; mais le Roi Susnée dona de grandes esperances de la conversion de son peuple. Il acorda d'abord permission aux Missionaires, tous Jesuites, de prêcher, & à ses sujets d'embrasser la Religion Catolique. Il assura le Pape par ses lettres, que si l'on lui pouvoit doner quelque secours contre ses enemis, il se declareroit publiquement. Alphonse Mendés, Jesuite, fut nomé Patriarche de l'Abissinie. Il y arriva après avoir été sacré à Lisbone, & y fut reçu avec tant d'honeur, que le Roi voulut qu'il fut assis auprès de lui. Dès la premiere entrevûë on convint du jour auquel le Roi & son fils aîné Basilidés prêteroient le serment d'obéïssance au Pape ; & la ceremonie s'en fit le 11. Février 1626. en presence des Seigneurs du Roïaume & de tout le peuple qui étoit acouru en foule des Provinces les plus éloignées. Tous les Seigneurs firent la même chose ; mais il y en eut un qui se signala par dessus tous les autres, & son action merite d'être raportée. Après avoir juré une obéïssance fidele au Pape, il tira son épée ; & suivant les mouvemens du zele qui l'emportoit, il dit qu'il ne faloit plus se souvenir du passé, mais que quiconque oferoit contrevenir aux chofes aufquelles on s'engageoit, fentiroit la vangeance de fon bras, quand ce feroit même le Prince Bafilidés, dont il feroit toujours très-fidele fujet, tandis qu'il feroit bon Catolique. La converfion du Roi Sufnée donoit de grandes efperances de la converfion de l'Abiffinie ; Mais le Prince Bafilidés qui lui fucceda ruina entierement cette miffion, en chaffant les Ouvriers Evangeliques de tout fon Royaume.

La Congregation établie à Rome pour la propagation de la Foi ne perdit pas courage, & envoya en Abiffinie fix Capucins François; deux furent tués en chemin, & mangés par les Cafres, deux autres y furent lapidés, & les deux derniers revinrent en Europe.

Tous ces mauvais fuccès ont fait perdre entierement la pensée de renouveller cette miffion, & depuis ce tems-là on n'en a point eu de nouvelles. On fait feulement qu'en 1672. un Metropolitain Catolique paffa par l'Egypte pour fe rendre en Abiffinie. On peut juger par ce que nous venons de raporter, que les Rois de ce pays-là n'ont eu recours aux Portugais, & n'ont demandé la réunion avec l'Eglife Romaine que quand ils ont eu befoin de quelque fecours.

La Religion a fait de grands progrès dans la baffe Ethiopie, & principalement dans les Royaumes de Mofambique & de Melinde, fur la côte orientale de l'Afrique, connuë fous le nom de Zanquebar. Il y a, à la verité, dans le Mofambique quelques Mahometans, quelques idolâtres, & quelques Cafres, mais les Chrétiens l'emportent en nombre, furtout à Melinde où ils ont dix-fept Eglifes. Le Couvent que les Dominicains ont au Mofambique fert d'hôpital à tous ceux qui fe prefentent, de quelque nation & de quelque Religion qu'ils foient.

En 1481. le Royaume de Congo, fur la côte occidentale de l'Afrique, devint Crétien. Jean fecond Roi de Portugal y envoya Canus, Miffionaire, qui ramena à Lifbone plufieurs jeunes gens du pays, qui après s'être inftruits des myfteres de la Religion, retournerent chez eux, & devinrent Prédicateurs de l'Evangile. Canus y mena des Peres de l'Ordre de faint Dominique. Ils batiferent le Comte de Songo, oncle du Roi, & Gouverneur du port, qui fe fignala par le zele avec lequel il prêcha lui-même contre les fauffes divinitez, & par l'ardeur qu'il fit paroître à renverfer les temples & les idoles. Le Roi de Congo peu après fe fit batifer, & prit le nom de Jean par reconoiffance pour le Roi de Portugal, la Reine fut nomée Eleonore, & leur fils aîné Alfonfe. Ce Prince regna cinquante ans, & acheva d'établir la Religion dans fon Royaume ; il envoya même son fils Henry prêter l'obédience au Pape. On fonda dans l'Eglise de Sainte Croix, bâtie dans la ville de Saint Sauveur, une Collegiale composée de dix-huit Chanoines, qui a été dans la suite érigée en Evêché. Le Roi Didacus, l'un des successeurs d'Alfonse, demanda des Missionaires à Jean troisiéme Roi de Portugal, pour confirmer ses peuples dans la Foi. Il y alla des Jesuites & des Capucins. La Religion est aussi solidement établie dans la Province de Lovando-San-Paulo au Roïaume d'Angola, & dans la seule ville capitale on y comtoit en 1672. jusqu'à six Eglises; tous les Souas ou Seigneurs particuliers, qui relevent des Portugais, sont obligés de tenir dans leurs châteaux un Chapelain pour batiser & dire la Messe.

Il y a environ soixante-dix ans qu'un Roi de l'isle de Ceylan fut converti par des Missionaires Portugais; il fit son possible pour porter tout son peuple à l'imiter. A cet effet il assigna aux Jesuites qui travailloient dans son Roïaume à la Prédication de l'Evangile douze des plus gros vilages qui fussent autour de Collombo, capitale de ses Etats, afin que du revenu de tous ces lieux on pût nourir des enfans du païs dans des colleges, &, qu'étant bien instruits ils pussent après instruire les autres. Cette pensée étoit fort chrétienne & fort juste; car come il étoit mal-aisé

que ces Peres puſſent aprendre parfaiteme[nt]
la langue du païs pour prêcher aux peuple[s]
ils élevoient de jeunes gens, qui pouvoie[nt]
dans la ſuite leur être extrémement utile[s]
d'autant plus que la jeuneſſe de Ceylan e[st]
d'un eſprit fort bon & fort vif, & plus cap[a]
ble des ſciences, ſi l'on en croit les relation[s]
que les eſprits les plus délicats des Européa[ns]

La temperature de l'air produit peut-êt[re]
en eux ces heureuſes diſpoſitions. Elle y e[st]
ſi grande & ſi merveilleuſe, que quelqu[es]
bons Religieux ont cru que le Paradis terre[s]
tre ne pouvoit pas avoir été qu'en ce païs-l[à]
Ses montagnes de cryſtal, ſes forêts de c[a]
nelle, ſes plaines couvertes d'orangers, d'[a]
nanas, de planes, de dates, de cocos,
d'autres fruits délicieux, ſa mer abondan[te]
en perles; en un mot, tout le païs riche [en]
rubis, en ſaphirs, & en émeraudes, leur o[nt]
ſans doute inſpiré cette penſée. Quelqu[es]
années après la converſion du Roi de Ce[y]
lan, un grand Philoſofe du païs nommé A[l]
gamma-mocïa, qui veut dire le Maître d[es]
Philoſofes, touché des diſcours, mais pl[us]
encore de la ſainte vie des Miſſionaires [de]
Colombo, conçût le deſſein de ſe faire Chr[é]
tien. Comme il vouloit s'y prendre en ve[ri]
table Philoſofe, il témoigna que deſirant [ſe]
faire inſtruire dans la Foi, il ſouhaitoit [de]
ſavoir par lui-même ce que Jeſus-Chri[ſt]

avoit fait ou laissé par écrit. On lui mit entre les mains le Nouveau Testament traduit en la langue du païs ; & quelques jours après il se trouva si satisfait & si penetré des merveilles qu'il y avoit lûës, par les mouvemens interieurs de la grace qui agissoit sur son cœur, à mesure que ses yeux s'occupoient à cette lecture, qu'avoüant que la Religion des Chrétiens étoit la seule bonne & veritable, il voulut recevoir le baptême ; mais depuis les Hollandois plus enemis de la Religion Catolique que les Païens mêmes, s'étant emparez d'une partie de l'isle, y détruisirent cette chrétienté naissante, abatirent les Eglises & les Colleges, & chasserent tous les Missionaires.

L'armée de France en Allemagne étoit comandée par le Vicomte de Turene, & celle de l'Empereur par le Comte Montecuculli, Generaux conus depuis lon-tems par leur valeur & par leur capacité. Ils se disputoient les postes avantageux, lorsque le Vicomte ayant poussé Montecuculli jusqu'au Village de Safpach, dans un terrain si étroit qu'il lui faloit mourir de faim ou se batre, il crut s'être assuré de la victoire, & l'écrivit au Roi en des termes dont sa modestie ne lui permetoit pas ordinairement de se servir. On ne l'avoit jamais vû si guay, lorsque s'étant avancé avec Saint Hilaire, Lieutenant Gene-

An de J.C. 1675.

ral de l'Artillerie, fur une hauteur où il v(
loit établir une baterie, il fut tué le 27.
Juillet d'un coup de canon. Le boulet e
porta le bras de Saint Hilaire avant que
fraper le Vicomte; & le fils de Saint Hilai
étant acouru en larmes, *Ce n'eſt pas moi*, lui (
le pere, *qu'il faut pleurer, c'eſt ce grand hom.*
Le Comte de Lorges, fils d'une de ſes ſœu
Lieutenant General, prit le comandem(
de l'armée, & la ramena jufqu'au près
pont qu'elle avoit à Altenheim fur le Rhi
pour repaſſer en Alface. Montecuculli l
voit pourſuivie, & l'ataqua avec beauco
de vigueur. Le combat dura toute la journ(
Le Marquis de Vaubrun Lieutenant Gene
y fut tué. A la nouvelle de la mort du \
comte, Montecuculli s'écria, *C'étoit un gr*
homme ; il faifoit honeur à l'humanité. Montec
culli mourut en 1680. âgé de plus de quat
vints ans. Les François, quoiqu'abatus
conſternez par la mort de leur General,
défendirent ſi bien, que les Allemans né p
rent les empêcher de repaſſer en Alfa(
Auſſi-tôt le Comte de Lorges fit rendre
derniers devoirs à ſon oncle, dont il av(
fait tranſporter le corps. On lui fit un Ser
ce Militaire, où l'on eut bien de la pein(
empêcher la confuſion par l'empreſſem(
des Soldats qui vouloient tous s'y trouv(
Ils y vinrent avec des crêpes, & l'on y vit
qu'

qu'on n'avoit jamais vû, une armée en deüil: chacun croïoit avoir perdu fon pere, & en témoignoit fa douleur, moins encore par des paroles que par des larmes. Le Roi à cette nouvelle, dit qu'il avoit perdu l'homme le plus fage de fon Royaume, & le plus grand de fes Capitaines. Il fit rendre à fa memoire les plus grans honeurs, & fit mettre fon corps dans l'Eglife de faint Denis : honeur qui avoit été fait en 1380. au fameux Conétable du Guefclin. Le Comte d'Auvergne neveu du Vicomte, eut la charge de Colonel General de la Cavalerie, & le Comte de Lorges fut depuis fait Maréchal de France, & Capitaine des Gardes du Corps. Le Vicomte de Turene avoit réfolu de quiter tous fes emplois après la campagne, & de fe retirer dans une Communauté pour ne fonger qu'à fon falut. Il avoit quarante mille livres de rente comme cadet de la Maifon de Boüillon, & les avoit mangez au fervice du Roi, vendant plufieurs fois fa vaifelle d'argent pour fubvenir aux neceffitez des foldats. Il laiffa même quelques dettes que le Cardinal de Boüillon fon neveu a payées. Le Roi pour honorer fa memoire, lui fit faire un Service folemnel dans l'Eglife de Nôtre-Dame de Paris, où affifterent toutes les Compagnies Superieures ; l'Evêque de Lombés fit l'Oraifon Funebre. On lui a élevé depuis dans l'Eglise de saint Denis un Maufolée magnifique, où la valeur, la fageffe & le défintereffement font reprefentés comme les principales vertus du Heros.

L'Hiftoire de l'Abbaye de faint Denis écrite par Dom Michel Felibien de la Congregation de faint Maur eft fi belle, que je n'ai pû m'empêcher d'en faire quelques extraits. Le tems de la fondation de la premiere Eglife de faint Denis eft fort incertain. Quelques-uns l'attribuënt au Roi Dagobert, qui conftamment y a fait de grans biens; mais il paroît par des titres inconteftables, que fous le regne de Clotaire II. pere de Dagobert, il y avoit déja dans l'Abbaye de faint Denis une Communauté de Moines dont l'Abbé fe nommoit Dodon. Cette premiere Eglife de faint Denis étoit bâtie fur le tombeau des faints Martirs; & quelques Auteurs prétendent qu'ayant été ruinée, fainte Genevieve en avoit fait rebâtir une autre, qui eft celle d'à-prefent.

Le Roi Hugues Capet mourut en 997. & fut enterré à faint Denis. Depuis les Rois de France y ont tous été enterré, excepté Philipes I. enterré à faint Benoift fur Loire, Loüis VII. dans l'Abbaye de Barbeaux près de Melun, & Loüis XI. qui voulut l'être à Nôtre-Dame de Clery.

De tous les Abbez de faint Denis, le plus

illuſtre a été l'Abbé Suger, Miniſtre des Rois Loüis VI. & Loüis VII. dit le Jeune, & Regent de France. Son eſprit & ſon courage le rendoient toûjours maître des affaires. Il fit pandant quelques années une dépenſe toute mondaine; & s'étant enfin converti, ſaint Bernard lui écrivit en ces termes: *Ceux qui craignent Dieu ſont agréablement ſurpris du changement arrivé en votre perſone. On publie par tout vos loüanges; les partiſans de la pieté font éclater leur joie. Ceux même qui ne vous connoiſſent pas, ne peuvent aprendre ce que vous étiez, ſans benir en mêmetems le Seigneur, qui vous a fait ce que vous êtes aujourd'hui; mais le comble de notre joie, eſt de voir que votre zele s'étend juſques ſur vos Religieux, à qui vous inſpirez les mêmes ſentimens de vertu dont vous êtes animé.* L'Hiſtoire de l'Abbé Suger eſt trop connuë pour la repeter ici.

Depuis la bataille d'Azincourt, où le Sire de Bacqueville qui portoit l'Oriflamme fut tué, nos Rois n'ont plus fait porter à la guerre cette Baniere de l'Abbaye de ſaint Denis.

Le Roi Charles VI. viſitoit ſouvent l'Egliſe de ſaint Denis. Il y fit faire un Service ſolemnel pour le Connétable Bertrand du Gueſclin; l'Evêque d'Auxerre y fit l'Oraiſon Funebre. Le Pere Felibien prétend, que c'eſt la premiere qui ait été faite en pareille occaſion. L'Auteur ne décide pas nettement la queſtion, ſavoir ſi ſaint Denis Areopagite

Evêque d'Athenes, est le même que saint Denis Evêque de Paris. Il dit que le nouveau Breviaire de Paris marque la fête de saint Denis Areopagite le 3. d'Octobre, & celle de saint Denis Evêque de Paris le 9. du même mois. M. Delaunoi & le Pere Sirmond Jesuite, ont cru que l'Areopagite n'est jamais venu en France.

L'Ordre de saint Benoist, autrefois si florissant par toute la France, étoit tombé dans un grand relâchement, sans qu'on puisse marquer d'autre cause de cette décadence presque generale, que la fragilité humaine, & la misere des tems. Dom Didier de la Cour commença par reformer l'Abbaye de saint Vanne à Verdun, & y établit une Congregation qui fut confirmée par le Pape Clement VIII. L'exemple de ces saints Religieux porta grand nombre de Monasteres de France à se réformer, & ils obtinrent du Roi Loüis XIII. en 1618. des Lettres Patentes pour établir la Congregation de saint Maur, qui fut confirmée par le Pape Gregoire XV. Elle devint en peu d'années fort nombreuse, & l'on y compte présentement cent quatre-vint Abbayes ou Prieurez conventuels sous le régime d'un General, de deux Assistans, & de six Visiteurs élus tous les trois ans dans un Chapitre General, où sont aussi nommez les Superieurs de chaque Monastere.

L'esprit de la Congregation de saint Maur, dit le Pere Felibien, *n'est pas seulement de relever des murailles, & de rétablir des Eglises & des Maisons la plûpart à demi-ruinées, on s'est crû encore plus obligé à purifier le Sanctuaire par une vie conforme à la sainteté des lieux, & aux devoirs de la profession monastique.* Pour y mieux réüssir, on s'est apliqué sur tout à former de jeunes Religieux, d'où dépend tout le bien du Corps ; c'est ce qui a fait établir dans chaque Province un ou deux Noviciats, pour l'épreuve des sujets qui se presentent, & le choix s'en fait sans aucune consideration de sang, d'amitié ou d'interêt. Ceux que l'on admet à Profession sont transferez immédiatement après dans un autre Monastere, où l'on continuë de les former à la pieté, & aux ceremonies pandant deux ans ; puis on les aplique l'espace de cinq autres années à l'étude de la Philosophie & de la Theologie, pour leur faciliter l'intelligence de l'Ecriture Sainte & des Saints Peres, dont la lecture si capable de former tout à la fois l'esprit & le cœur, doit leur tenir lieu de principale occupation le reste de leurs jours. Au sortir de ces études, on leur fait faire une année que l'on nomme de Recollection, parce que ce tems est destiné à les preparer à la reception du Sacerdoce dans un recüeillement plus profond, & dans une aplication plus entiere aux seuls exercices spirituels. Dans ces differens Monasteres par lesquels on fait passer les jeunes Religieux, on garde par tout l'uniformité de conduite, mêmes jeûnes, même obéïssance ; & quoique ce genre de vie ait de l'austerité & de la contrainte, il

Q iij

est pourtant certain qu'il est toûjours au dessous de
forces des plus foibles, pourvû qu'ils ne se flatent pa
trop. La vicissitude des exercices journaliers, l'onctio
qui les acompagne, l'exemple qui les anime, les rendent doux & agréables, pour peu qu'on soit touché d
soin de son salut.

Ce fut le Monastere des Blancs-Manteau
de Paris qui fut reformé le premier. Alors l
Cardinal de la Rochefoucaud obtint du Pap
Urbain VIII. un Bref pour mettre la reforme dans les Ordres de saint Benoist & d
Cîteaux. Il commença par l'Abbaye de sair
Denis, & après beaucoup de traverses,
établit en 1633. trente-trois Religieux Benedictins de saint Maur, & les mit en possession des lieux reguliers & du dortoir, laissar
aux anciens les lieux particuliers qu'ils occupoient dans l'enclos de l'Abbaye, avec d
pensions honêtes pour leur subsistance ; ma
comme l'Abbaye étoit toûjours possedée p
des Princes ou par de grans Seigneurs, q
se broüilloient souvent avec la Cour,
qu'on saisissoit leurs revenus, les Religie
demanderent partage, l'obtinrent, & joü
rent depuis paisiblement de leur Manse co
ventuelle.

An. de J.C. 1675.

Ce fut en ce tems-là que fut renouvell
en Italie l'ancienne erreur de certains Moir
d'Orient, qui faisoient consister toute la M
rale Chrétienne dans le repos ou la quiétu

DE L'EGLISE. Liv. XXXIV. Ch. IV. 127
d'esprit, & qui négligeoient entierement les œuvres exterieures. Cette doctrine, sous des maximes de spiritualité, tendoit à renverser les principes solides du Christianisme, & c'est ce qu'on appelle le Quietisme. Michel Molinos, Prêtre Espagnol, apliqué dès sa jeunesse à la Theologie Mystique, s'étant venu habituer à Rome, y prêcha cette doctrine, & fit beaucoup de Disciples. Il publia un Livre intitulé, *La Guide Spirituelle*, qui présentant d'abord une lueur de pieté, fut aprouvé par plusieurs Theologiens. *La Theologie Mystique*, dit-il dans sa Preface, *n'est pas une science d'imagination, mais de sentiment; on ne l'invente point, mais on la sent; on ne l'aprend point par l'étude, mais on la reçoit du Ciel: aussi dans ce petit Ouvrage, je me suis plus servi de ce que la bonté infinie de Dieu a daigné m'inspirer, que des pensées que la lecture des Livres auroit pû me suggerer.*

Le Traité de la Guide Spirituelle est divisé en trois Livres. Dans le premier, Molinos dit que pour parvenir à la perfection du recüeillement interieur, il faut faire de son cœur une carte blanche, où la sagesse divine puisse graver ce qu'il lui plaira; que les tentations sont une medecine salutaire qui rabaisse notre orgüeil; que le recüeillement interieur consiste dans un silence que l'on garde en la présence de Dieu, en le considerant par une foi amoureuse & obscure, sans aucune distinction de ses perfections ni de ses attributs; qu'il n'est pas besoin de mediter les Mysteres, ni de faire des reflexions sur la Vie & sur la Passion de Jesus-Christ, & que la plus sublime Oraison consiste dans le silence mystique des pensées, c'est-à-dire, à ne desirer rien, à ne penser à rien.

Le second Livre est adressé aux Directeurs que Molinos exhorte à se revêtir dans le Confessional de la douceur d'un Agneau, & à rugir en Chaire comme des Lions; il dit qu'il vaut mieux obéïr à son Directeur qu'à Dieu; il conseille la fréquente Communion, & désaprouve les penitences corporelles.

Enfin, dans le troisiéme Livre de la Guide Spirituelle, Molinos dévelope les principes de sa prétenduë mysticité. Il y a, selon lui, deux sortes de contemplation, l'active & la passive. L'active cherche Dieu au dehors par le secours du raisonnement, de l'imagination & des reflexions. Il dit qu'elle est bonne pour les commençans, mais qu'il faut aspirer à la contemplation passive, qui mene à l'union divine, & au repos interieur. Alors l'ame est maîtresse des tentations, la vertu s'affermit, les attachemens se rompent, les passions se déracinent, les imperfections s'anéantissent, & l'ame demeure unie à Dieu sans qu'elle y contribuë par aucun mouvement.

Le Pere Petruici de l'Oratoire, publia en même tems un Traité qui soûtenoit la doctrine de Molinos, & le Pape Innocent XI. qui avoit succedé à Clement X. en 1675. prévenu de la pieté apparente de Molinos, lui acorda sa protection, & lui donna un apartement dans le Vatican. Il fit le Pere Petruici Evêque de Jesi, & ensuite Cardinal; mais bien-tôt les choses changerent de face. La doctrine de Molinos, qui avoit d'étranges suites pour les mœurs, révolta tous les bons Theologiens. Le Pere Segneri Jesuite, en découvrit le venin dans son Livre de la Contemplation. Le Cardinal d'Etrées en fit de vives remontrances au Pape, qui enfin renvoya cette affaire à l'Inquisition. Ce Tribunal fit aussi-tôt arrêter Molinos, & plus de cent de ces disciples; & après un examen de quatre mois, le condamna à faire une abjuration publique de ses erreurs, & à demeurer le reste de sa vie dans les prisons de l'Inquisition. La Sentence fut confirmée par le Pape, & executée. La Bulle marqua soixante-huit propositions tirées des Livres de Molinos, qui furent déclarées heretiques, entr'autres les suivantes.

Vouloir operer activement, c'est offenser Dieu, qui veut être seul agent, & il faut demeurer en sa présence comme un corps inanimé.

„ L'ame s'anéantit par l'inaction, & retou[rne]
„ ne à son principe, qui est l'essence divin[e]
„ dans laquelle elle demeure transformé[e]
„ déifiée.

„ La voïe interieure est celle où l'on ne co[n]
„ noît ni lumiere, ni amour, ni résignation. [Il]
„ ne faut pas même connoître Dieu, & c'e[st]
„ ainsi que l'on s'avance à la perfection.

„ L'ame ne doit penser ni à la récompens[e,]
„ ni à la punition, ni au Paradis, ni à l'Enfe[r,]
„ ni à la mort, ni à l'éternité.

„ C'est une grande grace de Dieu de ne po[u]
„ voir reflechir sur ses propres défauts.

„ Celui qui a donné son libre arbitre à Die[u]
„ ne doit plus avoir aucun desir de sa sanctif[i]
„ cation ni de son salut, de l'esperance duqu[el]
„ il doit se défaire.

„ Il ne faut rien demander à Dieu, & cet[te]
„ parole de Jesus-Christ, *demandez & vous rec[e]*
„ *vrez*, n'a pas été dite pour les ames inte[ri]
„ rieures.

„ Il ne faut point chercher des indulge[n]
„ ces, & il vaut mieux satisfaire à la justic[e]
„ de Dieu, que d'avoir recours à sa miser[i]
„ corde.

„ Il ne faut point se soucier de résister au[x]
„ tentations; que si la nature s'émeut, il la fau[t]
„ laisser agir; ce n'est que la nature.

„ Les ames interieures doivent demeurer e[n]
„ silence; & plus elles sont résignées à Dieu

plus elles éprouvent qu'elles peuvent moins réciter l'Oraison Dominicale.

Il se faut décharger de la croix volontaire des mortifications.

Dieu permet pour nous conduire à la parfaite transformation, que le Demon fasse violence dans le corps à certaines ames parfaites, jusqu'à leur faire commettre des actions charnelles, qui en ce cas ne sont point peché, & dont il se faut bien garder de se confesser.

Il faut obéïr aux Superieurs dans les choses exterieures, mais pour l'interieur, il en est tout-autrement.

Toutes ces propositions furent condamnées par le Tribunal de l'Inquisition comme heretiques, blasphematoires, scandaleuses. Le Pape donna une Bulle en conséquence. Molinos fit amande honorable la torche au poing, se retracta, & fut renfermé dans les prisons de l'Inquisition, où il mourut cinq ans après.

Mais pandant qu'on travailloit à Rome au procès de Molinos, ses erreurs passerent en France. François de Malaval aveugle, avoit fait avant Molinos *la Pratique facile pour élever l'ame à la Contemplation.* Le Pere François de la Combe Barnabite fit imprimer un livre de *l'Oraison Mentale.* Bernieres donna un petit écrit, intitulé, *Regle des Associez à l'Enfance de Jesus*; & la Dame

Guyon publia divers Ecrits, tant imprim[és]
que manuscrits, intitulez: *Moyen court, Cant[i]que des Cantiques de Salomon, & les Torrens,* q[ui]
est le plus dangereux de tous. On n'y vo[it]
qu'abandon total, indifference à tout, mêm[e]
au salut. *L'abandon parfait,* dit-elle, *est la c[lef]
de tout l'interieur, & ne reserve rien, ni mort ni v[ie]
ni perfection ni salut, ni Paradis ni Enfer. Nous v[ou]lons si peu,* ajoûte-t-elle, *ce n'est pas la peine
s'inquieter fort si l'on ne se perdra point.* La Dam[e]
Guyon en dit bien davantage dans l'Histoi[re]
de sa vie, qu'elle écrivit par l'ordre de s[on]
Directeur. Il y paroît qu'elle se croit une s[e]conde sainte Therese ; elle voit clair dans [le]
fond des ames ; Dieu l'a choisie en ce siec[le]
pour établir la sagesse de Dieu par la destru[c]tion de la sagesse du monde ; elle ne pouvo[it]
plus prier les Saints, ni même la sainte Vier[ge]. Ce n'est pas, dit-elle, à l'épouse, ma[is]
aux domestiques à prier les autres de pri[er]
pour eux. Elle étoit quelquefois si pleine d[e]
graces, que sa vie en étoit en danger ; so[n]
corps en crevoit, & il faloit la délasser. L[e]
remede souverain étoit de s'asseoir aupr[ès]
d'elle en silence : alors de ce reservoir divi[n]
où les enfans de la sagesse puisoient ce qu['il]
leur faloit, se faisoit un dégorgement d[e]
graces, dont chacun recevoit selon son d[e]gré d'oraison. On ne sauroit assez s'étonn[er]
que la Dame Guyon ayant autant d'espr[it]

qu'elle en avoit, ait pû avancer tant d'extravagance.

Loüis-Antoine de Noailles Archevêque de Paris, Paul Godet Defmarêts, Evêque de Chartres, & Jacques Benigne Bossuet Evêque de Meaux, condamnerent tous ces Livres & Manufcrits par des Mandemens; & l'Evêque de Meaux, conjointement avec l'Archevêque de Paris & l'Evêque de Chartres, dreffa pour l'inftruction des Fideles trente-quatre articles fur les états d'Oraifon, qui mettent devant les yeux plufieurs veritez fondamentales de la Religion. L'Abbé de Fenelon les figna avec eux. En voici les principaux.

« Tout Chrétien eft obligé de conferver l'exercice de la Foi, de l'Efperance & de la Charité, & d'en produire des actes. Il eft obligé à la Foi explicite en Dieu Pere, Fils & Saint Efprit. Il doit vouloir, defirer & demander fon falut éternel, & de la force contre les tentations, fans être jamais indifferent pour fon falut. Les mortifications corporelles conviennent à tout état du Chriftianifme. Les Oraifons extraordinaires aprouvées par faint François de Sales, n'empêchent pas qu'on ne puiffe produire de tems-en-tems des actes de Foi, d'Efperance & de Charité. Sans ces Oraifons extraordinaires, on peut devenir un grand Saint. »

L'Evêque de Meaux évite dans cette Inſtruction, de parler de certaines propoſitions, dont les oreilles chrétiennes ſont ſcandaliſées. L'Archevêque de Paris fit mettre la Dame Guyon dans un Couvent, & lui fit promettre de ne plus écrire ni catechiſer.

On avoit crû le Quietiſme abatu lorſqu'il reprit de nouvelles forces, & parut plus dangereux que jamais. L'Abbé de Fenelon, Précepteur des enfans de France, ſoûtenoit en ſecret les Ecrits de la Dame Guyon. Il avoit pourtant ſigné les articles dreſſez par l'Evêque de Meaux ſur les differens états d'Oraiſon; mais quand il fut devenu Archevêque de Cambrai, il ſe déclara ouvertement, & fit imprimer ſon Livre des Maximes des Saints. Il y prétend établir l'amour pur & déſintéreſſé, qu'il aſſure n'être autre choſe que la ſainte indifference, ſi loüée par ſaint François de Sales, qui ne veut que ce que Dieu nous fait vouloir par l'attrait de ſa grace. Il dit auſſi que la contemplation la plus paſſive n'eſt que l'exercice poſſible de ce pur amour. Cet Ouvrage fut imprimé en 1695. & fut bien-tôt critiqué. L'Archevêque de Paris, l'Evêque de Chartres & l'Evêque de Meaux y crurent trouver tout le Quietiſme, à la vérité, épuré des maximes odieuſes & déſordonnées que Molinos y avoit fourées; & déja ils ſe diſpoſoient à le condamner, lorſque l'Archevêque de Cambrai l'envoya au Pape Innocent XII. en se soûmettant à son jugement. *Très-Saint Pere*, dit-il dans sa lettre, *la doctrine abominable des Quietistes, sous une apparence de perfection, se glissoit en secret comme la gangrene en divers endroits de la France, & même de nos Pays-Bas. Plusieurs Ecrivains mystiques portant le mystere de la Foi dans une conscience pure, avoient favorisé, sans le savoir, l'erreur qui se cachoit encore; mais, Très-Saint Pere, les hommes ne s'éloignent gueres d'une extrémité sans tomber dans une autre; quelques personnes ont pris ce prétexte pour tourner en dérision, comme une chimere extravagante, l'amour pur de la vie contemplative. Pour moi, j'ai crû, en marquant un juste milieu, séparer le vrai du faux, & ce qui est ancien & assuré d'avec ce qui est nouveau & perilleux; c'est ce que j'ai essayé de faire, selon mes forces très-bornées. De savoir si j'ai réüssi ou non, c'est à vous, Très-Saint Pere, à en juger, & c'est à moi à écouter avec respect, comme vivant & parlant en vous, Saint Pierre, dont la foi ne manquera jamais.*

L'Archevêque de Cambrai avoit fait une Instruction Pastorale pour son diocese, dans laquelle il tâche de justifier son Livre par les citations de quantité d'Auteurs mystiques.

Pandant que l'affaire étoit pandante à Rome, il se fit en France plusieurs Ecrits fort vifs de part & d'autre. L'Archevêque de Paris, l'Evêque de Chartres & l'Evêque de Meaux attaquerent le Livre des Maximes des

Saints, & protesterent qu'ils ne le condamnoient pas, quoiqu'ils en eussent le pouvoir,
par respect pour Sa Sainteté, à qui la connoissance en étoit dévoluë. L'Archevêque
de Cambrai se défendit avec beaucoup d'esprit. Le Pape établit une Congregation de
Cardinaux & d'habiles Theologiens, pour
examiner l'affaire, qui fut quelque-tems sans
être décidée. Les Evêques François avoient
envoyé à Rome l'Abbé Bossuet, neveu de
l'Evêque de Meaux, & à present Evêque de
Troïes. Enfin, le Pape condamna le Livre
des Maximes des Saints, & particulierement
vint-trois propositions qu'on en avoit extraites. En voici les principales.

„ Il y a un état habituel d'amour de Dieu,
„ qui est une charité pure, & sans aucun mé-
„ lange du motif de l'interêt propre. Ni la
„ crainte des châtimens, ni le desir des récom-
„ penses n'ont plus de part à cet amour. On
„ n'aime plus Dieu, ni pour le merite, ni pour
„ la perfection, ni pour le bonheur qu'on doit
„ trouver en l'aimant.

„ En l'état de vie contemplative ou uniti-
„ ve, on perd tout motif interessé de crainte
„ & d'esperance.

„ L'abandon n'est que l'abnegation ou re-
„ noncement de soi-même, que Jesus-Christ
„ nous demande dans l'Evangile, après que
„ nous aurons tout quitté au dehors. Cette abnegation

négation de nous-mêmes, n'est que pour l'interêt propre. Les épreuves extrêmes où cet abandon doit être exercé, sont les tentations, par lesquelles Dieu, jaloux, veut purifier l'amour, en ne lui faisant voir aucune ressource, ni aucune esperance pour son interêt propre, même éternel.

Dans les dernieres épreuves, l'ame peut être invinciblement persuadée d'une persuasion refléchie, qu'elle est justement réprouvée de Dieu : c'est alors que l'ame divisée d'avec elle-même, expire sur la Croix avec Jesus-Christ, en disant : ô Dieu, mon Dieu, pourquoi m'avez-vous abandonné. Dans cette impression volontaire de désespoir, elle fait le sacrifice absolu de son interêt propre pour l'éternité. Un Directeur peut alors laisser faire à cette ame un acquiescement simple à la perte de son interêt propre, & à la condamnation juste où elle croit être de la part de Dieu.

Il y a un état de contemplation si haute & si parfaite, qu'il devient habituel, en sorte que toutes les fois qu'une ame se met en actuelle oraison, cette oraison est contemplative, & non discursive, alors elle n'a plus besoin de revenir à la méditation, ni à ses actes méthodiques.

Les ames contemplatives sont privées de la vûë distincte, sensible & refléchie de Jesus-

Chrift en deux tems differens.... Premierement dans la ferveur naiffante de leur contemplation.... Secondement une ame perd de vûë Jefus-Chrift dans les dernieres épreuves.

Les Saints myftiques ont exclu de l'état des ames transformées la pratique des vertus.

Le pur amour fait lui feul toute la vie interieure, & devient alors l'unique principe & l'unique motif de tous les actes déliberez & meritoires.

Le Pape fit rendre fa Bulle au Roi par le Nonce Delphini, avec un Bref plein de loüanges. Elle fut dans la fuite reçûë avec refpect par tous les Evêques de France, qui protefterent dans leurs Mandemens, que conjointement avec Sa Sainteté, ils condamnoient le Livre des Maximes des Saints. La Bulle fut enregiftrée au Parlement, & les Gens du Roi marquerent dans leurs conclufions, fauf les Libertez de l'Eglife Gallicane.

Dès que l'Archevêque de Cambrai eut apris que le Pape avoit condamné fon Livre, il le condamna lui-même avec humilité; & fans attendre que la Conftitution eut été reçûë en France, il fit publier dans fon diocefe le Mandement fuivant.

François par la mifericorde de Dieu, & la grace du Saint Siege Apoftolique, Archevêque Duc de Cambrai, &c. au Clergé feculier & regulier de notre diocese, Salut & benediction en Notre Seigneur.

Nous nous devons à vous sans reserve, mes très-chers Freres, puisque nous ne sommes plus à nous, mais au troupeau qui nous est confié. *Nos autem servos vestros per Jesum.*

C'est dans cet esprit que nous nous sentons obligez de vous ouvrir notre cœur, & de continuer à vous faire part de ce qui nous touche sur le Livre intitulé, *Explication des Maximes des Saints*. Enfin, notre Saint Pere le Pape a condamné ce Livre avec les vint-trois propositions, qui en ont été extraites par un Bref datté du 12. Mars, qui est maintenant répandu par tout, & que vous avez déja vû.

Nous adherons à ce Bref, mes très-chers Freres, tant pour le texte du Livre que pour les vint-trois propositions, précisément dans la même forme, & avec les mêmes qualifications simplement, absolument & sans aucune restriction. De plus, nous défendons sous la même peine, à tous les Fideles de ce diocese, de lire & de garder ce Livre.

Nous nous consolerons, mes très-chers Freres, de ce qui nous humilie, pourvû que le ministere de la parole que nous avons reçu du Seigneur pour votre sanctification, n'en soit pas affoibli, & que nonobstant l'humiliation du Pasteur, le troupeau croisse en grace devant Dieu.

C'est donc de tout notre cœur que nous vous exhortons à une soûmission sincere, & à une docilité sans reserve, de peur qu'on n'altere insensiblement la simplicité de l'obéïssance pour le S. Siege, dont nous voulons, moïennant la grace de Dieu, vous donner l'exemple jusqu'au dernier soupir de notre vie.

A Dieu ne plaise qu'il soit jamais parlé de nous, si ce n'est pour se souvenir qu'un Pasteur a crû devoir être plus docile que la derniere brebis du troupeau, & qu'il n'a mis aucune borne à sa soûmission.

Je souhaite, mes très-chers Freres, que la grace de Nôtre-Seigneur Jesus-Christ, l'amour de Dieu, & la communication du Saint Esprit demeure avec vous tous. *Amen*. Donné à Cambrai le 9. Avril 1699.

L'Archevêque de Cambrai défendit dans la suite dans ses Sermons, & dans toutes les exhortations qu'il fit à ses Diocesains, la lecture du Livre des Maximes des Saints, & depuis ce tems-là il n'a point paru dans tous les Ouvrages de pieté qu'il a donnez au Public, qu'il y eut en lui le moindre retour vers ses anciennes idées : exemple rare dans un Auteur de réputation, exemple qui doit avoir place dans les annales de l'Eglise, & qui éternisera la memoire de ce grand Prelat.

Depuis que les Maronites ont abjuré leurs erreurs entre les mains d'Aimeric III. Patriarche latin d'Antioche, vers la fin du douziéme siecle, ils sont toûjours demeurez fermes dans la Foi, ils n'ont jamais pû être ébranlez par toutes les persecutions qu'ils ont souffertes de la part des Infideles & des Schismatiques, au milieu desquels ils se trouvent, puisqu'ils habitent le mont Liban entre Biblis & Tripoli de Syrie. Il y avoit alors cinq cens ans qu'ils ne reconnoissoient avec les Monothelites qu'une volonté en Jesus-Christ, ayant été pervertis par un homme de cette secte nommé Maron, qui leur donna son nom, selon Guillaume Archevêque de Tyr, leur voisin. Ils sont présentement plus de cinquante mille. Ils ont un Patriarche, qui réside avec cinq ou six Religieux dans le Monastere de Canobin au mont Liban, où ils vivent en grande simplicité, & dans des abstinences continuelles. Ce Patriarche ne se mêle point du temporel, dont il laisse le gouvernement à deux Archidiacres. Son élection se fait par le Clergé & par le Peuple, selon l'ancienne discipline de l'Eglise; mais depuis leur réünion avec l'Eglise Latine, il prend du Pape des Bulles de confirmation. Il garde le célibat, aussi-bien que les Evêques ses suffragans. Pour ce qui est des autres Ecclesiastiques Maronites, ils peuvent se marier avant l'ordination, & continuer après l'ordination à vivre avec leurs femmes. Le Patriarche les obligeoit, même il n'y a pas lontems, à se marier avant que de leur conferer les Ordres sacrez, à moins qu'ils ne voulussent se faire Moines : mais depuis que le Pape Gregoire XIII. leur a fondé un College à Rome, où plusieurs de leurs Ecclesiastiques sont élevez, il leur est permis de garder le célibat. Ils celebrent la Pâque comme nous, & ont reçû la reformation du Calendrier Romain. Leurs Prêtres ne disent point la Messe en particulier, mais tous ensemble, comme on faisoit autrefois. Il y en a un qui celebre, & les autres assistent, & sur la fin, il leur donne à tous la Communion. Le Peuple la reçoit sous les deux especes, parce qu'on ne les oblige pas à changer de discipline sur ce point : cependant comme ceux qui retournent de Rome dans leur pays affectent de se distinguer par là, & qu'ils tâchent d'engager les autres à se contenter de la Communion sous une seule espece, cela fait qu'elle commence à s'établir parmi eux. Ils ont au mont Liban un Couvent de Religieuses qui gardent la clôture, & qui vivent très-austerement. Il y en a aussi de la même Nation à Alep, qui observent la regle des Capucins dont elles portent le nom & l'habit, mais elles ne sont point cloîtrées. Elles demeurent deux ou trois ensemble chez leurs parens dans un apartement séparé, & n'en sortent que pour aller à l'Eglise. Vint filles Suriênes & Armeniênes, après s'être fait Catoliques, se sont depuis peu associées avec elles, & ont reçû le voile des mains du Patriarche.

En 1669. on eut quelque esperance de la conversion des Jesides, Peuples qui reconnoissent en quelque façon la divinité de Jesus-Christ, quoiqu'au fond ils ne soient ni Chrétiens ni Mahometans. Ils font partie des Curdes, & parlent leur langue. On les accuse d'adorer le Demon, parce qu'ils ne veulent pas le maudire, disant qu'il est une créature de Dieu qui poura un jour faire sa paix avec lui. Ils envoyerent à Alep un de leurs Superieurs demander des Missionaires. Ils s'adresserent aux Superieurs François des trois Ordres Religieux, qui se sont associez en Sirie pour agir avec un même esprit dans ce qui regarde les Missions, & ne point attribuer aux uns plutôt qu'aux autres le bon succès de leurs travaux, dont la gloire n'est dûë qu'à Dieu seul. Ils écouterent le Superieur Jeside ; & après avoir lon-tems examiné l'affaire, ils le renvoyerent pour ne point s'exposer à la haine des Turcs, dont les Jesides sont tributaires : ce qui auroit pû causer la ruine des autres Missions.

Dans les quatre premiers siecles de l'Eglise, il n'y avoit point d'autre Tribunal que celui des Evêques pour juger de la doctrine,

& pour punir ceux qui s'obstinoient dans celle qui étoit condamnée comme heretique; & alors les heretiques n'étoient punis que par l'excommunication. Il n'en fut pas de même lorsque les Empereurs eurent embrassé le Christianisme; car comme ces Princes se crurent obligez de punir les crimes commis contre la Majesté divine, ils firent des Loix qui soumirent les heretiques à la peine de l'exil, & de la confiscation de leurs biens. On vit alors dans l'Eglise deux sortes de Tribunaux contr'eux; savoir l'Ecclesiastique qui déclaroit ce qui étoit heresie, & qui excommunioit les heretiques, & le Seculier qui faisoit le procès à celui qui étoit accusé du crime d'heresie; & s'il en étoit convaincu, il le punissoit de la peine ordonnée par les Loix Imperiales.

Dans le neuviéme siecle, les Evêques d'Occident, plus zelez que les Orientaux à reprimer & à étouffer les heresies, eurent une plus forte jurisdiction sur les heretiques, qu'ils avoient pouvoir de citer devant leur Tribunal, & ils ajoûterent à l'excommunication dont ils avoient droit de les frapper, la prison, le jeûne, & d'autres semblables peines, qui furent reglées par les Canons & par l'usage. Ils joüirent assez paisiblement de cette jurisdiction jusqu'au douziéme siecle; mais alors le trouble & le desordre s'étant mis dans

l'Empire

l'Empire & dans l'Eglise, les Evêques n'eurent plus la liberté ni le moïen d'agir avec toute la force necessaire contre les heretiques, qui se multiplierent prodigieusement. Il falut donc avoir recours à d'autres moïens. On envoya par tout de zelez Predicateurs ; mais comme l'obstination est le caractere de l'heresie, on fut contraint de reprendre les premieres voïes ; & dans le celebre Concile tenu à Toloze contre les Albigeois, on fit entr'autres choses seize Decrets touchant les voïes qu'on doit tenir pour rechercher, pour découvrir, & pour punir les heretiques.

C'est là le premier établissement de l'Inquisition, qui dépendoit alors entiérement des Evêques ; mais le Pape Gregoire IX. ne trouvant pas que les Evêques agissent assez fortement à son gré, attribua trois ans après aux Religieux de saint Dominique le Tribunal de l'Inquisition.

Le Pape Innocent IV. après la mort de l'Empereur Frideric II. qui condamna au feu les heretiques, établit pour toûjours l'Inquisition dans l'Italie, & l'attribua aux Dominicains & aux Freres Mineurs de l'Ordre de saint François, qu'on avoit été obligé d'associer aux premiers pour moderer l'excès de leur zele, mais toûjours conjointement avec les Evêques & avec les assesseurs nommez par le Magiſtrat, pour condamner les coupables aux peines ordonnées.

Cette forme d'Inquiſition ne plût pas au Pape Paul IV. il ne voulut pas que le Magiſtrat ſe mêlât de nommer des aſſeſſeurs. Il créa la Congregation du Saint Office, dont il établit le ſiege dans le Grand Couvent des Jacobins de la Minerve, & il y appella des Cardinaux & des Theologiens de divers Ordres. Pie V. reforma en pluſieurs choſes cette Congregation, & elle fut réduite encore en meilleur ordre, & tel qu'on le voit aujourd'hui par le Pape Sixte V.

Cette Congregation eſt ordinairement compoſée de douze Cardinaux choiſis par Sa Sainteté, & d'un grand nombre de Theologiens de divers Ordres Religieux, qui tous ſont appellez Conſulteurs du Saint Office. C'eſt le fameux Tribunal de l'Inquiſition, reçû & établi dans toute l'Italie, en Eſpagne, en Portugal, dans les Indes mêmes, & generalement dans tous les Etats ſoûmis à l'une & à l'autre de ces deux Couronnes, ſi l'on en excepte les Pays-Bas.

Je crois qu'il eſt à propos de parler de la Metempſicoſe, ou tranſmigration des ames: erreur bien établie à Siam, au Tonquin, à la Cochinchine, à la Chine & au Japon. Tous ces peuples la croïent & la prétendent prouver par leurs Hiſtoires, qui eſt un tiſſu de fables. Herodote & faint Clement d'Alexandrie ont crû que cette doctrine avoit été enseignée par les anciens Egyptiens, qui l'avoient fait passer aux Indes. L'opinion la plus commune est que Pithagore, Chef de la Secte Italique, en fut le premier inventeur. Platon l'a suivi. Elle a passé en Egypte, & de là aux Indes. Les Pithagoriciens la croyoient sur la foi de leurs maîtres, & les Indiens n'en donnent point d'autre raison, qu'en disant *Bruma l'a dit*, qui est l'un de leurs anciens Dieux. Ils croyent que le souverain Etre, qui est Dieu, avoit subsisté durant toute une éternité, pandant qu'il n'y avoit ni Ciel ni Terre, lorsqu'il créa Bruma, & lui donna le pouvoir de créer tous les autres Etres. Platon, qui sans doute avoit tiré plusieurs connoissances des Juifs, enseigne la même chose ; ce qui a fait dire à Numenius, que Platon n'est autre chose que Moyse qui parle Grec. Cesar dit que les Druides prêchoient la Metempsicose aux soldats Gaulois, pour leur ôter la crainte de la mort.

La premiere des Metempsicoses, selon les Indiens, est celle du monde qui doit finir un jour par le feu, & qui sera suivie d'un autre monde, comme il a été précédé d'une infinité d'autres. La plûpart des heretiques de l'Eglise naissante, tels que les Valentiniens, les Marcionites, les Gnostiques & les Manichéens ont été du même sentiment. Origene pensoit de même, & s'appuyoit de ce Passage d'Isaïe, où Dieu dit qu'*il créera un nouveau Ciel, & une Terre nouvelle* ; & de cet autre de l'Ecclesiastique, *Qu'est-ce qui a été autrefois, c'est ce qui doit être à l'avenir*. Les Indiens sont dans la même opinion. Ils croïent que les ames sont immortelles, & qu'elles sont une parcelle de la substance de Dieu même : que ce souverain Etre se répand dans toutes les parties de l'Univers pour l'animer ; *Et il faut bien*, disent-ils, *que cela soit ainsi, puisqu'il n'y a que Dieu qui puisse vivifier des Etres*. Ils croïent que la vertu & les bonnes œuvres sont récompensées après la mort : que les ames des gens de bien passent dans le corps d'un Brame, d'un Talapoïn, d'un Bonse ou d'un Roi, & que celles des méchans entrent dans le corps d'un serpent ou d'un crocodile ; & qu'après un nombre presque infini de transmigrations, lorsque ces ames sont bien purifiées, elles retournent au Ciel, leur premiere origine.

On objectoit à Platon que la Metempsicose étoit une chimere, puisque persone ne se resouvenoit des actions qu'il avoit faites dans les vies précédentes. Il avança alors, sans le prouver, que le Demon qui présidoit au retour des ames sur la terre, leur faisoit boire des eaux du fleuve Oubli. Saint Irenée se moque de cette réponse.

Pour défabuser les Indiens de la Metempsicose, les Missionaires les menent par degrez. Les Indiens avoüent d'abord que les hommes ont été créez, & que tous tirent leur origine d'un homme qui fut créé d'abord, & de neuf autres qui furent créez ensuite ; c'est là leur systême. On leur demande si entre ceux qui vinrent de ces dix hommes, il n'y en avoit point qui commandassent aux autres, des malades ou des pauvres ; ils conviennent qu'il y en avoit, comme parmi nous. Alors on leur dit, d'où peut venir cette inégalité de bonheur & de malheur entre des persones qui n'avoient commis aucun peché, ni pratiqué aucune vertu ? & s'il n'est pas necessaire de recourir aux vertus & aux pechez de ces premiers hommes, pour prouver la difference de leurs conditions, quelle necessité y a-t-il maintenant d'y avoir recours ? On leur demande encore où étoient les ames avant la création du monde. Ils répondent qu'elles étoient en Dieu, dont elles se sont séparées pour venir animer les differens corps d'hommes, d'animaux & de plantes. Mais pourquoi, leur dit-on, ces ames étant des parties égales de la substance divine, sont-elles placées si differemment, les unes dans le corps d'un Roi, & les autres dans le tronc d'un arbre ? Ils ne sauroient répondre. Un troisiéme raisonnement tiré de leurs principes eſt propre à les toucher. Un homme vertueux renaîtra, dites-vous, un grand Roi, & ſa vertu ſera recompenſée d'honneurs & de plaiſirs. Or, leur dit-on, comment acordez-vous cela avec l'opinion où vous êtes, que tous les Rois à la mort tombent dans les Enfers? un état qui cauſe votre damnation peut-il être la recompenſe de la vertu ? Vous aſſurez, ajoûte-t-on, que les plaiſirs feront la recompenſe de la mortification, & vous dites en même-tems que les délices corompent le cœur : aurez-vous donc pour recompenſe d'avoir évité le vice, ce qui ſera pour vous une ſource de crimes?

Après la mort du Pape Clement X. le Cardinal Benoiſt Odeſcalchi fut élevé ſur le trône de ſaint Pierre, & prit le nom d'Innocent XI. Urbain Cerri, Secretaire de la Congregation de la Propagande, fit par ſon ordre un état preſent de la Religion Catholique dans toutes les parties du monde. Cet ouvrage également utile & curieux a été lon-tems caché dans la Bibliotheque de S. Gall, où le Cardinal Sfondrate Abbé de S. Gall l'avoit porté ; mais quand cette Bibliotheque fut pillée par les troupes des Cantons de Zurich & de Berne, on le mit dans la Bibliotheque de Zurich, dont le Bibliothequaire en a donné une copie autentique, qui a été imprimée en Angleterre & en Hollande. En voici un leger extrait.

Il y a à Rome quatre principales Congregations de Cardinaux, qui sous les ordres du Pape gouvernent le monde Chrétien. La premiere est celle des Rites ou des Ceremonies, qui a la direction du service de Dieu, & de celui des Saints. La seconde est celle des Evêques & des Reguliers. La troisiéme est la Congregation du Saint Office, qui retranche & qui guerit les membres infectez de l'Eglise. Et la quatriéme dont nous allons parler plus amplement, est la Congregation de la Propagande, qui a soin d'étendre & de maintenir la Religion par toute la terre.

La Congregation de la Propagande a été instituée & fondée en 1622. par le Pape Gregoire XI. qui ordonna par une Bulle qu'elle seroit composée de treize Cardinaux, de deux Prêtres, d'un Religieux & d'un Secretaire. Elle a presentement plus de trente mil écus de rente.

Le Pape Urbain VIII. en 1627. lui donna un College où l'on éleve de jeunes Ecclesiastiques d'Asie & d'Afrique, pour leur aprendre la Theologie, la Controverse, la Morale, les Humanitez, la Philosophie, & les langues Latine, Grecque, Hebraïque & Arabe. Il y a dans le Palais de la Propagande une Imprimerie, qui a des caracteres pour quarante-huit langues differentes. On y imprime continuellement les Livres necessaires à la propagation de la Foi, & l'on en donne aux Miſſionaires pour les diſtribuer dans les lieux de leur Miſſion.

On oſe ici repreſenter à Sa Sainteté, que dans les Miſſions, les Evêques ſont abſolument neceſſaires pour ordonner des Prêtres du Pays, qui dans les perſecutions ſe cachent plus aiſément que les Prêtres Etrangers; mais il ſeroit neceſſaire de défendre à ces bons Evêques de quitter jamais leurs dioceſes, même pour venir à Rome, parce que pandant leur abſence, leur troupeau eſt abandonné.

C'eſt ce qui a fait perdre la Miſſion du Japon. Les Relations que nous en avons devroient nous toucher. Saint François Xavier y porta le premier la Foi, qui fit de ſi grans progrès en peu d'années, qu'on les pouroit attribuer à miracle. Les Jeſuites, les Auguſtins, les Dominicains, les Religieux de ſaint François y avoient plus de ſoixante Maiſons, des Egliſes & des Seminaires. La Ville de Nangazaki, port de grand commerce, étoit preſque toute Chrétienne, & l'on prétend que dans les trois Iſles qui compoſent l'Empire du Japon, on comptoit plus de ſix cens mille Chrétiens; & s'il y avoit eu pluſieurs Evêques qui euſſent fait des Prêtres du pays, il y a apparence que la Religion s'y feroit conſervée. Les Hollandois, par jalouſie de commerce,

DE L'EGLISE. Liv. XXXIV. Ch. IV. 153
commerce, ont excité les persécutions, en persuadant aux Rois du Pays que le Roi d'Espagne, déja maître des Philippines, songeoit à les assujettir par le moïen des Moines & des Missionaires, qui en faisant les Japonois Chrétiens, les engageroient au service d'un Prince étranger. Ces calomnies soûtenuës de quelque apparence, allumerent la fureur des Japonois. Les maisons des Chrétiens, les Colleges, les Eglises, tout fut renversé. Ils firent une infinité de Martirs ; & faute d'y avoir envoyé des Evêques pour faire des Prêtres du Pays, la Religion y a été abandonnée.

Les Moscovites suivent le schisme des Grecs, & leurs Evêques sont soûmis au Patriarche Grec de Constantinople. On a tenté plusieurs fois leur réünion avec l'Eglise Romaine. Le Grand Duc Alexis, dans l'esperance d'être élu Roi de Pologne, ofrit de se faire Catholique ; mais les Polonois n'ayant point voulu d'un Prince si puissant & si voisin, il n'y songea plus. Il avoit un Envoyé à Rome, qui demandoit qu'on donnât à son Maître le titre de Czar, ce que le Pape lui refusa ; le mot de Czar ressembloit trop à celui de Cesar. Il est pourtant certain que dans la langue Russiene, le mot de Czar signifie Roi, les Moscovites donnant toûjours le titre de Czar à David & à Salomon. Le Czar

Tome XI. V

preſentement regnant, a chaſſé de ſes Etats les Agens du Patriarche de Conſtantinople, qu'il a reconnus eſpions des Turcs. Il eſt devenu par ſes conquêtes un des plus puiſſans Princes de l'Europe. Son eſprit, ſon courage & ſon application lui donnent les plus grandes vûës; & ſans une revolte qui ſe fit à Moſcou pendant ſon abſence, il alloit à Rome, peut-être dans l'intention de reconoître le Pape. Son exemple eut entraîné une partie de ſes ſujets; la Religion du moins eut tiré de grans avantages de ſa protection. Nos Miſſionaires auroient pû ſuivre les caravanes des Marchans Moſcovites, qui vont tous les ans à la Chine par la Tartarie Septentrionale, & établir des Miſſions dans des Pays qui nous ſont preſque inconnus.

Nous renvoyons au Livre d'Urbain Cerri ceux qui voudront être inſtruits à fond de l'état de la Religion Catolique dans toute la Terre. J'ajoûterai ſeulement qu'il donne de grandes loüanges au Seminaire des Miſſions Étrangeres établi à Paris, qui a donné des Vicaires Apoſtoliques à la Chine & à l'Amerique.

La campagne de 1677. commença dans le plus fort de l'hiver. Le Roi avoit fait ſes préparatifs de troupes nombreuſes, & de munitions de guerre & de bouche. Le Marquis de Louvois, Secretaire d'Etat de la Guerre, ne le laiſſoit manquer de rien ; il avoit mis à part, ſans qu'on le ſçût, quatorze millions d'argent comptant, & en donnoit comme du ſien, quand Colbert, Miniſtre des Finances, ne pouvoit pas lui fournir ce qu'il demandoit. Le Roi aſſiegea tout à la fois Valanciennes, Cambrai & Saint Omer. On ouvrit la tranchée devant Valanciennes ; & après cinq ou ſix jours, on emporta la contreſcarpe & la demi-lune l'épée à la main. Les Officiers en vouloient demeurer-là, mais les ſoldats animez par la preſence du Roi, voyant que les ennemis ſe ſauvoient dans la Ville en grande confuſion, ils les ſuivirent, ſurprirent une porte de la Ville, & monterent ſur le rampart. Les Chevaliers de Fourbin, Jauvelle, Maupertuis, le Marquis de Vains, Moiſſac-Barriere, la Hoguette, Rigoüille, Riotor, & quelques Officiers des Gardes & de Picardie, des Mouſquetaires & des Grenadiers ſe joignirent, & ſe retrancherent juſqu'à l'arrivée du Duc de Luxembourg, à qui la Ville ſe rendit ſans capitulation. Le Roi y accourut ; & avec cet air imperieux, auquel on ne réſiſtoit point, il arrêta la fureur du ſoldat, & empêcha le pillage de la Ville, qu'il obligea à payer deux cens mille écus, & à bâtir une citadelle. Il forma enſuite le ſiege de Cambrai, & envoya Monſieur faire celui de Saint Omer.

Cepandant le Prince d'Orange, malgré sa surprise, avoit rassemblé une puissante armée, & marchoit du côté de Saint Omer. Le Roi avoit mandé à Monsieur de lever le siege, & de venir couvrir celui de Cambrai; mais comme il jugea du courage de son frere par le sien, il eut peur qu'il ne voulut hasarder une bataille, & lui envoya six mille hommes, qui arriverent fort à propos. Monsieur, quoique le plus foible, étoit déja parti pour aller au devant du Prince d'Orange. Ils se rencontrerent auprès de Cassel. La bataille fut fort disputée. On remarqua que les deux Generaux étoient habillez differemment. Monsieur avoit un juste-au-corps en broderie d'or, des boutons de diamans, & un bouquet de plumes incarnat & blanc. Le Prince d'Orange étoit vêtu comme un simple Officier. Quoique s'en soit, ils montrerent tous deux beaucoup de conduite & de valeur; & sur ce que Monsieur vit quelques escadrons fort ébranlez, *Ah! mes enfans*, leur cria-t-il, *que dira le Roi*. Il se jetta en même-tems à la tête des volontaires au travers des ennemis, & rompit tout ce qui s'opposa à son passage. Il gagna enfin la bataille, & fut bien secondé par les Maréchaux d'Humieres & de Luxembourg, & retourna prendre Saint Omer. Les ennemis laisserent sur la place quatre mille cinq cens hommes, & deux mille cinq cens prisoniers, treize pieces de canon, & tout le bagage. Le Marquis d'Effiat en porta la nouvelle au Roi. Le succès de la bataille étoit fort douteux ; & si Monsieur l'avoit perduë, le Roi eut été obligé à lever le siege de Cambrai : aussi dans la suite il ne donna plus d'armée à commander à son frere, qu'il reconnoissoit avide de gloire, & hasardeux pour en acquerir. Le Roi quelques jours après prit la citadelle de Cambrai, qui s'étoit deffenduë assez lon-tems, & en donna le gouvernement à Choisy, qui avoit eu la conduite du siege de Saint Omer. Il lui donna dans la suite le gouvernement de Thionville, le fit Maréchal de Camp, & Lieutenant General, & lui ordonna de faire bâtir la Ville de Sarreloüis, & de la fortifier à sa fantaisie. Il en fit une des meilleures places de l'Europe. Je ne dirai rien dans la suite des victoires de Fleurus, de Spire, de Senef, ni des quatre combats que gagna le Vicomte de Turene, pour donner le tems au Roi de prendre la Franche-Comté. Tous ces exploits militaires n'apartiennent à l'Histoire de l'Eglise, que quand ils se font faits pour sa défense contre les Turcs, ou contre les Heretiques ; aussi nous raportons sans scrupule le combat de saint Gotard, la prise de Candie, & le siege de Vienne.

Après une guerre de six ans, qui avoit

commencé en 1672. entre la France & la Hollande, le Roi signa la paix à Nimegue, & la fit signer à tous ses ennemis aux conditions qu'il leur avoit prescrites deux ans auparavant. La ligue contre lui étoit composée de l'Empereur, du Roi d'Espagne, des Hollandois, du Roi de Dannemark, de l'Electeur de Brandebourg, & de la plûpart des Princes du Rhin, qui avoient été forcez à suivre le torrent. Le seul Roi de Suede étoit demeuré fidele à ses anciens Traitez avec la France, & avoit perdu la plus grande partie de ses Etats d'Allemagne ; mais le Roi en prenant des villes, & gagnant des batailles, s'étant rendu l'arbitre de l'Europe, fit tout restituer aux Suedois. Les Ambassadeurs Plenipotentiaires de tous les Princes en guerre étoient à Nimegue ; ceux d'Angleterre étoient médiateurs. Le Pape y avoit un Nonce, qui n'étoit reconnu que par les Catholiques. Enfin,

An. de J.C. 1678.

le 10. d'Aoust les Hollandois signerent la paix ; il n'y avoit pas un moment à perdre, & si elle n'eut pas été signée avant minuit, le terme donné pour accepter les conditions expiroit. Le Roi d'Angleterre s'étoit engagé à entrer dans la ligue, si la paix n'étoit pas signée ce jour là, & la guerre alloit recommencer avec plus d'animosité que jamais. Le Duc de Luxembourg, qui commandoit l'armée de France, en fut averti aussi-tôt par un courier. Il étoit campé auprès de l'Abbaye de faint Denis, & fe vit un moment après attaqué par le Prince d'Orange, qui fe voyant par la paix fans confideration, fit femblant de n'en avoir pas eu la nouvelle. Le combat fut fanglant, & ne finit qu'à la nuit, fans avantage de part ni d'autre. Le Prince d'Orange fe retira, & manda le lendemain au Duc de Luxembourg que la paix étoit faite. Les principaux articles du Traité furent, que le Roi rendroit Maftrik: que le commerce feroit remis fur l'ancien pied: que le Prince d'Orange feroit rétabli à Orange, & le Comte d'Auvergne à Berg-op-fom. Les Hollandois depuis deux ans avoient affez fait connoître à leurs Alliez, qu'ils n'étoient plus en état de leur payer des fubfides, & que quand ils trouveroient une conjoncture favorable, ils fe mettroient en repos. Les Plenipotentiaires d'Efpagne fignerent la paix le 17. Septembre, & ne la ratifierent que le 15. de Decembre. Il fut dit que le Roi cederoit ou rendroit aux Efpagnols les Villes de Charleroy, d'Oudenarde, d'Ath, de Courtray, de Condé, & de Saint Guilain, le Duché de Limbourg, & la Ville de Gand, & qu'ils cederoient au Roi la Franche-Comté, & les Villes de Valanciennes, de Bouchain, de Cambrai, d'Aire, de Saint Omer & d'Ypres. Le 5. Fevrier 1679. l'Empereur figna la paix malgré l'Electeur de Brandebourg & le Roi de Dannemark, qui vouloient garder les conquêtes qu'ils avoient faites sur les Suedois. On regla que la paix de Munster serviroit de base à celle-ci : que le Roi très-Chrétien renonceroit à ses prétentions sur Philisbourg, & que l'Empereur cederoit Fribourg & ses dépendances : que le Duc de Lorraine, dont l'Empereur prenoit les interêts, seroit rétabli dans les Domaines que le Roi avoit laissez à son oncle en 1670. à condition que Nancy demeureroit à la France, avec les quatre chemins pour aller en Alsace & en Bourgogne ; & que pour équivalant, le Roi lui donneroit la Ville de Toul & son territoire, & que le Prince Guillaume de Fustemberg seroit mis en liberté, & rétabli dans ses biens & dignitez. Le Duc de Lorraine ne voulut point accepter les conditions qu'on lui offroit.

L'Electeur de Brandebourg, seul des Princes de l'Empire, n'avoit point voulu faire la paix, & se plaignoit amerement des Hollandois, qui avoient conclu leur traité sans lui, qui n'avoit fait la guerre que pour eux : mais se voyant poussé jusqu'à Minden par l'armée Françoise, commandée par le Maréchal de Crequy, & n'étant pas en état de résister, il fut obligé à signer le 29. Juin, & à rendre à la Suede Stetin, Stralsund, & quelques

quelques autres Places de Pomeranie.

Il ne reſtoit de tous les Princes qui étoient en guerre, que le Roi de Dannemark qui n'eut point ſigné la paix ; mais quand il ſe vit tout ſeul, il ſigna comme les autres, & rendit aux Suedois l'iſle de Rugen, Wiſmar, & toutes les conquêtes qu'il avoit faites ſur eux. Ainſi la paix fut generale, & le Roi eut la gloire & la joïe ſenſible de l'avoir donnée à l'Europe.

On afficha à Paris dans le même tems une Priere pour le Roi. La voici.

Seigneur, Dieu pacifique, qui après avoir accordé au Roi tous les honneurs de la victoire, lui avez inſpiré votre eſprit de paix, eſprit de force & de douceur, eſprit de paix qui en impoſant à ſes ennemis des conditions raiſonnables, les a forcez à les recevoir de ſa main, telles qu'il les avoit reglées lui-même : nous vous remercions, Seigneur, & vous prions de verſer ſur notre Roi de nouvelles benedictions, afin que cette paix qu'il a donnée à toute l'Europe lui donne le moïen de ſonger à nous ; que n'étant plus obligé à entretenir de ſi grandes armées, il puiſſe appliquer tous ſes ſoins à rendre ſes Sujets heureux ; & que laiſſant repoſer pour un tems ſes vertus de heros & de conquerant, il ne ſonge qu'à ſe rendre le pere du peuple.

Après la paix de Nimegue, Charles II. Roi d'Espagne, épousa Marie-Loüise d'Orleans, fille de Monsieur & d'Henriette d'Angleterre. Le Marquis de Losbalbasés en vint faire la demande. La ceremonie du mariage fut faite à Fontainebleau par le Cardinal de Boüillon, Grand Aumônier de France. Le Prince de Conti y representa le Roi d'Espagne, qui lui avoit envoyé sa procuration. Le Prince & la Princesse d'Harcourt acompagnerent la jeune Reine jusqu'à la frontiere, où sa Maison l'atendoit. La joïe fut grande à Madrid, tout le Peuple disant que la France leur avoit toûjours donné de bonnes Reines.

Comme la Religion Chrétienne a fait de grans progrès à la Chine, l'Histoire de l'Eglise doit en faire mention, & expliquer de tems en tems l'état de ce grand Empire. En 1644. un Chinois nommé Licungs se revolta contre l'Empereur Tsunchin, défit plusieurs de ses Generaux, & surprit la Ville de Pequin capitale de la Chine. L'Empereur, de peur de tomber entre les mains du rebelle, se sauva dans les jardins du Palais, & se voyant poursuivi, se pendit à un arbre, & fut le dernier Empereur de la famille de Thamin. Quelque tems auparavant, il avoit envoyé une armée considerable contre les Tartares, qui avoient fait quelques courses dans la Chine. Uzangué qui la commandoit, ayant apris la revolte de Licungs, la prife de Pequin, & la mort de l'Empereur, envoya prier les Tartares de le venir joindre, pour marcher enfemble contre les rebelles. Tfumté Roi des Tartares, accepta la propofition d'Uzangué, & le vint trouver avec quatre-vint mille chevaux, qui furent fuivis de plus de deux cens mille hommes. Dès que les Tartares fe virent les plus forts, ils obligerent Uzangué & fes troupes à fe faire rafer à la maniere des Tartares, & marcherent droit à la Ville de Pequin, que Licungs avoit abandonnéé après en avoir enlevé tous les tréfors des Empereurs de la Chine. Tfumté Roi des Tartares, mourut en chemin, & ne laiffa qu'un fils âgé de fix ans. Les Tartares le reconnurent pour leur Roi ; & après l'avoir fait couronner Empereur de la Chine fous le nom de Chunchi, ils pourfuivirent leur entreprife fous la conduite d'Amavam, fon oncle & fon tuteur. Ils acheverent en fept ans la conquête de tout l'Empire, & défirent plufieurs Princes de la Maifon Royale, qui avoient été couronnez en differentes Provinces. L'Empereur Chunchi mourut en 1660. & eut pour fucceffeur fon fils Camhi, âgé de fept ans. Il ordonna en mourant que la mere & la grand'mere du jeune Prince auroient foin de fon éducation, jufqu'à ce qu'il fût majeur, & que l'Etat feroit gouverné par quatre Mandarins, ou Grans Seigneurs Tartares. Camhi a regné paisiblement jusqu'au commencement de l'année 1674. qu'Uzangué se révolta. Cet Uzangué est le même, qui trente ans auparavant fit entrer les Tartares dans la Chine. Il s'en étoit repenti, en voyant la désolation de son Pays, & n'avoit accepté qu'avec peine le titre de Viceroi de Kensi, toûjours résolu de chercher l'occasion de secoüer le joug. Enfin en 1674. il laissa croître ses cheveux à la Chinoise, & se déclara contre les Tartares. Il se rendit maître en peu de tems de quatre grandes Provinces du côté de l'Occident, & attira à son parti le Viceroi de Fokien, dont les terres sont sur le bord de la mer du côté d'Orient. Le Viceroi de Canton, qui commande dans la partie la plus meridionale de la Chine, se joignit à eux au commencement de l'année 1676. & il y avoit apparence qu'avec de si grandes forces, ils seroient en état de chasser les Tartares ; mais ils ne purent jamais s'accorder, chacun ne songeant qu'à augmenter son Etat, sans songer à la cause commune. Le Viceroi de Fokien fut le premier qui fit sa paix avec l'Empereur Camhi, & le Viceroi de Canton, qui n'avoit pris le parti d'Uzangué que pour conserver son pays & ses tresors, suivit bien-tôt l'exemple du Viceroi de Fokien. Il fit assembler tous les grans Seigneurs de son Gouvernement ; & dans un festin qu'il leur fit au mois de Fevrier de l'année 1677. il se fit couper les cheveux, sans leur dire autre chose, & s'habilla à la Tartare ; de sorte qu'Uzangué se voyant abandonné par ses alliez, demeura sur la défensive, quoiqu'il fut encore maître des Provinces de Quangsi, d'Iunnan & de Huquan, où les Chinois conservent encore quelque reste de leur premiere grandeur.

Après le Concile de Florence, les Grecs se séparerent encore des Latins, & toutes les réünions, vraïes ou simulées, qui ont été faites depuis, ont été inutiles. La prise de Constantinople en 1453. mit les Grecs hors d'état d'avoir besoin des Latins ; & le Sultan Mahomet II. ayant acordé liberté de conscience à ses sujets Chrétiens, pourvû qu'ils ne songeassent point à convertir des Mahometans, les Grecs élurent Patriarche George Scholarius. Mahomet y consentit, lui donna lui-même le Sceptre du jugement, & le bonet Patriarchal, & lui fit de grans honeurs. Sa capacité étoit connuë par le grand nombre de ses Ouvrages. Il avoit assisté au Concile de Florence ; mais à son retour en Grece, il rentra dans le schisme, prit le nom de Gennadius, & vécut dans une grande retraite. Les Turcs s'étoient emparez de l'Eglise de sainte Sophie, & en avoient fait une Mos-

quatre Mandarins, ou Grans Seigneurs Tartares. Camhi a regné paisiblement jusqu'au commencement de l'année 1674. qu'Uzangué se révolta. Cet Uzangué est le même, qui trente ans auparavant fit entrer les Tartares dans la Chine. Il s'en étoit repenti, en voyant la désolation de son Pays, & n'avoit accepté qu'avec peine le titre de Viceroi de Kensi, toûjours résolu de chercher l'occasion de secoüer le joug. Enfin en 1674. il laissa croître ses cheveux à la Chinoise, & se déclara contre les Tartares. Il se rendit maître en peu de tems de quatre grandes Provinces du côté de l'Occident, & attira à son parti le Viceroi de Fokien, dont les terres sont sur le bord de la mer du côté d'Orient. Le Viceroi de Canton, qui commande dans la partie la plus meridionale de la Chine, se joignit à eux au commencement de l'année 1676. & il y avoit apparence qu'avec de si grandes forces, ils seroient en état de chasser les Tartares ; mais ils ne purent jamais s'accorder, chacun ne songeant qu'à augmenter son Etat, sans songer à la cause commune. Le Viceroi de Fokien fut le premier qui fit sa paix avec l'Empereur Camhi, & le Viceroi de Canton, qui n'avoit pris le parti d'Uzangué que pour conserver son pays & ses tresors, suivit bien-tôt l'exemple du Viceroi de Fokien. Il fit assembler tous les grans Seigneurs de son Gouvernement ; & dans un festin qu'il leur fit au mois de Fevrier de l'année 1677. il se fit couper les cheveux, sans leur dire autre chose, & s'habilla à la Tartare; de sorte qu'Uzangué se voyant abandonné par ses alliez, demeura sur la défensive, quoiqu'il fut encore maître des Provinces de Quangsi, d'Iunnan & de Huquan, où les Chinois conservent encore quelque reste de leur premiere grandeur.

Après le Concile de Florence, les Grecs se séparerent encore des Latins, & toutes les réünions, vraïes ou simulées, qui ont été faites depuis, ont été inutiles. La prise de Constantinople en 1453. mit les Grecs hors d'état d'avoir besoin des Latins ; & le Sultan Mahomet II. ayant acordé liberté de conscience à ses sujets Chrétiens, pourvû qu'ils ne songeassent point à convertir des Mahometans, les Grecs élurent Patriarche George Scholarius. Mahomet y consentit, lui donna lui-même le Sceptre du jugement, & le bonet Patriarchal, & lui fit de grans honeurs. Sa capacité étoit connuë par le grand nombre de ses Ouvrages. Il avoit assisté au Concile de Florence; mais à son retour en Grece, il rentra dans le schisme, prit le nom de Gennadius, & vécut dans une grande retraite. Les Turcs s'étoient emparez de l'Eglise de sainte Sophie, & en avoient fait une Mosquée. Le nouveau Patriarche se retira au Monastere des Apôtres, qui étoit abandonné, & fut obligé, par la persecution, à sortir trois fois de Constantinople. Il renonça enfin à la dignité Patriarchale, & se confina dans le Monastere de saint Jean-Baptiste, ou du Prodrome, sur le mont Menecee, où il mourut en 1460. Depuis ce tems-là le Patriarchat a été possedé par ceux qui donnoient le plus d'argent aux Sultans ou aux Grans Visirs. Les Patriarches n'ont pas laissé de conserver l'exercice de la Religion dans la plûpart des Villes de Grece où il y a des Eglises, des Evêques, des Prêtres, des Moines & des Monasteres. On reconnoît l'autorité de ce Patriarche en Asie, dans la Perse, en Palestine, en Egipte & en Ethiopie. Le Czar de Moscovie ne le reconnoît plus, & a dans son Empire un Patriarche particulier. Tous ces Chrétiens Grecs ne sont pas tous d'une même communion, ni d'une même doctrine sur le mystere de l'Incarnation. Les Grecs d'Europe & de Sirie sont orthodoxes sur ce mystere; ils défendent la doctrine du Concile de Calcedoine. La Perse & les Indes sont pleines de Nestoriens. Les Jacobites sont principalement établis en Egipte & dans l'Afrique, où l'on les appelle Cophtes; leur Patriarche réside à Alexandrie. Les Maronites, qui habitent le mont Liban & l'isle de Chipre, sont réunis à l'Eglise Romaine.

En 1559. les Lutheriens firent tous leurs efforts pour attirer les Grecs dans leur communion. Melancton dans la suite envoya au Patriarche Jeremie un exemplaire de la confession d'Ausbourg, qu'il avoit traduite en Grec, le priant de l'examiner. Jeremie y fit une réponse, qui ne fut pas favorable aux Lutheriens. Il y marque que la sainte Vierge a été toûjours vierge, devant & après l'enfantement. Il reconnoît le peché originel, & la necessité du Baptême. Il établit l'usage du saint Crême, & la communion du Corps & du Sang de Jesus-Christ. Il ajoûte les bonnes œuvres, la Confession & la Penitence, comme necessaires pour justifier les pecheurs ; ce qu'il confirme par plusieurs passages des Peres Grecs. Il distingue & définit les sept Sacremens de l'Eglise, dont il raporte l'origine & l'institution. Il aprouve les prieres pour les Morts, le culte des Saints, leur intercession, leurs fêtes, & l'état Monastique. Il condamne ceux qui ne croïent pas le jugement, & les peines éternelles des méchans, comme les recompenses éternelles des bons. Il reconnoît la necessité du secours de la grace, mais il donne beaucoup d'étenduë au libre arbitre de l'homme, qu'il fait maître de choisir le bien ou le mal, & d'y perseverer. Il désaprouve ce qui se trouve dans la confession d'Ausbourg contre les jeûnes, les ceremonies de l'Eglise, & la vie Monastique : quant à la discipline, il convient avec les Lutheriens qu'il faut recevoir l'Eucharistie sous les deux especes. Il permet l'usage du mariage aux Prêtres mariez avant leur Ordination. Il aprouve la Lithurgie, ou la Messe solemnelle. Cette lettre est dattée de Constantinople du 5. Mai 1576. Les Lutheriens firent à Jeremie une réponse, dans laquelle ils défendent leur doctrine. Il leur fit une seconde réponse en 1581. où il les prie de ne lui plus écrire de lettres, ni d'envoyer d'Ecrits sur ces matieres : *car*, dit-il, *vous traitez bien en apparence les Theologiens, qui ont été les lumieres de l'Eglise ; mais dans le fond, vous rejetez leur sentiment, & vous rendez par là nos armes, tirées de leurs saintes & divines décisions, inutiles ; ainsi vous nous délivrerez de la peine que nous nous serions donnée de vous instruire. Suivez donc votre chemin, puisque vous le voulez, mais ne nous écrivez plus sur les dogmes ; adressez nous seulement des lettres de civilité.* Les Lutheriens en 1584. firent imprimer tous ces Ecrits à Wittemberg, ce qui fait voir combien l'Eglise Grecque est éloignée de leurs sentimens & de leur discipline.

An de J.C. 1679.

Le 24. d'Août, Jean-François-Paul de Gondi, Cardinal de Rets, Abbé de saint Denis, Damoiseau de Commerci, mourut à Paris âgé de soixante-six ans. Il étoit fils de Philipes-Emanuël de Gondi, General des Galeres,

Galeres, & Chevalier des ordres du Roi, & de Marguerite de Silli, Dame de Commerci. En 1643. un peu avant la mort de Loüis XIII. il fut Coadjuteur de son oncle Jean-François de Gondi, Archevêque de Paris, & en obtint le Brevet de la feuë Reine-mere dans le commencement de sa Regence. En 1652. il fut fait Cardinal à la nomination de France, par le Pape Innocent X. En 1661. il se démit de son Archevêché entre les mains du Roi, qui lui donna l'Abbaye de saint Denis; & en 1675. dans la pensée de quitter le monde, il renvoya son Chapeau de Cardinal au Pape Clement X. qui, à la priere du Sacré College, lui ordonna de le garder jusqu'à la mort. Il décendoit d'Albert de Gondi, premier Duc de Rets, & étoit le troisiéme Cardinal de sa Maison. Il fit beaucoup de bien à l'Abbaye de saint Denis, contribua au rétablissement des lieux, & y donna des ornemens magnifiques. Il y venoit faire l'Office les grandes fêtes de l'année.

En 1684. la Manse Abbatiale de l'Abbaye de saint Denis fut unie à la Maison Royale de saint Loüis de saint Cyr. Le Roi, à la priere de Madame de Maintenon, avoit fondé cette Maison, & y avoit établi trente-six Dames Religieuses du Chœur, & vint-quatre Converses, pour avoir soin de l'éducation de deux cent cinquante filles, qui sont leurs preuves de Noblesse, & qui en sortent à l'âge de dix-huit ans pour se marier, ou pour se faire Religieuse. Le Roi leur donne les places où il a droit de nommer dans tous les Couvens de France. Le Pape Innocent XI. aprouva l'union de la Manse Abbatiale de saint Denis à la Maison de saint Cyr, & le Pape Innocent XII. la ratifia en 1691. Il se fit alors une transaction entre François de Harlai Archevêque de Paris, & les Religieux de saint Denis, par laquelle il fut dit, que l'Archevêque & ses successeurs auront la jurisdiction spirituelle sur le Clergé & sur le peuple des Paroisses de saint Michel, de saint Pierre, des trois Patrons, de saint Remi & de la Madelaine, comme aussi sur les Chantres, Chanoines & Chapitre de la Collegiale de saint Paul, sur l'Hôtel-Dieu & l'Hôpital de saint Jaques de la Ville de saint Denis : que l'Eglise, le Cloître, les lieux reguliers, & tout l'enclos du Monastere, avec le Grand Prieur & les Religieux, leurs domestiques, & autres y résidans, demeureront exempts de la jurisdiction des Archevêques de Paris : que la jurisdiction spirituelle, dont les Abbez & Religieux avoient joüi, & joüissent encore dans l'Abbaye & dans l'enclos du Monastere, demeurera toûjours immédiatement soûmise au Saint Siege : que le Superieur regulier de l'Abbaye sera seul Vicaire General, né perpetuel & irrévocable de l'Archevêque de Paris, & de ses successeurs, pour exercer la jurisdiction ordinaire, tant sur la Collegiale de saint Paul que sur les Maisons Religieuses & sur le Clergé, & le peuple de toutes les Paroisses, Hôtel-Dieu, & Chapelles de la Ville : que les Mandemens pour les Jubilez seront adressez immédiatement au Superieur regulier de l'Abbaye : qu'il demeurera en possession de recevoir les corps de la famille Royale, & autres qui seront déposez dans l'Eglise de saint Denis pour y être inhumez : & qu'enfin le Superieur & la Communauté conformément à la Bulle d'union, confereront de plein droit les Cures que les Abbez de saint Denis étoient en droit de conferer. Cette transaction fut confirmée par le Roi, qui donna des Lettres Patentes qui furent enregistrées au Grand Conseil.

Nous ajoûterons que les Religieux de la Congregation de saint Maur, outre la régularité & la sainteté, ont donné de tems-en-tems des preuves de leur capacité par leurs Ouvrages. Ils ont eu quantité d'hommes celebres, comme Dom Luc d'Achery, le Pere Mabillon, Dom Tierri Ruinard, le Pere de Sainte Marthe, & une infinité d'autres.

Le Roi songeoit depuis quelques années à marier le Daufin. Il avoit à choisir de toutes les Princesses de l'Europe, mais il donna la préférence à la Maison de Baviere, qui malgré les promesses & les menaces de l'Empereur, & de tous les Princes d'Allemagne, n'avoit jamais voulu se déclarer contre lui, gardant toûjours une exacte neutralité. Dès que la paix de Nimegue eut été signée, le Roi envoya à Munich le Marquis de Croissy Secretaire d'Etat, & ensuite le Duc de Crequy, faire la demande en forme de la Princesse Marie-Anne-Victoire. L'Electeur de Baviere étoit mort, & n'avoit laissé qu'un fils & une fille sous l'administration du Duc Maximilien son frere. La demande fut acceptée avec joïe, & le mariage se fit le 28. de Fevrier, avec beaucoup de magnificence. Le jeune Electeur, comme Procureur du Daufin, épousa la Princesse sa sœur. Le Coadjuteur de Frisinghe, après avoir fait les ceremonies ordinaires de l'Eglise, lia avec une Etole, suivant la coutume du Païs, la main droite du marié avec la gauche de la mariée. Elle fut reçûë par tout, en allant en France, avec les honeurs qui lui étoient dûs. Les Magistrats d'Ausbourg lui présenterent six grans poissons, six barils de vin d'Espagne, trois barils de vin du Rhin, & quelques charetées d'avoine.

An. de J.C. 1680.

La Princesse, en entrant en France, fut escortée par un détachement des Gardes du Corps jusqu'à Vitry-le-François, où le Roi

& le Daufin vinrent au devant d'elle. Son eſprit dans ce moment brilla dans ſes yeux, & jetta tant d'éclat, qu'elle parut belle. Sa douceur & ſes manieres polies eurent bien-tôt gagné tous les cœurs. La Cour revint le lendemain à Châlons en Champagne, où les ceremonies du mariage furent faites par le Cardinal de Boüillon, Grand Aumônier de France. Le Roi donna le ſoir la chemiſe au Daufin, & la Reine à la Daufine, & le mariage fut conſommé. La Daufine donna dans la ſuite à la France, Loüis Duc de Bourgogne, Philippe Roi d'Eſpagne, & le Duc de Berry. Son bonheur ne dura pas ; elle tomba dans une maladie d'autant plus dangereuſe, qu'elle étoit inconnuë aux Medecins. Elle la jugea toûjours mortelle, & ſe prépara longtems à une mort heroïque & chrétienne.

Il y avoit deux ans qu'on ne parloit à Londre que d'une prétenduë conſpiration des Catholiques contre la Religion Proteſtante, & même contre la perſonne du Roi d'Angleterre. Le Vicomte Straford, de l'ancienne Maiſon des Ducs de Nortfolk, & pluſieurs autres Seigneurs, avoient été mis à la Tour ſur la dépoſition d'Oats & de Bedlou, mais leur procès avoit toûjours été differé. Le Roi qui ſavoit bien que toutes ces accuſations étoient mal fondées, & ſeulement en haine de la Religion Catholique, qu'il protegeoit

An. de J. C.
1680.

en secret, avoit de tems en tems prorogé le Parlement. Enfin il le rassembla le 31. Octobre 1680. & leur dit qu'il avoit plusieurs fois prorogé le parlement pour avoir le temps de faire des alliances avec l'Espagne, & les provinces unies pour la sureté de l'Angleterre & le repos de la Chretienté, qu'il étoit resolu de maintenir la religion protestante & qu'il entreroit dans les remedes, qui lui seroient proposées & qui pouroient s'acorder avec la conservation du droit des legitimes heritiers à la succession de la Courone : qu'il ne se croyoit pas en sureté jusqu'à ce que la derniere conspiration eut été bien examinée & punie : mais qu'il leur representoit le peril où étoit la ville de Tanger, assiegée par les Mores, & qu'il avoit besoin, pour la mettre en sureté, d'un secours extraordinaire ; qu'enfin, s'ils étoient bien unis, l'Angleterre reprendroit bien-tôt l'estime & la consideration où elle avoit été par le passé. Le Parlement reçût avec respect la harangue du Roi, & ne laissa pas de proceder contre le Duc d'York, & de le déclarer incapable de succeder à la Couronne : la Chambre basse en envoya l'Acte à la Chambre haute, qui le rejetta. Ensuite les deux Chambres résolurent de travailler incessamment au procès des Seigneurs prisonniers à la Tour, & de commencer par celui du Vicomte Strafort.

Le 4. de Decembre le Roi envoya un Message à la Chambre en ces termes :

CHARLE, ROI.

« Sa Majesté, dans le discours qu'elle fit à l'ouverture du Parlement, demanda son assistance pour le secours de Tanger, Elle renouvelle ses instances auprès des Communes, & leur recommande de délibérer promptement sur ce sujet. »

Les Communes répondirent au Message du Roi que le mauvais état de Tanger venoit de ce que le Gouvernement de cette Place avoit été donné souvent à des Catholiques, qu'on y avoit envoyé des recruës d'Officiers & de Soldats Catholiques, & que des Irlandois Catholiques y avoient eu les premieres Charges, & que quant au secours d'argent que le Roi demandoit, elles ne pouvoient y penser qu'après avoir mis sa personne en sureté contre les Catholiques : que le Royaume étoit rempli de Jesuites qui pervertissoient tous les jours des Protestans, qu'ils avoient intelligence avec des Princes étrangers & particulierement avec le Cardinal Howard, qu'ils étoient les principaux auteurs de la conspiration, que la vie du Roi étoit un obstacle à l'acomplissement de leurs projets fondez sur la succession immediate à la Couronne d'un Prince Catholique : que quand la conspiration fut découverte, le Parlement avoit été prorogé & enfuite caffé : que la convocation & la féance du nouveau Parlement avoient été tellement reculées, que les Catholiques avoient conçû l'efperance d'executer leurs entreprifes : que pour prévenir ces malheurs, les Communes avoient propofé le feul moyen infaillible, qui avoit été rejetté par la Chambre haute ; qu'elles prenoient la liberté d'informer fa Majefté des dangereufes confequences de l'introduction du Papifme, & que quand elles verroient qu'aucune perfone ne feroit admife aux emplois publics de police & de guerre, qui n'eut un zele ardent pour la Religion Proteftante, & qu'elles feront certaines, qu'en donnant un fecours d'argent pour Tanger, elles ne favoriferoient pas, contre leur deffein, le parti des Catholiques, fa Majefté pouvoit s'affurer qu'elles feroient prêtes à lui acorder tout ce qu'elle leur demanderoit.

Peu de tems après le Parlement fongea à faire le procès aux Seigneurs prifoniers à la Tour, & commença par celui du Vicomte Strafort. On les refferra plus qu'à l'ordinaire pour leur ôter toute communication au dehors, ainfi qu'il s'obferve envers les gens accufez de haute trahifon.

An. de J. C. 1680.

Le Vicomte Strafort fut amené à la Bare le 8. Decembre pour être interrogé, il demanda du tems pour préparer fa défenfe, on ne lui

DE L'EGLISE. Liv. XXXIV. Ch. IV. 177
lui acorda que 24. heures. Son procès fut continué, & après de longues procedures, le Parlement l'ayant jugé coupable de haute trahison, le condamna à être pendu & écartelé. Mais le Roi modera l'Arrest, & il eut seulement la tête tranchée. On le conduisit à l'échafaut avec de grandes ceremonies, & suivant la coutume des Anglois, il harangua le peuple en ces termes.

« La divine Providence a permis que j'aye été aujourd'hui amené ici pour soufrir la mort comme coupable de haute trahison, mais je proteste devant Dieu, qui peut & qui voit tout, & sur la part que je prétens en Paradis, que je suis innocent des crimes dont on m'acuse, & même que je n'en ai pas eu la moindre pensée ; j'ai eu par la grace de Dieu beaucoup de tems pour me préparer à l'éternité, mais j'ai negligé d'en faire un aussi bon usage que j'aurois pû ; comme ma détention a été longue, j'ai eu le loisir de faire de serieuses réflexions sur ma conduite, & d'examiner sur quel sujet je pouvois avoir été acusé, & je n'en ai point reconnu d'autre, sinon que j'étois Catholique ; je ne dois pas avoir honte d'une Religion qui n'enseigne que le veritable culte de Dieu, l'obéïssance au Roi & la soumission aux Loix de l'Etat ; on nous reproche souvent que selon les sentimens de cette Eglise, les Sujets peuvent »

Tome XI. Z

» faire mourir & déposer les Souverains qui
» ont été excommuniez par le Pape. Quant à
» l'assassinat des Princes, on m'a enseigné com-
» me un article de foi que cette doctrine est
» diabolique, horrible, détestable, & contraire
» à la loi de Dieu, à celle de nature & au droit
» des gens, & comme telle j'y renonce & la dé-
» teste de tout mon cœur. A l'égard de l'opinion
» qu'on peut déposer les Rois, j'avouë qu'il y
» a quelques Theologiens Catholiques qui la
» soutiennent, mais il y en a d'autres, du moins
» aussi savans, qui la condamnent, & jamais
» persone n'a crû que ce fut un article de la
» foi Catholique. Pour moi, je suis persuadé
» que cette opinion est contraire aux loix fon-
» damentales de ce Royaume, qu'elle est in-
» jurieuse à la puissance souveraine, & par
» conséquent qu'elle seroit impie & condam-
» nable en moi & en tous les autres Sujets de
» sa Majesté.

» Je crois qu'il y a un Dieu, un Sauveur &
» une Eglise Sainte & Catholique, dans la-
» quelle je meurs par la grace & par la mise-
» ricorde de Dieu ; j'ai peché en beaucoup de
» manieres durant le cours de ma vie, & j'en
» ai un très-grand & sensible regret, mais je
» rends de très-humbles graces à Dieu de ce
» que je ne suis nulement coupable du crime
» dont on m'acuse, ni d'aucun autre contre
» l'Etat. Si j'étois complice de cette conspira-

tion dont on fait tant de bruit, ou si je con- «
noissois quelqu'un qui y fut engagé, on de- «
vroit me croire tout-à-fait insensé de refuser «
de dire ce que j'en saurois, puisque par ce «
moyen je pourois me sauver la vie, & je se- «
rois aussi mechant que ceux qui me la font «
perdre par leurs fausses accusations, puisque «
je serois homicide de moi-même, & certai- «
nement si j'avois eu connoissance de quel- «
que mauvais dessein, ou de quelque dange- «
reuse conspiration, je n'aurois pas manqué «
de les découvrir ; mais si j'avois mille vies, «
je les perdrois plutôt que de m'acuser moi- «
même, ni que d'acuser qui que ce soit con- «
tre la verité. «

Je prie Dieu, qu'il lui plaise de benir le «
Roi, que je reconois pour mon legiti- «
me Souverain, à qui toutes les loix divines «
& humaines m'obligent d'obéïr. On peut ju- «
ger par tout ce que je viens de dire, que je «
ne suis pas coupable du crime de trahison, «
& que je suis encore plus éloigné de la pen- «
sée d'entreprendre sur la vie du Roi. Il n'y a «
rien que j'abhore davantage que le meurtre, «
& je proteste avec sincerité, que si je pou- «
vois obtenir ma liberté, & devenir aussi puis- «
sant & aussi heureux que je le pourois sou- «
haiter, par la mort d'un seul de ces faux té- «
moins, qui par leurs parjures m'ont reduit «
dans l'état où je suis, il me seroit impossible «

„ de me réfoudre à faire perir pas un de ces
„ miferables : comment donc aurois-je eu la
„ penfée d'attenter à la perfone de fa Majefté,
„ que je crois être le meilleur Roi que l'An-
„ gleterre ait jamais eu ?

„ Je demande très-humblement pardon à
„ Dieu de toutes les offenfes que j'ai commifes
„ contre fa divine Majefté, & j'efpere que
„ comme il ne méprife jamais un cœur contrit
„ & humilié, & qu'il ne veut pas la mort du
„ pecheur, mais plutôt qu'il fe convertiffe &
„ qu'il vive, il voudra bien fe contenter de ma
„ bonne volonté, quoique je n'aye pas une
„ contrition auffi grande que je le fouhaiterois.
„ Je prie auffi tout le monde de me pardonner
„ les injures que je leur ai faites volontaire-
„ ment, ou fans y penfer; je pardonne de tout
„ mon cœur à tous ceux qui m'ont offenfé &
„ même à ces parjures qui font caufe de ma
„ mort, & toute la punition que je leur fou-
„ haite, eft qu'ils fe puiffent repentir du mal
„ qu'ils m'ont fait.

„ Je finirai en priant Dieu pour la profperi-
„ té de fa Majefté, afin qu'elle puiffe joüir de
„ toutes fortes de bonheurs en ce monde & en
„ l'autre, qu'elle puiffe gouverner fon peuple
„ felon la loi de Dieu, que fes Sujets lui
„ obéïffent comme ils y font obligez, & qu'ils
„ puiffent être fenfibles à la grace que Dieu
„ leur a faite, en la rétabliffant fi miraculeufe-
„ ment fur le Trône.

« Je remets mon esprit entre les mains de la
« divine Majesté, & j'espere qu'il m'acordera
« la vie éternelle, par les merites de la Passion
« de Notre Seigneur Jesus-Christ.

« Je demande pardon à ceux que j'ai offen-
« sez, comme je pardonne sincerement à tous
« ceux qui m'ont fait injure ; je prie Dieu de
« ne point tirer vengeance de mon sang inno-
« cent sur cette nation, ni sur ceux qui sont la
« cause de ma mort, & c'est là mon dernier
« souhait.

Après ce discours il se mit à genoux, fit quelques prieres en Anglois & en Latin, fit de nouvelles protestations de son innocence, & pria Dieu pour tous ses ennemis & pour toute la nation ; après quoi il ajusta sur le billot sa tête, que l'Executeur coupa d'un seul coup. Il avoit soixante & dix ans. Sa mort doit avoir place dans l'Histoire de l'Eglise, comme celle d'un Martyr.

L'année 1681. fut memorable par la prise de Strasbourg, & par l'aquisition de Cazal. On avoit cedé à la France toute l'Alsace par le traité de Munster, le traité de Nimegue n'en avoit point parlé, & comme Strasbourg en est la Ville la plus importante, le Roi s'en aprocha avec une puissante armée, & donna vingt-quatre heures aux Bourgeois pour prendre leur parti ; ils ouvrirent leurs portes, & il y entra une garnison de dix mille hommes.

La Place étoit grande & est devenue l'une des plus belles de l'Europe, par les fortifications qu'on y a faites.

Le Roi dans le même tems aquit Cazal; les François y avoient eu presque toûjours garnison, depuis que les Ducs de Nevers étoient devenus Ducs de Mantouë, & s'y étoient maintenus par les secours qui leur venoient de France; mais ils en avoient été chassez pandant les guerres Civiles de Paris, & le Roi trouva le moïen d'y rentrer en donnant de l'argent au Duc de Mantouë.

CHAPITRE V.

CE fut alors que le Roi donna l'Abbaïe de Cluni au Cardinal de Boüillon, Grand-Aumônier de France, & pour la forme il fut élû par les Religieux de l'Abbaïe. Cette Abbaïe fut fondée en 910. par Guillaume le Pieux, l'un des ancêtres du Cardinal. Le venerable Bernon en fut le premier Abbé, & saint Odon qui en fut le second, y fit refleurir la Regle de saint Benoît dans sa premiere ferveur, plus de deux mille Monasteres d'Europe embrasserent dans la suite l'observance qu'il y établit. Elle passa même jusqu'en Asie dans les Monasteres de la valée de Josaphat & du Mont Tabor. Il s'en forma sous saint Hugue le Grand Abbé de Cluni en 1048. une Congregation qui a été long-tems l'un des plus grans ornemens de l'Eglise par la pieté, & par la doctrine de plusieurs grans hommes ; les Papes par cette considera-ration acorderent de grans privileges aux Abbez de Cluni ; mais la regularité s'y étant fort affoiblie dans les derniers siecles, quelques Monasteres furent reformez du tems de Loüis XIII. par les soins du Cardinal de la Rochefoucaud.

Dès que le Cardinal de Boüillon eut été élû Abbé general de Cluni, il y tint un Chapitre general, dont il fit l'ouverture par une Messe du saint Esprit, qu'il celebra pontificalement. Les Abbez, Prieurs, Officiers & autres Religieux de l'Ordre, qui s'y étoient rendus de toutes les Provinces du Royaume, y communierent de sa main, & les Officiers de l'Autel communierent sous les deux especes, suivant l'ancien usage de l'Abbaye. Après la Messe on élût les Définiteurs, dont les reglemens, en vertu des Bules des Papes, ont force de Constitution Apostolique : huit furent pris du corps des anciens, & sept de celui des reformez. Il y eut, à cela près, peu de difference entre les deux Observances pandant tout ce Chapitre, les uns & les autres ayant pris rang indifferemment selon l'ancienneté de leur vêture, sans autre distinction que celle de l'habit & de la tonsure, sur quoi on n'avoit pû établir d'uniformité. Les jours suivans on fit plusieurs reglemens, le nouveau Breviaire fut aprouvé & trouvé conforme à la Regle de saint Benoît, à l'esprit de l'Eglise, aux Capitulaires de nos Rois & à l'intention des Souverains Pontifes, & enfin le Chapitre fut terminé par la lecture des Statuts & par la Benediction que le Cardinal donna à l'Assemblée. On y avoit aprouvé les deux Chapitres Generaux tenus en 1676. & 1678.

CANAL DE LANGUEDOC.

An. de J. C. 1681.

Au mois de Juin de cette année se fit la premiere navigation sur le Canal de Languedoc, qui communique l'Ocean avec la Mediterranée, à l'endroit de France où ces deux Mers s'aprochent le plus des Pirenées. Le Roi dès l'année 1666. en fit examiner le projet, & l'on y trouva de grans obstacles. La distance des lieux, les montagnes, les terres mouvantes, la disette d'eau en un païs où il y en avoit à peine pour arroser les Jardins, le défaut d'un Port au Cap de Cete, où le Canal devoit aboutir, tout sembloit s'opposer à cette entreprise; mais le Roi connoissant que ce Canal faciliteroit le commerce de plusieurs Provinces fertiles & trop éloignées des Côtes,

Côtes, & qu'il épargneroit à fes Sujets les dangers de la Mer & des Corfaires dans un circuit de fept ou huit cens lieuës qu'il faloit faire autour de l'Efpagne, fe détermina par les confeils de Colbert, Miniftre d'Etat, à y faire travailler fur les deffeins de Riquet, pere du Comte de Caraman Capitaine aux Gardes, & depuis Lieutenant General des Armées du Roi. Le Canal eft dans fa perfection. Il eft large de trente pieds & long de cent vingt-fept mille fix cens foixante toifes, qui font près de foixante & quatre lieuës de France; il a cent quatre Eclufes, la Garone, l'Aude, & plufieurs autres petites Rivieres fourniffent l'eau; il paffe auprès de Narbone, de Befiers & d'Agde, & va fe rendre au Cap de Cete, où l'on a fait un Port. Les travaux qu'il a falu faire font incroyables; on a percé des Montagnes, on a élevé des Rivieres, on a forcé la nature en plufieurs endroits, & par une perféverance Romaine, on a achevé l'ouvrage.

Dagueffeau Intendant de Languedoc ayant eu ordre de mettre l'eau dans le Canal, il commença à le vifiter à fec, & enfuite on y mit l'eau; il fut acompagné dans cette premiere navigation par le Cardinal de Bonzi Archevêque de Narbone, par les Evêques de faint Papoul, de Befiers & d'Alet, & par les principaux Officiers des Etats de Languedoc, qui y avoient grand interêt. Ils s'embarquerent à Castelnaudari dans une barque magnifique, & furent suivis par vingt-trois barques de la Garone chargées de marchandises de France, d'Angleterre & de Hollande, qui se servoient de cette nouvelle route pour aller vers la Mediterranée & se rendre à la Foire de Beaucaire. Le Pere de Mourgue Jesuite, habile Mathematicien, avoit dit la Messe avant que de partir, & l'Evêque de saint Papoul avoit donné la benediction aux eaux ; les barques passerent sur le Pont du torrent de Repudre bâti de pierres de taille, & qui a soixante & dix toises de long. On trouva sur le Pont sept pieds d'eau par tout, & sous le Pont il passe dix ou douze toises cubes d'eau, que le torrent entraîne. Après avoir passé au Malpas, montagne de Roche dure qu'on a percée, on arriva à Beziers, où le Cardinal de Bonzi & les Evêques se separerent pour retourner à leurs Evêchez, à cause de la feste de la Pentecôte qui étoit le lendemain.

Daguesseau continua sa route, passa à Agde, traversa l'Etang de Thau, qui est une petite Mer separée de la grande par une plage de sable, & alla moüiller au fond du Port de Cete, au bruit du canon & aux acclamations de Vive le Roi. On peut passer d'une Mer à l'autre en onze jours.

Il seroit difficile de décrire tous les ouvrages remarquables de ce Canal, comme la rigole de la Montagne qui amene les eaux du réservoir de saint Ferreol, laquelle a plus de quatre lieuës, presque toute taillée dans le Roc.

Le Pont du Torrent de Repudre, le réservoir ou magasin d'eau de saint Ferreol, qui ne doit servir que durant les secheresses de l'Eté; les endroits de quinze à vingt mille toises courantes de Canal creusez dans la Roche dure, les chaussées de pierres de taille, qui coupent & arrêtent les Rivieres & les ouvrages du Port de Cete.

Le 6. du mois d'Août la Dauphine accoucha d'un Prince, à qui le Roi donna le nom de Duc de Bourgogne: la joïe en fut extraordinaire par toute la France. La Ville de Paris fut trois jours en feste, les ruës étoient pleines de tables, où l'on faisoit boire tous les passans, souvent malgré eux, de quelque qualité qu'ils fussent, les Boutiques étoient fermées, & tel Bourgeois dépensa en un jour son revenu d'une année. Le Prevôt des Marchans fit faire sur la Riviere, vis-à-vis du Louvre, un Feu d'Artifice, dont les Etrangers admirerent la magnificence; les peuples témoignerent en cette occasion combien ils aimoient leurs Princes, & la joïe qu'ils avoient de voir la perpetuité de la Famille Royale.

An. de J.C. 1682.

On remarqua que depuis l'année 1349. que le Dauphiné avoit été uni à la Courone, il n'y avoit eu que deux Dauphins qui euſſent eu des fils du vivant des Rois leurs Peres; ſavoir, le Roi Jean, qui du vivant de Philippe de Valois ſon pere, eut en 1337. Charles V. qui lui ſucceda, & Henri II. qui durant la vie de François I. eut François II. en 1554.

Il y avoit ſept ou huit mois que les Genois avoient perdu les bonnes graces du Roi, & qu'ils avoient ſenti par le bombardement de leur Ville Capitale, combien il étoit dangereux d'irriter un Prince ſi puiſſant. Enfin le Pape s'étant mêlé de leur accommodement, ils conſentirent à envoyer leur Doge acompagné de quatre Senateurs, faire au Roi les ſoumiſſions qu'il exigeoit d'eux; il étoit acoûtumé à donner la loi à l'Europe. Enfin après pluſieurs retardemens, Francesco Maria Imperialé Lercaro Doge de Genes, acompagné de quatre Senateurs, partit avec un équipage magnifique, arriva à Paris le 15. de Juillet, fut conduit à Verſailles à l'Audiance du Roi. Sa Majeſté en le voyant ſe leva, ôta ſon Chapeau & le remit, le Doge ôta ſon Bonet & le remit, & parla en termes ſi reſpectueux & ſi ſoumis, que le Roi lui dit, qu'il étoit content, & qu'il donneroit à ſa République des marques du retour de ſa bien-

An. de J. C. 1681.

veillance. Le Doge eut enfuite Audiance du Dauphin, de la Dauphine & de tous les Princes & Princeffes de la Maifon Royale.

Aprés la paix des Pirenées, le Roi fentant fa puiffance, & animé par fon zele, réfolut en lui-même de chaffer tous les heretiques de fon Royaume, & de meriter par là le titre de très-Chrétien. Il commença par ne leur faire aucune grace, & vers l'an 1680. il avoit déja fait abatre plus de quatre cens nouveaux Temples, qu'ils avoient élevez contre la teneur de l'Edit de Nantes, qui ne leur permettoit la joüiffance que des anciens Temples dont ils étoient en poffeffion. Il fe flatoit déja, que fans faire aucune injuftice ni violence, il donneroit bien-tôt le dernier coup à l'herefie, lorfque le Pape Innocent XI. malgré fa fainteté, fembla s'y oppofer. Il s'agiffoit de la Regale, qu'il eft à propos d'expliquer.

La Regale en France eft un droit par lequel le Roi joüit des revenus des Archevêchez & Evêchez du Royaume, & confere même les Benefices qui n'ont point charge d'ames pandant la vacance des Sieges, jufqu'à ce que le pourvû leur ait prêté ferment de fidelité & l'ait fait enregiftrer en la Chambre des Comptes de Paris. L'origine de ce droit eft fort incertaine, la plus commune opinion des Jurifconfultes François, c'eft que la Regale eft un droit de la Courone auſſi ancien que la Monarchie. Les Rois de la premiere race en ont joüi, dit Gregoire de Tours, malgré l'oppoſition de quelques Evêques. Ils en abuſoient ſouvent, en donnant à des gens de guerre & même à des femmes les Benefices, qui ſont le patrimoine des pauvres. Le Concile de Clermont en 533. & le quatriéme d'Orleans en 541. ont fait des Canons qui défendent aux Princes de ſe ſaiſir des biens de l'Egliſe. Charlemagne & Loüis le Debonnaire ne laiſſerent pas de joüir de la Regale, & ſous la troiſiéme race de nos Rois, la coûtume de mettre entre les mains des Princes les revenus des Evêchez vacans a continué. Le droit qu'ils avoient ſur les Fiefs, quand ils venoient à vaquer, y a pû donner lieu, & le deſir d'empêcher que les revenus des Evêchez vacans ne fuſſent pillez. Il eſt vrai qu'en même tems ces Princes faiſoient de grandes liberalitez aux Egliſes & en prenoient la défenſe, en nommant des défenſeurs & des avoüez pour ſoûtenir leurs intérêts, & en régir les biens pandant la vacance. Saint Loüis en partant pour ſa premiere Croiſade, donna pouvoir à la Reine ſa mere, de conferer, pandant ſon abſence, les Benefices Eccleſiaſtiques qui vaqueront en Regale, & de recevoir le ſerment de fidelité des Evêques; ce droit n'étoit pas établi dans tout le Royau-

DE L'EGLISE. LIV. XXXIV. CH. V. 191
me, & il y avoit plusieurs lieux qui en étoient exemts. Le Concile de Lyon en 1274. fit un Decret solemnel, par lequel la Regale fut autorisée dans les Eglises où elle étoit établie par la fondation, ou par une ancienne coûtume, avec défense de l'introduire de nouveau dans les Eglises où elle n'étoit pas reçûë. Le Parlement de Paris, à qui seul la connoissance des matieres de Regale a été reservée, n'a pas laissé de juger toûjours, qu'étant un droit de la Courone, elle doit être universelle dans tout le Royaume, & ce fut le sentiment de Pibrac, alors Avocat General au Parlement de Paris, dans l'Assemblée des Notables, tenuë à saint Germain en Laye en 1583. Les Rois Charles VII. Loüis XI. Charles VIII. Loüis XII. & Charles IX. avoient donné à la Sainte Chapelle de Paris les revenus de la Regale ; mais en 1641. le Roi Loüis XIII. unit à la sainte Chapelle l'Abbaïe de saint Nicaise de Reims & retira la Regale ; enfin en 1673. après que l'instance de la Regale generale eut été jugée par un Arrêt du Conseil, le Roi Loüis le Grand donna un Edit, qui déclare la Regale inaliénable & universelle dans tout le Royaume. Il fut verifié au Parlement, & tous les Evêques y consentirent, à la reserve de Nicolas Pavillon Evêque d'Alet, & de François Caulet Evêque de Pamiers. Le Roi fit saisir leurs revenus;

le Pape Innocent XI. qui depuis le commencement de son Pontificat avoit toûjours été contraire aux interêts de la France, prit leur parti, & lança des excommunications contre tous ceux, de quelque qualité qu'ils fussent, qui voudroient établir la Regale dans les Evêchez d'Alet & de Pamiers.

Il envoya en même tems au Roi trois Brefs sur ce sujet, les deux premiers pleins de loüanges & de prieres, le dernier de menaces.

L'Assemblée du Clergé, qui se tenoit alors, après avoir déclaré la Regale universelle dans tout le Royaume, fit assurer le Roi, que si le Pape se portoit à quelque extrémité, elle n'abandonneroit jamais un Prince qui ne songeoit qu'à proteger l'Eglise & à ruiner l'heresie. Le Pape cependant envoyoit aux Evêques d'Alet & de Pamiers des Brefs consolans, qui les exhortoient à soûtenir leur cause avec fermeté. L'année suivante se tint la fameuse Assemblée du Clergé, qui décida que les Papes n'ont aucun pouvoir direct ni indirect sur le temporel des Rois, Jesus-Christ nous aprenant lui-même que son Royaume n'est pas de ce monde; qu'ils ne sont point infaillibles, & qu'en certaines occasions pressantes, ils doivent se soûmettre aux décisions des Conciles Generaux. Jaques Benigne Bossuet Evêque de Meaux, se distingua fort dans cette Assemblée, & méprisant les honneurs qui lui
étoient

DE L'EGLISE. Liv. XXXIV. Ch. V. 193
étoient préparez, s'il eut voulu changer de sentiment ; il suivit, sans hesiter, ce que sa profonde capacité, sa conscience & le bien de l'Etat demandoient de lui en cette occasion. Ces Declarations si précises & si contraires aux sentimens ultramontains, ne plûrent pas au Pape : il refusa des Bulles à tous ceux qui étoient de l'Assemblée ; & comme ceux qui n'en étoient pas, n'en voulurent pas demander, il arriva qu'au bout de quelques années, il y eut en France plus de trente Archevêchez ou Evêchez vacans, qui avoient besoin de Pasteurs pour instruire les nouveaux convertis, & toutes ces broüilleries ne finirent qu'à la mort du Pape Innocent XI.

La Reine venoit de mourir à l'âge de quarante-cinq ans, Princesse moins illustre par sa naissance, & par les treize Empereurs qu'elle comptoit parmi ses ayeux, que par sa vertu, sa pieté & sa tendresse pour le Roi & pour le Daufin, toute sa vie n'ayant été employée qu'à servir Dieu & les pauvres, à plaire à son mari, & à jetter dans l'ame de son fils les sentimens de Religion, qu'il a toûjours conservez, exact & fidele jusqu'aux moindres pratiques de l'Eglise ; ce que la plûpart des Princes traitent de bagatelle. Le cabinet de la Reine étoit un sanctuaire, & le grand Prelat qui l'assista à la mort a rendu le glorieux témoignage qu'elle

An. de J. C.
1683.

Tome XI. B b

le Pape Innocent XI. qui depuis le commencement de son Pontificat avoit toûjours été contraire aux interêts de la France, prit leur parti, & lança des excommunications contre tous ceux, de quelque qualité qu'ils fussent, qui voudroient établir la Regale dans les Evêchez d'Alet & de Pamiers.

Il envoya en même tems au Roi trois Brefs sur ce sujet, les deux premiers pleins de loüanges & de prieres, le dernier de menaces.

L'Assemblée du Clergé, qui se tenoit alors, après avoir déclaré la Regale universelle dans tout le Royaume, fit assurer le Roi, que si le Pape se portoit à quelque extrémité, elle n'abandonneroit jamais un Prince qui ne songeoit qu'à proteger l'Eglise & à ruiner l'herefie. Le Pape cependant envoyoit aux Evêques d'Alet & de Pamiers des Brefs consolans, qui les exhortoient à soûtenir leur cause avec fermeté. L'année suivante se tint la fameuse Assemblée du Clergé, qui décida que les Papes n'ont aucun pouvoir direct ni indirect sur le temporel des Rois, Jesus-Christ nous aprenant lui-même que son Royaume n'est pas de ce monde ; qu'ils ne sont point infaillibles, & qu'en certaines occasions pressantes, ils doivent se soûmettre aux décisions des Conciles Generaux. Jaques Benigne Bossuet Evêque de Meaux, se distingua fort dans cette Assemblée, & méprisant les honneurs qui lui
étoient

DE L'EGLISE. Liv. XXXIV. Ch. V. 193
étoient préparez, s'il eut voulu changer de
sentiment ; il suivit, sans hesiter, ce que sa
profonde capacité, sa conscience & le bien
de l'Etat demandoient de lui en cette occasion. Ces Declarations si précises & si contraires aux sentimens ultramontains, ne plûrent pas au Pape : il refusa des Bulles à tous
ceux qui étoient de l'Assemblée ; & comme
ceux qui n'en étoient pas, n'en voulurent pas
demander, il arriva qu'au bout de quelques
années, il y eut en France plus de trente
Archevêchez ou Evêchez vacans, qui avoient
besoin de Pasteurs pour instruire les nouveaux convertis, & toutes ces broüilleries ne
finirent qu'à la mort du Pape Innocent XI.

La Reine venoit de mourir à l'âge de
quarante-cinq ans, Princesse moins illustre
par sa naissance, & par les treize Empereurs
qu'elle comptoit parmi ses ayeux, que par
sa vertu, sa pieté & sa tendresse pour le Roi
& pour le Daufin, toute sa vie n'ayant été
employée qu'à servir Dieu & les pauvres,
à plaire à son mari, & à jetter dans l'ame
de son fils les sentimens de Religion,
qu'il a toûjours conservez, exact & fidele
jusqu'aux moindres pratiques de l'Eglise ; ce
que la plûpart des Princes traitent de bagatelle. Le cabinet de la Reine étoit un sanctuaire, & le grand Prelat qui l'assista à la
mort a rendu le glorieux témoignage qu'elle

An. de J. C.
1683.

Tome XI. Bb

n'avoit jamais refusé aucune bonne œuvre. Son corps fut porté à saint Denis avec beaucoup de magnificence. Elle n'avoit point fait de testament, laissant tout à la disposition du Roi, dont elle connoissoit la bonté. Aussi tous les Officiers de sa Maison furent récompensez, & obtinrent des graces à quoi ils ne s'attendoient pas.

An de J. C. 1683.
Mourut presque en même-tems Jean-Baptiste Colbert, Ministre des Finances, qu'il avoit bien reglées : persuadé qu'un grand Etat a besoin du comerce, il avoit formé la Compagnie des Indes Orientales, sans faire reflexion que ces sortes d'établissemens ne réüssissent pas sous toutes sortes de gouvernemens. Douze navires de guerre François avoient été batus, & la plûpart pris par les Hollandois, qui en avoient cinquante. La Compagnie ne laissa pas de s'établir à Ponticheri, & en quelques autres endroits. Elle réüssit mieux dans les Indes Occidentales, par le moïen des Isles & des Ports que nous y avions. Colbert avoit aussi fait faire à Daniel Huet, Sous-Précepteur du Daufin, & déja recommandable par sa profonde érudition, un Traité sur le Comerce des Anciens, dont je ne parlerai point ici, parce que ce Traité est imprimé ; au reste, cet habile Ministre n'avoit pas l'esprit fort vif, mais il y supléoit par un jugement solide, & par un

travail & une application infatigable. Il eut la confolation avant que de mourir, de voir achever le Canal de Languedoc, pour la communication des deux Mers: ouvrage qui feul doit éternifer fa memoire. La haine du Peuple à fa mort parut extrême. On vouloit jetter fon corps à la voyerie, mais cette haine fe changea depuis en eftime. Son fils le Marquis de Seignelay, efprit fuperieur, étoit Secretaire d'Etat, & avoit le département de la Marine, qu'il mit fur un bon pied, & en état de réfifter à toutes les forces maritimes étrangeres.

Il a paru après la mort de Colbert un teftament politique qu'on lui a attribué fauffement. Il eft plein de maximes entierement contraires à celles de ce grand Miniftre. Il y dit entr'autres chofes, que les Evêques de France étoient tellement dévoüez aux volontez du Roi, que s'il avoit voulu fubftituer l'Alcoran à la place de l'Evangile, ils y auroient donné les mains: calomnie effroyable, qui fait affez voir la fuppofition de cet Ecrit.

La méfintelligence entre la Cour de Rome & celle de France duroit depuis quelques années, lorfqu'il arriva un nouvel incident qui aigrit encore les chofes. Les Ambaffadeurs étoient en poffeffion de joüir dans Rome du droit de Franchifes dans leurs quartiers, c'eft-à-dire, qu'ils avoient une certaine étenduë autour de leur Palais, dans laquelle il n'y avoit qu'eux qui eussent droit de Jurisdiction, en sorte que les criminels s'y pouvoient réfugier, & y demeurer en sûreté. Les Papes Jules III. Pie IV. Gregoire XIII. & Sixte V. s'étoient plaints de ce desordre qui causoit l'impunité des plus grans crimes, & avoient publié plusieurs Bulles pour y remedier, mais inutilement. Le Pape se flata d'en venir à bout. Il joignit la puissance spirituelle à la temporelle, & donna une Bulle qui révoquoit les franchises des Ambassadeurs, en excommuniant tous ceux qui les voudroient soûtenir, de quelque qualité qu'ils fussent, sans en excepter ceux de France à qui ses prédecesseurs avoient l'obligation de les avoir rendus Princes temporels, en leur donnant ce qu'on appelle le patrimoine de saint Pierre. A cette nouvelle, le Roi peu acoutumé à voir attaquer les droits de sa courone, envoya à Rome Henri-Charles de Beaumanoir, Marquis de Lavardin, son Ambassadeur extraordinaire, avec ordre de maintenir les franchises de son quartier. Il le fit avec hauteur. Le Pape de son côté le déclara excommunié; & sur ce qu'il avoit fait ses dévotions le jour de Noël dans l'Eglise Françoise de saint Loüis, Sa Sainteté jetta l'interdit sur cette Eglise. Le Marquis de Lavardin protesta contre une pareille excommunication, & prétendit qu'on avoit violé en sa personne le Droit des Gens. L'excommunication lancée par le Pape avec tant de passion, n'empêcha pas les autres Ambassadeurs de voir le Marquis de Lavardin.

Cependant le Roi averti de ce qui s'étoit passé à Rome, renvoya l'affaire au Parlement de Paris. Talon, Avocat General, parla avec beaucoup d'éloquence ; & après avoir representé ce que le Roi avoit fait pour l'extinction du Jansenisme & du Calvinisme à l'avantage du Saint Siege, à qui il avoit procuré par là deux millions de nouveaux sujets, après avoir expliqué tout ce qui s'étoit passé sur la Regale, qu'on avoit soûtenuë à l'exemple de saint Loüis, il expliqua enfin que le Pape étoit indisposé contre la France, parce qu'on y avoit décidé contre son infaillibilité, suivant les Conciles de Constance & de Basle, & l'avis du Cardinal de Lorraine, qui assistant au Concile de Trente, avoit déclaré publiquement que la Faculté de Theologie de Paris, les Universitez du Royaume, & en un mot toute la France étoit persuadée que le Pape, bien loin d'être infaillible, devoit être soûmis aux décisions des Conciles, *qui pourroit croire*, ajoûta l'Avocat General, *qu'un saint Pape voulut laisser trente-cinq Eglises Catedrales sans Pasteurs, parce que l'on ne veut pas reconnoître son infaillibilité.*

Il conclut en appellant comme d'abus de la Bulle du Pape contre les Franchises, & priant le Roi de faire tenir un Concile National pour remedier aux maux qui arrivent par la longue vacance des Evêchez. Le Parlement donna un Arrêt conforme aux Conclusions.

Le Roi qui cherchoit continuellement les moïens de se reconcilier avec le Pape, lui écrivit de sa main, & lui envoya en secret un homme de confiance à l'insçû de son Ambassadeur, & du Cardinal d'Etrées, qui étoit alors à Rome, pour trouver quelque moïen d'accommodement ; mais le Pape inflexible, quoique lui put dire le Cardinal Cibo, ne voulut jamais lui donner audiance, & refusa au Roi très-Chrétien ce qu'il auroit accordé au moindre petit Prince de l'Europe. Après un traitement si injurieux, le Roi écrivit une longue lettre au Cardinal d'Etrées, où après avoir raporté tous les sujets qu'il avoit de se plaindre du Pape, il le charge d'assurer Sa Sainteté qu'il separeroit toûjours la qualité de Chef de l'Eglise de celle du Prince Temporel, qui s'étoit déclaré ouvertement son ennemi ; qu'en conséquence il le prioit de rendre incessamment au Duc de Parme, son allié, ses Etats de Castro & de Ronciglione, suivant le Traité de Pise, à faute de quoi il renvoyeroit des troupes en Italie, &

se saisiroit d'Avignon. Il ajoûte qu'on voyoit bien par la conduite du Pape envers le Cardinal de Fustemberg, qu'il alloit rallumer une guerre generale, que le Prince d'Orange commençoit à menacer l'Angleterre, & que le Roi ne pouroit pas s'empêcher de secourir ses alliez. Cette lettre ne fit aucune impression sur l'esprit du Pape, & la querelle dura jusqu'à la fin de son Pontificat. Il mourut le 12. Aoust 1689. & eut pour successeur Pierre Ottoboni Venitien, qui prit le nom d'Alexandre VIII. Les démêlez sur les Franchises, sur la Regale & sur les propositions de l'Assemblée du Clergé de 1682. duroient toûjours, & les Evêques n'avoient point de Bulles : l'adroit Souverain Pontife, en disant toûjours qu'il vouloit tout acommoder, n'acommoda rien ; & se voyant prêt à mourir, il fit publier une Bulle qui condamnoit les propositions de l'Assemblée de 82. comme injurieuses au Saint Siege. Antoine Pignatelli lui succeda le 12. Juillet 1692., prit le nom d'Innocent XII. & acommoda le tout. Le Roi s'étoit relâché sur les Franchises. Il n'étoit plus question de la Regale, & l'on convint que les nommez aux Evêchez qui avoient été de l'Assemblée de 82. écriroient au Pape une lettre soûmise & respectueuse, par laquelle ils lui déclareroient qu'ils étoient bien fâchez de ce qui s'étoit passé, & qu'ils n'avoient jamais eu aucun deſſein de rien déﬁnir contre les droits de l'Egliſe Romaine. Les autres Eccleſiaſtiques qui étoient nommez par le Roi à des Evêchez, & qui n'avoient point été de l'Aſſemblée de 82. eurent auſſi des Bulles, ſans être obligez à faire aucune déclaration, & ſans aucune retractation generale du Clergé en corps ; de ſorte que tout ce qui a été arrêté dans l'Aſſemblée du Clergé de 82. ſubſiſte encore dans ſa force, les Particuliers n'ayant point révoqué le fond de la Doctrine, & ſeulement témoignez être fâchez qu'on l'eut priſe à Rome dans un mauvais ſens. Le Pape ne demanda point d'autre retractation. Il ſouhaitoit la paix, auſſi-bien que tous les Officiers de la Cour de Rome, qui avoient envie de revoir de l'argent de France.

LIVRE

LIVRE TRENTE-CINQ.
CHAPITRE PREMIER.

LA Treve de vint ans concluë en 1664. après le combat de Saint Gotard, alloit expirer, & l'on voyoit assez que la guerre recommenceroit bien-tôt entre les deux Empires. Les Turcs vouloient profiter de la révolte de Hongrie, & en déclarer le Comte Tekelli Roi & Prince de Transilvanie, après la mort de Michel Abaffi. Tekelli avoit mis dans son parti tous les mécontens Hongrois, en épousant la veuve du Prince Ragoski, fille du fameux Comte de Serin. Il s'étoit rendu maître de Cassovie, d'Eperies, & de la Forteresse de Mongast. L'Empereur fit des propositions de paix, qui ne furent point écoutées. Le Grand Seigneur étoit venu à Belgrade, & le Grand Visir Kara-Mustafa s'avançoit du côté de Vienne avec deux cens mille hommes, douze mille chameaux, trois cens pieces de canon, des bombes d'une grosseur extraordinaire, & une quantité prodigieuse de munitions de guerre & de bouche. Alors l'Empereur prit l'épouvante, & sortit de Vienne en grand désordre avec plus de cinquante mille personnes, hommes, femmes & enfans, & se retira à Lints avec sa famille & sa Cour. Le Comte de Staremberg, Gouverneur de la Ville, se prépara à une longue défense ; & comme les Turcs sont lents dans leurs operations, il eut le tems de brûler les fauxbourgs, & de faire réparer les fortifications. Il avoit vint mille hommes de garnison, & tous les bourgeois étoient résolus à se défendre jusqu'à la derniere extrémité. Le Prince Charles de Lorraine, General de l'Empereur, assisté du Prince Loüis de Bade, & des Comtes Palfi, de Taff, de Rabata, & des meilleurs Officiers de l'Empereur, rassembla vint mille hommes de pied, & dix mille chevaux ; il attendoit les troupes auxiliaires de Baviere, de Saxe & de Franconie. Il se vint camper à une lieuë de Vienne, dans un poste avantageux, au pied de la montagne de Kalemberg.

An. de J. C. 1683.

Enfin le 14. de Juillet, les Turcs arrivèrent devant Vienne, & travaillerent à la circonvalation. Ils se saisirent de l'Isle de Schults, firent des ponts de communication sur les bras du Danube, éleverent des bateries, jetterent des bombes, firent joüer des mines : & commencerent leurs attaques avec la fureur que leur inspire la prédestination. Les Tartares ravageoient tout le pays autour du camp des Imperiaux, pour leur ôter la subsistance. Les assiegez soûtenoient les assauts, réparoient les breches, & faisoient des retirades sur les bastions ; mais la poudre & les vivres commençoient à leur manquer, & la dissenterie s'étoit mise dans la Ville, lorsque le grand Sobieski Roi de Pologne arriva à leur secours avec vint mille hommes, toute cavalerie accoutumée sous ses ordres à combatre les Turcs, & à les vaincre. Il avoit fait une ligue avec l'Empereur. Dès qu'il fut arrivé, il regla avec le Prince Charles de Lorraine la maniere dont il faloit attaquer le camp du Grand Visir, qui de son côté paroissoit vouloir donner une bataille avant que d'abandonner son entreprise. Il s'avança le 4. Septembre vers l'armée Chrétienne, avec beaucoup de résolution ; & après plusieurs escarmouches, n'ayant pû l'empêcher de décendre dans la plaine, il se retira, & abandonna son camp, son canon, ses provisions, son bagage, & même le grand Etendart de l'Empire Ottoman, & les queuës de Cheval, qui sont les marques de sa dignité. La nuit qui étoit venuë favorisa sa retraite du côté de Barkan. Il avoit encore rassemblé plus de trente mille hommes, lorsque le lendemain le Roi de Pologne, emporté par son courage, les alla attaquer inconsiderément avec les seuls Polonois, sans vouloir attendre les Imperiaux. Il perdit d'abord trois mille hommes, le Palatin de Pol-nanic, & grand nombre d'Officiers, & il étoit en danger d'être entiérement défait, & peut-être tué ou pris prisonnier, lorsque le Prince Charles de Lorraine vint à son secours, le dégagea, & mit en fuite les Turcs, qui ne se rassemblerent plus en corps d'armée. Le Grand Visir qui savoit la destinée ordinaire des Generaux Turcs malheureux, en rejetta la faute sur les Bassas de Bude, d'Essek & de Possega, & les fit étrangler. Il se plaignit aussi du Comte Tekeli, qui content d'être le maître en Hongrie, n'avoit pas voulu entrer dans les Pays Hereditaires; mais toutes ces raisons furent inutiles, il fut condamné. Il se présenta volontairement au cordeau, sans vouloir montrer un billet que le Grand Seigneur lui avoit donné, par lequel il lui promettoit de ne le jamais faire mourir.

Cepandant les Chrétiens après avoir pris Barkan, assiegerent & prirent Strigonie ; & comme la saison étoit fort avancée, ils mirent leurs troupes en quartier d'hiver, & le Roi de Pologne retourna dans son pays. Il vit l'Empereur avant que de partir, & n'en fut pas fort content ; la gravité Autrichienne eut peine à se plier à une espece de remerciment.

L'année suivante, les Princes de Conti, acompagnez du Prince de Turene, firent la campagne en Hongrie sous le Prince Charles de Lorraine & l'Electeur de Baviere, & se signalerent au combat près de Strigonie, où le Serasquier fut défait, & à la prise de Neuhausel, qui fut emportée d'assaut. Le Prince Eugene de Savoye fut du voyage. On l'avoit destiné à l'Eglise; mais le Roi le jugeant plus propre à la guerre, lui refusa une Abbaye, ne prévoyant pas, sans doute, qu'il deviendroit un Heros, & qu'il le trouveroit plus d'une fois à son chemin.

En 1686. le Prince Charles de Lorraine & l'Electeur de Baviere prirent la Ville de Bude après plusieurs assauts, & y trouverent beaucoup d'argent, & quatre cens pieces de canon, dont quatre nommez les quatre Evangelistes portoient cent cinquante livres de bale. Le Prince Loüis de Bade, qui commandoit sous le Prince Charles de Lorraine, commençoit à faire parler de lui. Le Prince Charles de Lorraine mourut quatre ans après.

Le Roi d'Angleterre n'avoit consenti à la mort du Vicomte Strafort que malgré lui, & pour éviter une revolte. Il voyoit le Parlement plein d'esprits seditieux, qui sous prétexte d'assurer la Religion Protestante, vouloient déclarer le Duc d'Iork incapable de succeder à la Couronne, & qui voyant le Roi inébranlable sur ce point-là, lui refusoient toutes sortes d'assistances dans les besoins de l'Etat, & avoient même ofé défendre de lui faire quelques avances fur fes revenus ordinaires, & le prioient, avec une infolence refpectueufe, de chaffer quatre ou cinq de fes plus fideles Miniftres. Ces manieres pousserent fa patiance à bout. Il caffa le Parlement, & en convoqua un nouveau à Oxford pour le 31. Mars 1681. mais il n'y gagna rien ; les Provinces élurent les mêmes Deputez, la Chambre Baffe ou des Communes élut le même Orateur, & tous de concert firent les mêmes inftances pour l'exclufion du Duc d'Iork. Chacun demeura ferme dans fa réfolution, & le Roi aimant mieux tout hazarder que d'abandonner fon frere, caffa le Parlement d'Oxford. Il fit publier auffi-tôt une Declaration, qui explique les raifons qu'il a euës de caffer les deux derniers Parlemens, où il fe plaint qu'ils ont défendu à fes fujets de lui faire la moindre avance fur fes revenus ordinaires, ce qui lui pouvoit donner le moïen de pourvoir à la défenfe de l'Etat ; & ont même ofé demander une affociation aux peuples des Provinces, ce qui attaque directement l'autorité Royale. Le Confeil Privé d'Ecoffe lui recommandoit avec ardeur les interêts du Duc d'Iork, & la Chambre Haute du Parlement lui paroiffoit affez favorable. Il fut affez lon-tems fans affembler le Parlement, & fans recevoir auffi de fecours extraordinaires, les peuples ne contribuant jamais que fur les Ordonnances de la Chambre des Communes. Il mourut après une longue maladie le 16. Fevrier 1685. à l'âge de cinquante-six ans. Il étoit fils de Charles I. & d'Henriette-Marie de France, fille d'Henri le Grand ; & après avoir erré lon-tems dans les Pays Etrangers, il remonta fur le trône en 1660. & épousa Catherine Infante de Portugal, dont il n'eut point d'enfans.

Dans le tems que le Roi travailloit à chasser tous les heretiques de son Royaume, il arriva une affaire où l'on me pardonnera bien si je m'étends plus que de coutume, c'est l'affaire de Siam ; elle m'a passé par les mains, & je marquerai quelques petites particularitez ignorées du Public. Je tâcherai à ne rien dire de ce qui est dans mon Journal. Je proteste que j'y ai toûjours dit vrai, mais je n'y ai pas toûjours dit tout ce que je savois. Au reste, on doit ajoûter foi à tout ce que je dirai, c'est une grace qu'on ne refuse gueres aux Auteurs contemporains.

Je m'étois retiré depuis deux ans dans le Seminaire des Missions Etrangeres, lorsque Bergeret, mon ancien ami, premier Commis du Marquis de Croissy Secretaire d'Etat, me vint voir, & me dit qu'il étoit arrivé des Mandarins Indiens, & qu'on parloit d'en-

voyer un Ambassadeur au Roi de Siam. On savoit que ce Prince, sur la grande réputation du Roi, lui avoit envoyé il y avoit cinq ou six ans des Ambassadeurs & des presens magnifiques, & que le Soleil d'Orient, Vaisseau de la Compagnie des Indes Orientales, qui les portoit, étoit peri. Le Roi à l'arrivée des Mandarins, résolut d'envoyer au Roi leur Maître un Ambassadeur, pour lui offrir son amitié & son alliance, & lui proposer de se faire Chrétien. Les Missionaires assuroient qu'il y avoit beaucoup de disposition, qu'il faisoit bâtir des Eglises, & procuroit le progrès de la Religion dans tous les Royaumes voisins. Bergeret me pressa de penser à une Ambassade si digne d'un Ecclesiastique, & m'assura que si cela dépendoit du Marquis de Croissy, mon affaire seroit bien-tôt faite; mais qu'à cause de la Marine, cela dépendoit du Marquis de Seignelay. Il n'en falut pas davantage pour me mettre dans le cœur l'ambition Apostolique, d'aller au bout du monde convertir un grand Royaume. J'en parlai au Cardinal de Boüillon, qui avoit de l'amitié pour moi dès l'enfance; & sans perdre de tems, il alla me proposer au Marquis de Seignelay. Ce Ministre lui dit qu'il venoit trop tard, que le Chevalier de Chaumont, homme de qualité & de vertu, étoit nommé Ambassadeur, qu'on avoit été
assez

assez embarassé à trouver un homme propre à cet emploi là ; que le Chevalier de Nemond avoit été sur les rangs, & que deux jours plutôt mon affaire eut été faite. Le Cardinal me rendit cette réponse, mais je ne perdis pas courage ; les idées de Mission étoient entrées trop avant. Je lui représentai que le Chevalier de Chaumont pouvoit mourir en chemin, & que l'Ambassade tomberoit entre les mains de quelque Marin peu versé en ces sortes de matieres, que la Religion en pouvoit souffrir ; que d'ailleurs le Roi de Siam voulant se convertir, le Chevalier de Chaumont, médiocre Theologien, lui donneroit des instructions assez superficielles. Enfin, je le priai de demander pour moi la Coadjutorerie du Chevalier, & l'Ambassade ordinaire, en cas que ce Prince se fit instruire dans la Religion Chrétienne. Il en parla au Roi, qui m'acorda ma demande, en disant : *Je n'avois pas encore oüi parler d'un Coadjuteur d'Ambassade, mais il y a raison, à cause de la longueur, & du peril d'un pareil voyage.*

Nous partîmes de Brest le 2. de Mars. Notre voïage commença & finit fort heureusement ; mais il y avoit cinq mois que nous étions sur la Mer, sans que le Chevalier de Chaumont eut eu aucune ouverture pour moi ; cela commença à me fatiguer. Je prévoyois que si cela duroit, le Coadjuteur

An. de J. C. 1685.

seroit un zero en chifre à Siam, lorsqu'au travers de la cloison qui séparoit sa chambre de la mienne, je l'entendis ruminer sa Harangue. Je lui en parlai huit jours après, car il chantoit toûjours la même note. Je lui dis que j'avois entendu les plus belles choses du monde ; là dessus il me mena dans sa chambre, & me la repeta ; je la trouvai admirable. Il commença depuis ce jour là à me parler de ce qu'il y auroit à faire en ce pays là, & je lui donnai mes petits avis. Il étoit bon homme, & véritablement homme dé bien. Je n'eus pas beaucoup de peine à lui faire sentir, que par avanture je pourois lui être bon à quelque chose.

Dès que nous fumes arrivez à Siam, & que j'eus entretenu l'Evêque de Metellopolis & l'Abbé de Lionne, je reconnus clairement qu'on avoit un peu grossi les objets, & que le Roi de Siam vouloit bien proteger les Chrétiens, sans embrasser leur Religion ; qu'il avoit agi en politique qui veut attirer les Etrangers & le Commerce dans son pays, & s'assurer une protection contre les Hollandois, que tous les Rois des Indes craignoient beaucoup. Constance, qui sans être Barkalon, ou premier Ministre, en faisoit toutes les fonctions, me l'avoüa franchement ; nous avions tous les jours des conferences, parce que ne pouvant s'expliquer qu'en Italien ou en Portugais, & le Chevalier de Chaumont n'entendant ni l'une ni l'autre de ces Langues, il faloit que les négociations passassent par moi. Il me conta qu'il n'y avoit pas lontems que le Roi de Siam avoit été sollicité d'embrasser le Mahometisme, par une Ambassade solemnelle de la part de la Reine d'Achem, qui regne dans un grand païs de l'Isle de Sumatra, & qu'il lui avoit fait la même réponse qu'il nous feroit assurément. En effet, il répondit à la Harangue du Chevalier de Chaumont, qu'il étoit extrémement fâché que le Roi de France lui proposât une chose si difficile, & dont il n'avoit pas la moindre connoissance ; qu'il s'en raportoit à la sagesse du Roi, afin qu'il jugeât de l'importance, & de la difficulté qui se rencontre dans une affaire aussi délicate, que l'est le changement d'une Religion, reçûë & suivie dans ses Etats depuis deux mille deux cens vint-neuf années, & qu'il n'oublieroit jamais l'obligation qu'il avoit au Roi son Maître, pour les marques qu'il lui donnoit de son amitié Royale. Il redoubla sa bienveillance pour les Chrétiens, & pour les Missionaires, ausquels il donna une liberté entiere de prêcher l'Evangile, & la permission de l'enseigner aux naturels du païs. Il ajoûta aussi plusieurs autres graces, comme l'exemption du service les Dimanches & les

Fêtes aux Siamois qui se faisoient Chrétiens, & pria l'Ambassadeur de demander au Roi douze Jesuites, Missionaires & Mathematiciens, pour aprendre aux Siamois les plus belles sciences de l'Europe, & qu'à leur arrivée, ils trouveroient à Siam & à Louvo un Observatoire, une Maison & une Eglise.

Après que toutes les Entrées & toutes les Audiances furent finies avec une magnificence Indienne, & qu'on n'imagine point, grand nombre de troupes bien armées, trois cens balons, ou bateaux longs dorez jusqu'à l'eau, trois mille Elephans, on commença à parler d'affaires. Constance nous proposa de donner au Roi la Ville de Banko, qui est proprement la clef du Royaume, à condition qu'on y envoyeroit des troupes, des Ingenieurs & de l'argent. Le Chevalier de Chaumont & moi ne crûmes pas la chose faisable, & nous lui dîmes que le Roi ne voudroit pas s'engager sur sa parole à une dépense de quatre ou cinq millions, qui peut-être seroient perdus. La chose en seroit demeurée-là, si Constance n'eut pas entretenu le Pere Tachart Jesuite, qui se chargea de la faire réussir. Il lui dit que nous n'avions aucun crédit à la Cour, (il n'avoit pas grand tort.) & que s'il vouloit en écrire au Pere de la Chaise, sa Reverence en viendroit bien à bout. On sait assez la suite de cette affaire, qui ne réüssit pas. Au reste, j'ai dit beaucoup de bien de Constance dans mon Journal, & n'ai rien dit que de vrai ; c'étoit un des hommes du monde qui avoit le plus d'esprit, liberal, magnifique, intrépide, plein de grandes idées, & peut-être qu'il ne vouloit avoir des troupes Françoises que pour se faire Roi à la mort de son Maître, qu'il voyoit être fort prochaine. Il étoit fier, cruel, impitoyable, d'une ambition démesurée. Il soûtenoit la Religion Chrétienne, parce qu'elle pouvoit le soûtenir, & je ne me serois jamais fié à lui, dans les choses où son élevation n'auroit pas trouvé son compte.

Nous ramenâmes à notre retour trois Ambassadeurs du Roi de Siam, & des présens magnifiques en vases d'or & d'argent, en porcelaines, en ouvrages du Japon. Le second Ambassadeur avoit été à la Chine, & le Roi son Maître l'avoit choisi pour faire la comparaison des deux Royaumes. Le Roi leur donna Audiance sur un trône au bout de la grande Galerie de Versailles, & à leur Audiance de Congé, ils firent une Harangue qui fut trouvée fort belle. L'Abbé de Lionne, qui étoit revenu avec nous, en fut l'interprete. La voici :

GRAND ROI,

Nous venons ici pour demander à Votre

« Majesté la permission de nous en retourner
» vers le Roi notre Maître. L'impatience où
» nous savons qu'il est d'aprendre le succès de
» notre Ambassade, les merveilles que nous
» avons à lui raconter, les gages précieux que
» nous lui portons de l'estime singuliere que
» Votre Majesté a pour lui, & surtout l'assu-
» rance que nous lui devons donner de la roya-
» le amitié qu'elle contracte pour jamais avec
» lui, tout cela beaucoup plus encore, que les
» vents & la saison nous invite enfin à partir,
» pandant que les bons traitemens que nous
» recevons ici de toutes parts par les ordres de
» Votre Majesté, seroient capables de nous
» faire oublier notre Patrie, & si nous l'osions
» dire les ordres mêmes de notre Prince; mais
» sur le point de nous éloigner de Votre Ma-
» jesté, nous n'avons point de paroles qui puis-
» sent exprimer les sentimens de respect, d'ad-
» miration & de reconnoissance dont nous
» sommes pénetrez. Nous nous étions bien
» attendus à trouver dans Votre Majesté des
» grandeurs & des qualitez extraordinaires,
» l'effet y a pleinement répondu, & a même sur-
» passé de beaucoup notre attente ; mais nous
» sommes obligez de l'avoüer, nous n'avions pas
» crû y trouver l'accès, la douceur, l'affabilité
» que nous y avons rencontrée. Nous ne jugions
» pas même que des qualitez qui paroissent si
» opposées, pûssent compatir dans une même

perſone, & qu'on pût accorder enſemble tant
de majeſté & tant de bonté. Nous ne ſommes
plus ſurpris que vos Peuples faſſent paroître
par tout l'amour & la tendreſſe qu'ils
ont pour votre royale Perſone. Pour nous,
grand Roi, comblez de vos bienfaits, charmez
de vos vertus, touchez juſqu'au fond
du cœur de vos bontez, ſaiſis d'étonnement
à la vûë de votre haute ſageſſe, & de tous les
miracles de votre regne, notre vie nous paroît
trop courte, & le monde entier trop petit
pour publier ce que nous en penſons. Notre
memoire auroit peine à retenir tant de
grandes choſes, c'eſt ce qui nous a fait recüeillir
dans des regiſtres fideles tout ce que
nous avons pû ramaſſer, & nous le terminerons
par une proteſtation ſincere, que quoique
nous en diſions beaucoup, il nous en eſt
encore plus échapé. Ces memoires ſeront
conſacrez à la Poſterité, & mis en dépôt entre
les monumens les plus rares & les plus
précieux de notre Etat. Le Roi notre Maître
les envoyera pour preſent aux Princes ſes
Alliez, & par-là l'Orient ſaura bien-tôt, &
tous les ſiecles à venir aprendront les vertus
incomparables de Loüis le Grand. Nous
porterons enfin l'heureuſe nouvelle de la
ſanté parfaite de Votre Majeſté, & le ſoin
que le Ciel a pris de continuer le cours d'une
vie qui ne devroit jamais finir.

Cette Harangue fut suivie de seize autres, que les Ambassadeurs firent encore aux Princes & aux Princesses de la Maison Royale. Il y avoit par tout du bon sens & de l'esprit. Je ne saurois m'empêcher de raporter encore ici celle qu'ils firent à Monseigneur le Duc de Bourgogne.

„ Grand Prince, qui serez un jour la gloire
„ & l'ornement de tout l'Univers, nous allons
„ préparer dans l'Orient les voïes à la renom-
„ mée, qui y portera dans peu de tems le re-
„ cit de vos victoires. Si nous vivons encore
„ alors, le témoignage que nous rendrons de
„ ce que nous avons découvert en vous, fera
„ croire tout ce qui, dans vos exploits,
„ poura paroître incroyable. Nous l'avons vû,
„ dirons-nous, ce Prince encore enfant, & dès
„ ce tems-là, son ame paroissant sur son front
„ & dans ses yeux, nous le jugions capable
„ de faire tout ce qu'il fait aujourd'hui; mais
„ ce qui comblera de joïe le Roi notre Maî-
„ tre, sera l'assurance que nous lui donnerons,
„ que le Royaume de Siam trouvera en vous
„ un ferme appui de l'amitié que nous sommes
„ venus contracter avec la France.

Après le retour du Chevalier de Chaumont, le Pere Tachart Jesuite, fit au Pere de la Chaise les propositions que Constance, premier Ministre du Roi de Siam nous avoit faites, & que nous avions rejettées; c'étoit

d'envoyer

DE L'EGLISE. Liv. XXXV. Ch. I. 217
d'envoyer à Siam des vaisseaux, des troupes, des Officiers, & des munitions de guerre, & qu'il leur livreroit la Ville de Banko.

Le Pere de la Chaise croyant ces propositions avantageuses à la Religion, les fit au Roi, qui les accepta, & l'année suivante il y envoya la Loubere, Gentilhomme d'esprit & de merite, avec la qualité d'Envoyé extraordinaire, & des Farges Lieutenant de Roi de Brisac, pour commander les troupes. Ils y arriverent heureusement, & entrerent dans Banko ; mais bien-tôt la jalousie ayant saisi les Siamois, & le Roi étant tombé malade, Pitracha General des Elephans, se révolta, se saisit de la persone du Roi, qu'il laissa mourir tranquilement, fit scier Constance par le milieu du corps, & assiegea, ou bloqua plutôt Banko, d'où les François ne sortirent que manque de vivres. On leur accorda une capitulation honorable, & des vaisseaux pour retourner en France. Cette entreprise coûta au Roi plus de quatre millions.

Pitracha Roi de Siam, fit mettre en prison la femme de Constance. Elle étoit Japonoise, & fort belle. Le fils aîné du Roi devint amoureux d'elle, & ne pût jamais ébranler sa religion ni sa vertu. On la mit en liberté au bout de quatre ans, & l'on lui donna la Surintendance des Confitures, charge

Tome XI. E e

confiderable dans un pays où on les aime fort.

An. de J.C. 1685.

Le Roi dès le commencement de fon regne, comme fils aîné de l'Eglife, forma la réfolution de rendre tout fon Royaume catolique, & d'en extirper l'herefie ; ce que fix de fes prédeceffeurs n'avoient pû faire. François I. & Henri II. avoient fait brûler quelques heretiques. Charles IX. leur avoit acordé par force le premier Edit, qui eut permis de profeffer en France une autre Religion que la Catolique. Henri III. felon qu'ils le preffoient, leur donnoit ou leur ôtoit leurs Privileges. Henri le Grand, avant que de fe faire Catolique, confulta fes Miniftres, qui l'affurerent qu'on fe pouvoit fauver dans les deux Religions. *Sire*, lui difoit le Duc de Sully, *je me réjoüis infiniment de vous voir fi bien intentionné envers ceux de la Religion, mon appréhenfion ayant été, que fi une fois vous veniez à changer de Religion, comme c'eſt une chofe que je vois bien qu'il vous faudra faire, l'on vous pouſsât à haïr & à maltraiter ceux de nous autres, tant des Villes que de la Nobleffe, qui vous aimeront toûjours cordialement, & vous ferviront loyalement, defquels le nombre fe trouvera inceffamment fi grand, que s'il fe leve parmi eux quelque avaricieux, ambitieux & factieux qui vouluffent faire le contraire, ils feront contraints par les autres de fe remettre en leur devoir, n'y ayant rien, à mon avis, qui fut tant neceffaire* de faire changer aux Catoliques zelez, que cette créance qu'ils témoignent avoir prise, & la voudroient bien faire prendre à tous les autres, que ceux de la Religion sont tous damnez ; & y a bien aussi quelques Ministres, & autres impertinens esprits des huguenots, qui voudroient aussi essayer de nous en persuader autant des Catoliques, ce que pour moi je ne croi nullement ; mais au contraire, tiens pour infaillible, qu'en quelque sorte de Religion dont les hommes fassent profession exterieure, s'ils meurent en l'observation du Decalogue, créance au Symbole, aiment Dieu de tout leur cœur, ont charité envers le prochain, esperent en la misericorde de Dieu, & d'obtenir salut par la mort, le merite & la justice de Jesus-Christ ; qu'ils ne peuvent faillir d'être sauvez, parce que dès lors ils ne sont plus d'aucune Religion, mais de celle qui est la plus agréable à Dieu : de quoi j'ai autrefois discouru avec quatre ou cinq de vos Ministres, savoir M. de la Roche, Chandiou, de Vaux, Desperion, Gardesi, & de Nord, lesquels se trouvoient bien empêchez à blâmer cette opinion : que s'il vous plaisoit de la prendre, vous resoudre de la mettre en pratique tout le tems de votre vie, & que Dieu vous en fît la grace, non seulement je ne douterois point de votre salut, quelque profession exterieure que vous fassiez de la Religion Catolique, mais demeurerois bien assuré, que ne nous regardant point comme des gens execrables & damnez, vous n'entreprendriez jamais aussi la destruction, ni la persecution de ceux de notre Religion, qui vous aimeront vraiement, obéiront & serviront loyalement, ainsi que

Dieu commande à tous sujets de le faire envers leurs Rois & Princes légitimes, voire même à l'endroit de ceux qui se gouvernent désordonnément, concluant par tous ces discours, qu'il vous sera impossible de regner jamais pacifiquement, tant que vous ferez profession exterieure d'une Religion, qui est en si grande aversion à la plûpart des Grands & des petits de votre Royaume.

Enfin ce grand Prince s'étant fait Catholique de bonne foi, acorda aux Huguenots l'Edit de Nantes, dans l'esperance de les ramener par la douceur. Loüis XIII. les soûmit par la force des armes, & il étoit réservé à Loüis le Grand de les faire Catholiques par des voyes plus douces, & sans verser de sang; & s'il a envoyé des dragons dans quelques Provinces, leur présence a pû imprimer quelque terreur, sans qu'ils ayent jamais fait aucune violence. Le grand dessein de la conversion des Huguenots a commencé vers l'an 1680. Le Roi venoit par la paix de Nimegue, de donner la loi à toute l'Europe; mais quand il eut conclu avec l'Empereur une treve de vint ans, qui lui fit acquerir la Ville de Luxembourg, il s'abandonna tout entier à son zele, sans faire attention au grand nombre de ses Sujets qui s'en iroient dans les Pays Etrangers, avec tout ce qu'ils pouroient emporter. Il crut que le nom de Roi Très-Chrétien l'obligeoit particulierement à étendre le culte de Dieu, & à punir feverement les profanations qu'en faifoient les heretiques. Comme au tems des Apôtres, dit faint Auguftin, les Rois, bien loin de fervir le Seigneur, faifoient encore de vains projets contre lui, & contre fon Chrift, afin que tout ce qui avoit été prédit par les Prophetes fut acompli ; leur Loi au lieu de défendre l'impieté, la favorifoit : auffi étoit-il de l'ordre des tems, que les Juifs croyant rendre fervice à Dieu, miffent à mort ceux qui prêchoient Jefus-Chrift : que les Nations fuffent émuës contre les Chrétiens, & que la patience des Martyrs triomfât des uns & des autres ; mais lorfque cette prédiction du Prophéte (tous les Rois de la terre l'adoreront) a commencé à s'acomplir, ne faudroit-il pas avoir perdu le fens pour dire aux Princes, ne vous mettez pas en peine fi l'on renverfe dans votre Royaume l'Eglife de celui que vous adorez. Les Rois, ajoûte faint Auguftin, rendent fervice à Dieu comme hommes, ou comme Rois : en tant qu'hommes, ils le fervent en vivant en vrais fideles; mais en tant que Rois, ils le fervent en commandant le bien, & défendant le mal dans leurs Royaumes, non feulement en ce qui regarde la focieté humaine, mais auffi à l'égard des chofes qui apartiennent à la vraie Religion.

Le Roi commença par faire examiner les entreprises que les Calvinistes avoient faites depuis l'Edit de Nantes. Il fit abatre le Temple de Saumur, qu'Henri le Grand n'avoit acordé à Duplessis Mornai que pour sa persone & pour sa famille: leurs Academies nouvelles furent cassées: on mit les Ministres à la taille: on suprima les Chambres mi-parties. On avoit remarqué que quand les Huguenots avoient mauvaise cause, il y avoit toûjours partage, & ils joüissoient par provision, en attendant que l'affaire eut été jugée au Conseil. Les mariages entre persones de Religion differentes furent défendus, ainsi que les relaps; il n'y eut plus que des Sages-Femmes Catoliques qui eurent pouvoir de baptiser les enfans des Huguenots en cas de danger, & ils ne pouvoient pas y trouver à redire, puisqu'ils aprouvoient le Baptême administré par les Catholiques. On permit aux enfans de se convertir à l'âge de sept ans, quand la raison leur est venuë; & à l'âge de quatorze, les peres furent obligez à leur donner une pension pour être élevez dans des Seminaires, & confirmez dans la Foi par l'instruction. On les empêcha aussi d'aller aux Ecoles Calvinistes: on défendit aux Seigneurs Huguenots d'admettre aux Prêches qui se faisoient dans leurs Châteaux, aucunes persones qui n'eussent été domiciliées dans l'étenduë de leurs Justices pandant un an. Enfin le Roi résolut de ne donner aux Calvinistes aucunes Charges de Judicature ni de Finances, & de combler de graces les nouveaux convertis. Tous ces reglemens furent suivis de l'envoi d'une infinité de Missionaires dans les Provinces, & d'Ecrits instructifs. On en imprima pour plus d'un million en 1682. pandant l'Assemblée du Clergé; mais les Missionaires étoient étonnez, quand ils vouloient instruire les enfans, de les entendre raisonner comme leurs Ministres, & tâcher de prouver que le Pape est l'Ante-Christ, que l'Eglise Romaine est idolâtre, qu'elle est la mere des abominations, qu'elle est l'Egypte & la Babilone mystique; ce qui montre sensiblement l'idée de l'Eglise, que les Religionaires donnoient à leurs enfans pour leur en inspirer de l'horreur.

François de Chanvalon Archevêque de Paris, fit à l'égard des Huguenots ce que l'Eglise d'Afrique avoit fait autrefois à l'égard des Donatistes. Aurele Archevêque de Cartage, dressa alors une Lettre circulaire, qui servit de modele à chaque Evêque, pour exhorter charitablement les Donatistes à un éclaircissement pacifique des differens pour lesquels ils s'étoient séparez. On en fit de même en France, & la Lettre circulaire qu'on adressa aux Huguenots étoit pleine de charité & de raisons. Ils s'assemblerent pour concerter une réponse ; quelques-uns furent d'avis de la faire fiere, & presque menaçante, pour faire envisager au Roi la difficulté de son entreprise ; mais les plus sages, connoissant la fermeté de ce Prince, craignirent quelque violence, & prirent le parti du respect & de la douceur. Le Ministre Claude fut chargé de la réponse, où après avoir protesté de leur soûmission, ils remercient les Evêques de France de la bonté qu'ils ont pour eux, & les assurent en même-tems que leur conscience leur défend de se servir d'une langue étrangere en recitant l'Office Divin ; d'invoquer les Saints, & de rendre un culte à la Croix ; d'adorer l'Eucharistie ; de ne communier que sous une espece ; de croire la transubstantiation, le Purgatoire, la Messe, le merite des bonnes œuvres, & encore moins l'autorité du Pape.

Ces Declarations furent suivies de revoltes à Nimes & à Valence, en Dauphiné. Les heretiques prirent les armes, & chasserent les Missionaires ; mais ils furent bien-tôt soûmis par les troupes qu'on y envoya. Il se fit ensuite un grand nombre de conversions à Nimes, à Pau & à Montauban. On abatit beaucoup de Temples, & les Ministres eurent ordre de sortir de France, de peur qu'ils ne cathechisassent sur les ruines de leurs

Temples.

Temples. L'Assemblée du Clergé leur adressa une Lettre Pastorale, qui commençoit en ces termes:

Il y a long tems, nos très-chers Freres, que toute l'Eglise de Jesus-Christ est pour vous dans les gemissemens, & que cette Mere pleine d'une très-sainte & très-sincere tendresse pour ses enfans, vous voit avec une extrême douleur toûjours égarez, & comme perdus dans l'affreuse solitude de l'erreur, depuis que par un schisme volontaire, vous vous êtes séparez de son sein. Car comment une veritable Mere pouroit-elle oublier ceux qu'elle a portez dans ses flancs ? & comment cette Eglise pouroit-elle ne se plus souvenir de vous, qu'elle a autrefois tant aimez, & qui bien que peu reconnoissans, ne laissez pourtant pas d'être du nombre de ses enfans, & que le poison de l'heresie a dégoûtez de la verité catholique, & à qui la tempête causée par la revolte du Calvinisme a fait quitter la sainteté de l'ancienne doctrine de la Foi, en vous arrachant malheureusement du centre & du chef de l'unité chrétienne ?

Voilà, nos très-chers Freres, le sujet de ses larmes. Elle se plaint amérement, cette Mere désolée, de ce qu'ayant méprisé la tendresse qu'elle a pour vous, vous avez déchiré ses entrailles. Elle vous recherche com-

» me ses enfans égarez : elle vous appelle com-
» me la perdrix ses petits : elle s'efforce de vous
» rassembler sous ses aîles, comme la poule ses
» poussins : Elle vous follicite à prendre la rou-
» te du Ciel, comme l'aigle fait ses aiglons, &
» toûjours pénétrée des vives douleurs d'un pe-
» nible enfantement, elle tâche, foibles en-
» fans, de vous ranimer une seconde fois, ré-
» soluë, pour cet effet, de souffrir toutes sortes
» de tourmens, jusqu'à ce qu'elle voye Jesus-
» Christ veritablement renouvellé & ressuscité
» dans vos cœurs.

» C'est dans cette vûë que nos Archevê-
» ques, Evêques & autres deputez du Clergé
» de France, que le Saint Esprit a établis pour
» gouverner l'Eglise dans laquelle vous êtes
» nez, & par qui, par une succession perpe-
» tuelle, nous tenons encore aujourd'hui la
» même Foi, & occupons les mêmes Sieges
» que les saints Prelats qui ont apporté la Reli-
» gion Chrétienne dans nos Gaules, venons
» vous chercher ; & par la fonction que nous
» faisons d'Ambassadeurs pour Jesus-Christ,
» comme si Dieu même vous parloit par notre
» bouche, nous vous exhortons, & nous vous
» sommons de nous dire pourquoi vous vous
» êtes séparez de nous.

» En effet, dans l'état même où vous êtes
» presentement, avoüez-le ou ne l'avoüez
» pas, vous êtes nos Freres, honorez ci-de-

vant par notre Pere commun qui est dans le «
Ciel, du titre de son adoption, & élevez «
par la même Mere, qui est l'Eglise, dans l'es- «
perance de posseder un jour l'heritage desti- «
né à ses vrais enfans. «

L'Assemblée du Clergé dressa aussi sept articles, qui contenoient la veritable créance Catholique. Le premier regardoit les Livres Canoniques, & la Tradition : le second, l'efficace, le nombre & les ceremonies des Sacremens, la Penitence & la Confession auriculaire : le troisiéme, la justification & le merite : le quatriéme, l'adoration de Jesus-Christ dans l'Eucharistie, & le saint Sacrifice de la Messe : le cinquiéme, les satisfactions, le Purgatoire & les Indulgences : le sixiéme, l'invocation des Saints, les Reliques & les Images : & le septiéme, la superiorité de l'Eglise Romaine, & l'obéïssance au Pape.

Ces articles, qu'on répandit partout, firent un grand effet, & convertirent grand nombre d'Huguenots. Ils se plaignoient que les Catholiques eussent eu recours au bras seculier, sans vouloir se souvenir que les Empereurs & les Rois sont nez Protecteurs de l'Eglise, & la doivent soutenir. Ils se vantoient sur tout de leur obéïssance & de leur douceur. *Vous protestez*, dit saint Augustin en parlant aux Donatistes, *que vous ne voudriez pas faire aucune violence, mais je ne sai si ce n'est point que vous ne le sauriez ; quand ce n'est que faute d'ongles & de dents qu'une bête feroce ne fait mal à persone, elle n'en est pas moins feroce pour cela.*

Les Evêques, à l'exemple du Roi, s'animerent d'un zele Apostolique ; & suivis de leur Clergé, ils allerent prêcher dans les Paroisses de leurs Dioceses. La Bretagne, le Poitou & la Normandie furent plus difficiles à convertir que les autres Provinces, à cause du voisinage de l'Angleterre & de la Hollande. Les Missionaires ne s'y épargnoient pas ; ils leur prêchoient les veritez Catholiques, & n'avoient pas de peine à les convaincre. Vous soutenez, leur disoient-ils, que le Baptême ne peut jamais en nul cas être administré par des persones laïques ; mais si cela est, quelle certitude pouvons-nous avoir que votre Baptême ait été valable, s'il faut absolument être Pasteur pour baptiser ? car d'où avoit tiré sa Mission Pierre le Clerc, Cardeur de Laine, qui fut élu le premier Ministre de Meaux par trente ou quarante Cardeux ou Tisserans ? D'où avoit tiré la Mission le Masson, dit la Riviere Vigerin, qui en 1555. fut le premier Ministre de Paris, & la plûpart des autres Ministres, qui furent de même faits par le peuple, sans aucune ordination ? Il se convertit grand nombre d'Huguenots, à quoi la préfence de quelques Dragons ne laiſſa pas de contribuer.

Dès l'année 1681. on avoit fuprimé le College de Sedan, qui ne devoit plus fubfifter depuis que la Maiſon de Boüillon avoit échangé la Souveraineté de Sedan. On ne laiſſoit pas d'y inftruire les enfans dans la Religion Calvinifte, & d'envoyer des Miniftres en Champagne, & dans les Provinces voifines.

Le Roi voyant fon deſſein fi avancé par une infinité de converfions, crut que le tems étoit arrivé d'y mettre la derniere main. Il révoqua au mois d'Octobre l'Edit de Nantes, donné par Henri IV. en 1598. & celui de Nimes donné par Loüis XIII. en 1629. Michel le Tellier Chancelier de France, qui fe mouroit, fcella la Declaration, & dit qu'après un fi grand évenement, il quitteroit la vie avec joïe. Le Roi ordonna que tous les Temples feroient inceſſamment démolis, permettant aux Huguenots de demeurer dans le Royaume, & d'y faire leur commerce, pourvû qu'ils ne fiſſent aucun exercice public de leur Religion, fous quelque prétexte que ce pût être. Les Huguenots firent de grandes plaintes de la révocation de l'Edit de Nantes, & en cela ils font condamnez par les Ecrits de Grotius, l'un de leurs plus favans Reformateurs. Ils doivent favoir, dit-il, que

An. de J.C. 1685.

les Edits ne sont pas des traitez d'alliance, mais des Loix faites par les Rois pour l'utilité publique, & sujettes à révocation, lorsque le bien public inspirera de les révoquer. Le Roi quelque tems après fit défense aux Huguenots de sortir du Royaume. Il ne laissa pas d'en sortir plus de deux cens cinquante mille avec beaucoup d'argent. Leurs biens furent saisis, & donnez à leurs plus proches parens Catholiques.

Le Pape Innocent XI. envoya au Roi un Bref plein de loüanges, pour avoir heureusement achevé ce que plusieurs de ses prédécesseurs avoient entrepris vainement. Le Bref étoit conçû en ces termes:

A NOTRE TRES-CHER FILS en Jesus-Christ, Loüis Roi de France très-Chrétien.

INNOCENT PAPE XI,

« Notre très-cher Fils en Jesus-Christ, puisque parmi les autres marques illustres, qui publient hautement cette pieté naturelle de Votre Majesté, l'on voit particulierement exceller ce grand zele, qui est vrayment digne d'un Roi très-Chrétien, duquel étant parfaitement animé, comme vous l'êtes, vous avez entierement aboli & suprimé les Edits

qui favorisoient les heretiques de votre
Royaume, & vous avez d'ailleurs travaillé
d'une maniere excellente à étendre la foi or-
todoxe & veritable par les ordonnances que
vous avez faites avec une sagesse extraordinaire, ainsi que nous l'avons apris de notre
bien aimé fils le Duc d'Etrées, votre Ambassadeur auprès de notre persone, nous avons
crû qu'il étoit du devoir de notre charge de
rendre un témoignage éclatant & perpetuel
par nos lettres, des grans sentimens de
Religion que vous possedez, & de vous feli-
citer de toute notre ame, du comble de
loüanges immortelles que vous avez ajoûté
par une action si relevée à toutes les autres,
que vous avez faites jusqu'à present. Il est
certain que l'Eglise Catolique fera mention
dans ses Actes & dans ses Regiftres d'un si
grand effet de l'amour que vous avez pour
elle, & qu'elle ne manquera pas d'élever votre nom par des éloges qui ne finiront jamais.
Vous devez donc esperer avec justice, que la
bonté de Dieu vous en donnera une ample
récompense ; cependant nous ferons part à
Votre Majesté, mais de toute l'étenduë de
notre cœur, de notre benediction apostolique. Donné à Rome sous l'Anneau du Pecheur le 13. de Novembre de l'année 1685.
& la dixiéme de notre Pontificat.

C'est ainsi que Loüis le Grand, animé de

la pieté & du zele des Constantins, des Theodoses, des Charlemagnes, des Saints Loüis, & des autres Princes Chrétiens, qui ont fait servir leur puissance à la protection & à la propagation de l'Eglise, a terrassé & détruit une heresie qui avoit fait des plaïes si funestes à l'Eglise de France, & à la Monarchie Françoise.

Les voïes qu'il a suivies, sont bien éloignées, comme l'on voit des moïens par lesquels la Religion prétenduë reformée avoit tâché de s'établir. Cette nouvelle Eglise qui se vantoit d'être formée selon l'esprit de Jesus-Christ, de se relever sur ses propres ruines par un miracle de la grace, d'être pleine de ferveur & de zele, non pour attaquer avec un bras de chair les ennemis de l'Evangile, mais pour souffrir leur cruauté, & pour les soumettre eux-mêmes à Jesus-Christ, ne verifia ce langage qu'en excitant des revoltes continuelles. Elle ne signala sa sainteté que par le renversement des Images, des Eglises & des Autels, par la profanation de tout ce qu'il y avoit de plus auguste dans nos mysteres, & par le massacre des Prêtres de Jesus-Christ, qu'on immola à sa fureur en les attachant aux Croix qui se trouvoient plantées dans les Cimetieres & dans les places publiques ; enfin, elle ne se maintint que par une longue suite de violences & de trahisons, fons, par lefquelles elle ébranla le trône des Souverains, à qui elle devoit être foumife, & les contraignit de lui donner des moïens de maintenir une Republique dans leurs Etats, & de leur faire la guerre quand elle le jugeoit à propos, après les avoir obligez de laiffer impunis fes crimes, fes impietez & fes facrileges.

Le Roi, au contraire, par un efprit bien plus conforme & bien plus digne de l'Eglife de ce même Sauveur, qui a dit, aprenez de moi que je fuis doux & humble de cœur, n'a d'abord agi que par les voïes de la douceur & de la moderation, quelque excité qu'il fut à la févérité par l'injufte rigueur des Princes heretiques à l'égard de leurs fujets Catoliques. Il a laiffé les Proteftans dans une joüiffance des Edits qui les favorifoient, auffi longue, auffi paifible & auffi entiere que leurs défobéïffances ou leurs ufurpations le lui ont pû permettre ; il s'eft contenté de les porter à revenir à l'unité de l'Eglife par les inftructions de fes Prelats, & par une profufion de fes finances, bien éloignée de l'avarice de ces Princes qui n'ont introduit une prétenduë reforme dans leurs Etats, que parce qu'elle leur donnoit le moïen d'ufurper les Abbayes, les Evêchez, & les autres Benefices Ecclefiaftiques. Il a mêlé enfuite cette douceur d'une rigueur falutaire ; & s'il s'eft servi de quelques Dragons, ç'a été seulement pour écarter les obstacles qu'une prévention déraisonnable & malicieuse mettoit à la réünion des heretiques, les empêchant de s'apliquer aux veritez qu'on leur enseignoit; & par cette conduite également juste & charitable, par ces démarches de pere plutôt que de Roi & de Souverain, il est venu à bout de l'entreprise la plus auguste, la plus sainte & la plus chrétienne qu'il pût former, & qui pût lui procurer une gloire plus solide & plus éclatante devant Dieu & devant les hommes.

Le zele du Roi n'étoit pas renfermé dans les bornes de la France, il s'étendoit dans toutes les parties du monde. Il y avoit soixante ans que les Religieux Grecs Schismatiques s'étoient emparez du Saint Sepulchre, & en avoient chassé les Religieux de saint François, qui en étoient en possession depuis plus de quatre cens ans. Les Empereurs, & plusieurs Princes Chrétiens en avoient porté leurs plaintes à la Porte inutilement, lorsque Loüis le Grand en écrivit au Grand Seigneur. Le Marquis de Châteauneuf Ambassadeur de France, suivit l'affaire, qui fut renvoyée au Grand Visir. Il assembla le Divan, les quatre principaux Visirs, le Mufti, & les principaux Officiers de l'Empire. L'affaire y fut plaidée par les Parties, & jugée en faveur des Religieux de saint François, qui furent remis en possession de la Grotte de Bethleem, du Calvaire & du Saint Sepulchre. Le Roi obtint aussi aux Catoliques la permission de porter le Saint Sacrement dans de certaines Villes de l'Empire Ottoman publiquement dans les ruës, avec un Dais & des Cierges allumez. Nous parlerons encore dans la suite de ce que sa pieté lui a fait entreprendre, ou executer dans les Royaumes de l'Orient.

En 1685. l'élection d'Elisabeth Rouxel de Medavi de Grancé à la dignité de Secrette ou Sacristine du College & Chapitre de Remiremont, causa de grandes contestations entre les Dames Chanoinesses Seculieres de cette Abbaye. Nous voyons dans les Annales de l'Eglise, que dès le tems des Apôtres & de leurs successeurs, il y avoit des Chanoines & des Chanoinesses. Saint Ignace Martyr, Disciple de saint Jean l'Evangeliste, dans l'Epître qu'il écrit à ceux de Philippes, saluë le College des Vierges, qui vivoient en communauté dans leur Ville. Philon Juif, parle des Religieuses d'Alexandrie, qu'il appelle Therapestides, ou Adoratrices. Saint Basile écrivit des Constitutions pour des Vierges, qu'il nomme Chanoinesses, & saint Jerôme nous aprend que la vie des Religieuses, auprès de l'Eglise desquelles sainte Paule fit bâtir son Monastere, étoit conforme à celle du

Clergé, & qu'on donnoit à ces faintes filles le nom de Chanoineffes, pour les diftinguer de celles qui profeffoient la vie purement Monaftique. Ce font, fans doute, de femblables Vierges que fainte Helene trouva à Jerufalem, confacrées, au raport de Socrate, à une vie Ecclefiaftique à la façon du Clergé, & connuës fous le nom de Chanoineffes feculieres. Il eft mal aifé d'en découvrir l'origine, car on ne fait pas précifément fi elles ont été établies dans cet état, ou bien fi elles ne fe feroient pas enfin relâchées jufqu'à prendre le titre de Chanoineffes feculieres. Le Pape Boniface VIII. explique affez clairement leur état, lorfqu'il dit que confervant la proprieté de leurs biens, elles ne faifoient point Profeffion, & vivoient feulement comme les Chanoines feculiers: quoiqu'il en foit, on voit préfentement en Flandre, en Allemagne & en Lorraine plufieurs Maifons de ces Chanoineffes feculieres, qui font plutôt des retraites honêtes de filles à marier, que des lieux d'engagement pour le culte & le fervice de Dieu. L'une des plus illuftres de ces Maifons eft celle de Remiremont. Cette Abbaye fut fondée par Romaric Comte d'Avent. Il s'y trouve préfentement plus de quarante Dames toutes d'une condition diftinguée, nulle ne pouvant y entrer qu'après avoir fait preuve de huit quartiers de Noblesse ; aussi leur donne-t-on le titre de Chanoinesses-Comtesses de Remiremont. Ces Dames ne font point de vœux solemnels, à la réserve de l'Abbesse. Elles peuvent se marier quand bon leur semble, & posseder leurs biens propres. Elles ont droit, après quelques années, de prendre chez elles une ou plusieurs Dames de tout âge, qu'elles appellent *Niéces de Prébende*, & qui attendent des places vacantes. Les unes ni les autres ne portent point d'habits differens de ceux des Dames du monde, excepté au Chœur où elles chantent, & paroissent comme nos Chanoines seculiers. Les principales dignitez de ce Chapitre sont l'Abbesse, la Doyenne, & la Secrette ou Sacristine. Anne de Malin de Luz, fille du Baron de Luz Lieutenant General de Bourgogne, étant morte en 1684. la Princesse de Salm Abbesse de Remiremont, apuya les interêts de la Princesse Christine sa sœur, Niéce de Prébende, qui s'étant pourvuë en Cour de Rome, obtint des Bulles pour remplir cette place, sur l'exposé qu'elle avoit vaqué dans un mois du Pape. Elle en voulut prendre possession ; mais le Chapitre s'y opposa, & élut tumultuairement, & sans observer les formalitez requises, Elisabeth de Medavi de Grancé. Le lendemain, jour fixé pour proceder à une élection dans les formes, l'Abbesse de Remiremont fit encore élire, en cas de besoin, la Princesse Christine sa sœur, par quatre ou cinq Dames, & par quelques Nieces ; & les autres, qui étoient en bien plus grand nombre, & qui avoient la Doyenne à leur tête, élurent pour la seconde fois Elisabeth de Medavi. Ces contestations ayant été portées au Parlement de Metz, il ordonna par un Arrêt solemnel, que le Chapitre de Remiremont seroit maintenu dans le pouvoir d'élire une Secrette; & que sans avoir égard à la Bulle obtenuë par la Princesse Christine, ni à l'élection prétenduë de sa persone, non plus qu'aux deux autres élections aussi prétenduës faites de la persone d'Elisabeth de Medavi, il seroit procedé à une nouvelle élection d'une Secrette en la maniere accoutumée. L'Arrêt fut executé; & le Chapitre ayant encore élu Elisabeth de Medavi, elle prêta le serment de cette dignité dans les formes ordinaires, & en habit de ceremonie, & en demeura en possession paisible.

En 1685. mourut Marc-René-François de Sluse Chanoine de l'Eglise Catedrale de saint Lambert de Liege. Sa profonde érudition dans toutes sortes de matieres, la connoissance de toutes les langues de l'Europe, & même de l'Hebraïque & de l'Arabe, l'Histoire, le Droit Civil, le Droit Canon, sa grande réputation avoient obligé le Pape

Clement IX. à lui offrir des emplois, qui l'auroient élevé aux plus grandes dignitez de l'Eglise ; mais il les refuſa, ſe contentant de les meriter.

L'exemple du Roi, qui avoit chaſſé les heretiques de ſon Royaume, fut ſuivi par Victor-Amé II. Duc de Savoye ; il chaſſa les Vaudois des Alpes. Pierre Valdo Bourgeois de Lion, qui vivoit dans le douziéme ſiecle, Chef de la ſecte d'heretiques, qui de ſon nom furent appellez Vaudois, épouventé de la mort ſubite d'un de ſes amis, ſe mit dans la dévotion, & fit traduire l'Ecriture Sainte en langue vulgaire. Il crut alors être un grand Theologien ; & ne trouvant dans l'Ecriture ni le Purgatoire, ni la Meſſe, ni le Pape, il s'imagina que c'étoit autant d'inventions des gens d'Egliſe, & ſe mit à prêcher ſur ce ton-là. Ses prédications étoient toûjours ſuivies de grandes aumônes ; le Peuple les trouvoit convaincantes. L'Archevêque de Lion, par l'ordre du Pape Alexandre III. l'excommunia, & le chaſſa de Lion. Il paſſa en France, & dans les Pays-Bas, ſuivi de tous ceux qu'il avoit pervertis. Ils furent appellez dans les divers lieux où ils porterent leurs erreurs, Picards, Albigeois, Bohêmiens, Lollans, Fraticels ou Frerots, & furent chaſſez de par tout. Philippe-Auguſte les extermina en Picardie ; Saint Loüis en fit autant en Languedoc. Ils ſe refugierent enfin dans quelques vallées des Alpes, où les montagnes, les rochers, les défilez, les précipices & les cavernes les mettoient presque en sureté. Là ils professerent ouvertement leurs erreurs. Leurs décendans les succerent avec le lait; mais dans la suite de plusieurs siecles, étant devenus fort ignorans, ils ne retinrent presque autre chose de l'heresie de leurs peres, que l'aversion pour l'Eglise Romaine. Ils étoient dans cet état d'aveuglement, lorsqu'ils embrasserent le Calvinisme en 1555. Les Ducs de Savoye firent dans la suite plusieurs tentatives pour les convertir, mais inutilement. Le voisinage de Genêve, & des Cantons de Bâle, de Zurich & de Berne, qui suivoient la même créance, les rendoit fiers & inflexibles. Le Duc de Savoye résolut enfin de les convertir, ou de les chasser de ses Etats. Il y employa d'abord les moyens doux, Missions, récompenses, promesses; ils persisterent dans leur opiniâtreté, & le Duc prit la voye des armes pour les mettre à la raison. Il fit marcher des troupes contr'eux. Dom Gabriël de Savoye en étoit General, & avoit sous lui le Marquis d'Ogliani & Brichanteau. Il obtint du Roi quelques Regimens sous la conduite de Catinat, dont la sagesse égaloit la capacité. Les heretiques rebelles furent attaquez par divers endroits, où ils se défendirent par

desespoir

desespoir plutôt que par courage. On les força dans les lieux les plus inaccessibles, & ils furent enfin obligez d'implorer la clémence de leur Souverain, qui leur permit, au nombre de plus de douze mille, de se retirer chez les Protestans de leur Communion. Leurs terres furent données aux Catoliques de Savoye & de Piémont, qui voulurent s'y aller établir.

La plûpart des erreurs de Luther & de Calvin sont venus de celles des Vaudois, présentées avec plus d'adresse, & mieux acommodées à l'interêt des Princes. Mais dans le tems que le Roi sembloit être au comble de la félicité humaine, son corps fut attaqué d'un mal jusqu'alors presque inconnu, quoiqu'assez commun; on s'en cachoit. Ses Chirurgiens crurent d'abord le guerir par des remedes adoucissans; ils ne firent que l'irriter. On parla du voïage de Barege; mais après bien des consultations, il en falut venir à ce qu'on appelloit alors, la grande Operation. Felix premier Chirurgien, s'y prépara trois mois durant, en s'y exerçant dans les Hôpitaux. Il la fit enfin heureusement, & le Monarque la soutint avec son courage ordinaire, en disant au Chirurgien: *Achevez, & ne me traitez pas en Roi, je veux guerir comme un Payfan.* Il n'y avoit de présens que le Pere de la Chaise, le Marquis de Louvoy, le premier Medecin, & Madame de Maintenon. Le Roi dès le même jour se laissa voir aux Courtisans, & tint ses Conseils. Il donna le lendemain audiance aux Ambassadeurs, & leur parla avec une présence d'esprit & une gayeté, qui les força d'écrire à leurs Maîtres ce qu'ils venoient de voir & d'admirer.

A la nouvelle de l'operation, chacun sentit combien la vie d'un bon Roi est précieuse; chacun crut être dans le même danger où il étoit. La crainte, l'horreur, la pieté étoient peintes sur tous les visages, & les Eglises se remplirent en un moment, sans qu'il fut besoin que les Curez s'en mêlassent.

La fermeté du Roi contribua beaucoup à sa guerison. La tranquilité de l'esprit appaisa le boüillon du sang, la fiévre qui acompagne la supuration ne s'échaufa pas, & les Medecins le croyoient hors d'affaires au bout de quinze jours, lorsqu'il parut un sac, & il falut faire une nouvelle operation. Elle ne fut pas si longue que la premiere, mais elle fut plus douloureuse, parce qu'on n'y vouloit plus revenir; on alla bien avant dans la chair vive. Enfin, le Roi guerit parfaitement, alla rendre graces à Dieu à Notre-Dame, & dîner à l'Hôtel de Ville, aux acclamations du Peuple; ce qui lui fut encore plus sensible que sa guerison.

En ce tems-là le Pere de la Coste Dominicain, entreprit une Mission chez les Calibis, Nation de Sauvages qui habitoient entre Surinam, Colonie des Hollandois, & les Colonies Françoises de l'Isle de Cayenne ; il partit de la Martinique en qualité d'Envoyé du grand Capitaine des François. Il portoit quelques présens, qui devoient être le gage de l'amitié entre les deux Nations. Il s'adressa à un Capitaine des Sauvages, qui savoit parfaitement la langue Françoise. Il avoit été fait esclave dans son enfance, & mené en France par son Maitre, après la mort duquel il trouva le moïen de retourner en son païs. Le Missionaire s'adressa à lui, & en fut fort bien reçu. Il aprit bien-tôt la langue des Sauvages, & composa une espece de Catechisme, où les principales veritez de la Religion étoient exposées. Il les enseigna aux Sauvages, qui promirent d'y être fideles, leur fit renoncer au Demon, qu'ils adorent sous le nom de Jerokan, & en baptisa plus de neuf cens. Il parcourut tout le Païs, qui est fort grand, & planta dix-sept Croix dans autant de Carbets ou Villages, dont il baptisa les habitans. Ces heureux commencemens furent renversez par les Hollandois, qui l'attaquerent dans le cours de sa Mission, massacrerent le bon Capitaine qui le vouloit défendre, & firent perir plusieurs familles

An. de J. C.
1686.

de Calibis, qui avoient embrassé la Foi.

Le 11. Decembre 1686. mourut le grand Prince de Condé ; il demeuroit depuis six ou sept ans à Chantilli, & eut l'honneur & le plaisir de donner une fête au Roi dans un lieu qu'il avoit fort embelli. Ses incommoditez habituelles, & la goute l'avoient obligé à prendre le lait pour toute nourriture ; il ne laissoit pas de joüir de toutes les douceurs de la vie privée. Il s'occupoit à toutes les sciences, que la sublimité de son esprit lui faisoit pénétrer aisément. L'Histoire, la Philosophie, & même la Theologie lui étoient devenuës familieres ; mais quand il aprit que la Duchesse de Bourbon, femme de son petit-fils, avoit la petite verolle à Fontainebleau, il s'y fit porter, & l'assista pandant toute sa maladie. Il empêcha de vive-force le Roi d'entrer dans sa chambre, & tomba malade lui-même, ou du mauvais air, ou de fatigue. Il écrivit alors à Sa Majesté, pour lui demander la grace du Prince de Conti son neveu, qui étoit sorti de France sans la permission du Roi. On sera bien aise de voir ici sa Lettre.

SIRE,

« Je suplie très-humblement Votre Majesté
« de trouver bon que je lui écrive pour la der-

niere fois de ma vie. Je suis dans un état où
aparemment je ne serai pas lon-tems sans aller rendre compte à Dieu de toutes mes actions. Je souhaiterois de tout mon cœur que
celles qui le regardent, fussent aussi innocentes que presque toutes celles qui regardent Votre Majesté; je n'ai rien à me reprocher sur tout ce que j'ai fait quand j'ai commencé à paroître dans le monde, je n'ai rien
épargné pour le service de Votre Majesté,
& j'ai tâché de remplir avec plaisir tous les
devoirs ausquels ma naissance, & le zele sincere que j'avois pour la gloire de Votre Majesté m'obligeoient. Il est vrai que dans le
milieu de ma vie, j'ai eu une conduite que j'ai
condamnée le premier, & que Votre Majesté a eu la bonté de me pardonner; j'ai ensuite tâché de reparer ma faute par un attachement inviolable à Votre Majesté, & mon
déplaisir a toûjours été depuis ce tems-là,
de n'avoir pû faire d'assez grandes choses
qui meritassent les bontez que vous avez
eües pour moi. J'ai au moins cette satisfaction, de n'avoir rien oublié de ce que j'avois
de plus cher & de plus précieux, pour marquer à Votre Majesté que j'avois pour Elle
& pour son Etat tous les sentimens que je devois avoir. Après toutes les bontez dont
Votre Majesté m'a comblé, oserois-je encore
lui demander une grace, laquelle dans l'état

H h iij

» où je me vois réduit, me seroit d'une conso-
» lation très-sensible ? c'est en faveur de M. le
» Prince de Conti. Il y a un an que je le con-
» duis, & j'ai cette satisfaction, de l'avoir mis
» dans des sentimens tels que Votre Majesté
» le peut souhaiter. Le Pére de la Chaise en
» sait la verité, il le poura témoigner à Votre
» Majesté quand il lui plaira. Ce Prince a assu-
» rément du mérite; & si je ne lui avois pas re-
» connu, pour Votre Majesté, toute la soû-
» mission imaginable, & une envie très-sincere
» de n'avoir point d'autre regle de sa condui-
» te que la volonté de Votre Majesté, je ne la
» prierois pas, comme je fais très-humble-
» ment, de vouloir bien lui rendre ce qu'il
» estime plus que toutes choses au monde,
» l'honneur de ses bonnes graces. Il y a plus
» d'un an qu'il soupire, & qu'il se regarde en
» l'état où il est, comme s'il étoit en Purgatoi-
» re. Je conjure Votre Majesté de l'en vouloir
» tirer, & de lui acorder un pardon general.
» Je me flate peut-être un peu trop; mais que
» ne peut-on pas esperer du plus grand Roi
» de la terre, de qui je meurs comme j'ai vêcu,
» très-humble & très-obéïssant serviteur &
» sujet.

Le Roi en lisant cette lettre, fut si attendri de la sincerité avec laquelle le Prince
condamnoit la conduite qu'il avoit tenuë
dans le milieu de sa vie, qu'il laissa couler

quelques larmes. Il pardonna au Prince de Conti, qui courut à Fontainebleau, & qui eut la consolation d'embrasser son oncle avant sa mort, qui fut douce & chrétienne. Il s'y préparoit depuis lon-tems ; & quoiqu'il fut naturellement violent & colere, ses reflexions continuelles l'avoient rendu doux & patient. Le Pere Deschamps Jesuite, son Confesseur, le voyoit toûjours aller au devant des sentimens de pieté qu'il lui vouloit inspirer, & personne ne s'étonnoit qu'un Prince si grand par la naissance, par la fortune, & par le courage mourut en Philosophe Chrétien : ce qui fit dire à l'Archevêque de Sens, que le Ciel avoit donné sa mort pour exemple à tous les Fideles, après avoir donné sa vie pour modele à tous les grans hommes.

La levée du siege de Vienne, la prise de Bude, & toutes les pertes que firent les Turcs les années suivantes, leur avoient donné mauvaise opinion de leur Sultan Mahomet IV. ils le voyoient toûjours renfermé dans son Serrail. Les armées se révoltoient, parce qu'elles n'étoient pas payées. Mahomet eut beau leur sacrifier plusieurs Grans Visirs, qui furent étranglez ou envoyez en exil, il fut enfin déposé, & mis en prison, & son frere Soliman III. fut proclamé. Il avoit quarante-cinq ans ; & dans sa longue retraite, il avoit acquis une grande connoissance des matieres de la Loi. Les troupes n'en furent pas plus obéïssantes, & le forcerent à leur donner la tête du Grand Visir, qui l'avoit fort bien servi.

Le Mufti eut beaucoup de part à la déposition de Mahomet IV. Le Mufti est chez les Turcs ce que le Pape est chez les Chrétiens; & quand une fois le Grand Seigneur l'a choisi, il revere sa persone, sa dignité & ses avis. Il le consulte sur les affaires importantes, sur la paix, sur la guerre; & l'autorité des Muftis est si grande, qu'ils ont quelquefois décidé de la vie des Sultans. Orman & Ibrahim furent étranglez par leur ordre. Ils commandent souverainement à tous les Prêtres Turcs, qui sont appellez à Constantinople Imans, & à Jerusalem Santons. Leur principale fonction est d'appeller cinq fois par jour le peuple à la priere. Ils montent sur les minarés ou terrasses de leurs Mosquées, & crient à haute voix: *Dieu est grand, & Mahomet est son Prophete.*

Les desordres arrivez à Constantinople, obligerent la Princesse Ragoski femme du Comte Tekeli, à s'accommoder avec l'Empereur. Elle obtint une amnistie generale pour tous ceux de son parti, rendit la forteresse de Mongast après un an de blocus, remit aux Commissaires Imperiaux l'Etendart,

dart, l'Epée, le Bonnet en forme de Couronne couvert de plaques d'or, & les Lettres du Royaume de Hongrie, que le Grand Seigneur avoit envoyées au Comte Tekeli, & se retira à Vienne avec les Princes Ragoski, ses enfans du premier lit. Le Comte Tekeli n'entra point dans l'acommodement, & alla trouver le Grand Seigneur, qui lui promit sa protection, & lui donna une épée enrichie de diamans, en lui disant qu'elle lui seroit plus heureuse que celle que son frere Mahomet IV. lui avoit donnée, puisqu'il la tenoit d'une main plus innocente.

Vers l'an 1687. la foi Catolique triomfa à Diarbeker en Syrie, à soixante lieuës d'Alep. Il n'y avoit de Chrétiens dans cette Ville que des Nestoriens, & ce ne fut que plusieurs années après que les Capucins s'y établirent. L'Evêque étant mort, Joseph Religieux de saint Basile, alla à Mouffol, qui est l'ancienne Ninive, trouver le Patriarche Nestorien, qui le sacra Evêque de Diarbeker. Joseph étoit fort jeune, mais sa capacité & son éloquence lui gagnoient tous les cœurs. Il fut reçu de tous ses Diocesains avec une grande joïe ; mais peu après arriva à Diarbeker un autre Evêque, qui avoit été sacré par le Patriarche Nestorien qui demeuroit en Perse. Ce dernier venu avoit beaucoup d'argent. Le Bacha trouva qu'il avoit raison, & Joseph fut mis en prison les fers aux pieds. Ses amis vouloient se cotiser pour le tirer de-là: *Non, non,* leur dit-il, *laissez-moi en prison pandant quelque tems, l'ennemi de notre Eglise se croira le maitre; les Turcs lui feront payer bien cher un triomfe imaginaire. Ils l'épuiseront jusqu'au dernier sol, alors pour peu que vous donniez, j'aurai raison, & celui qui n'aura plus rien à donner aura tort.* La chose arriva comme il l'avoit prévuë, & il fut remis en possession de son Evêché.

Ce fut à peu près en ce tems-là que les Capucins s'établirent à Diarbeker. Le Pere Joseph de Blois y acquit une estime generale, & se fit aimer du Bacha. Il prêcha la créance Catolique avec tant de succès, qu'il convertit l'Evêque Joseph. Son esprit perçant connut bien-tôt la verité, & l'embrassa avec une joïe indicible. Il ne fut pas si-tôt Catolique, qu'il songea à la conversion de son Peuple; marque certaine de sa veritable conversion. Il trouva dans l'execution de ce dessein des contradictions infinies, & parut toûjours au dessus de ses persecuteurs. *J'ai bien soufert pour le mensonge,* s'écria-t-il, *n'est-il pas juste que je soufre aussi pour la verité ?* Enfin il se déclara hautement, & écrivit au Patriarche de Moussol, qu'il ne pouvoit plus le reconnoître pour son Superieur; que la grace lui avoit ouvert les yeux, & qu'il croyoit le Pape veritable successeur de saint Pierre. A cette nouvelle, le Patriarche de Mouſſol vint à Diarbeker, & par ſes préſens fit mettre en priſon le ſaint Evêque ; mais quelques jours après, Dieu changea tout d'un coup le cœur du Bacha ; un rayon de juſtice brilla dans ſon ame. Il ordonna que le Patriarche & l'Evêque comparoîtroient devant ſon Tribunal, pour dire chacun leurs raiſons. La conférence fut celebre ; tout ce qu'il y avoit de gens habiles dans Diarbeker de toutes les Religions s'y trouva. Le Bacha aſſis ſur des couſſins brodez d'or, commanda au Patriarche de parler le premier, ce qu'il fit aſſez mal & de mauvaiſe grace; au lieu que l'Evêque Joſeph parut animé d'un feu divin, & ravit en admiration tous ceux qui l'écoutoient. Il ſe faiſoit dans la ſalle pandant qu'il parloit, un murmure d'acclamations ; & quand il ne parla plus, tout le monde cria qu'il avoit raiſon. Le Bacha prononça en ſa faveur, & chaſſa le Patriarche de Mouſſol.

Ce triomfe de l'Evêque Joſeph, qu'il attribua à une protection particuliere du Ciel, lui fit redoubler ſon zele. Il vivoit comme le moindre de ſes Prêtres. Il aſſiſtoit tous les mourans. *Aimez Dieu, mes enfans*, leur diſoit-il; c'étoit par où il commençoit, & par où il finiſſoit ſes exhortations ; *Aimez Dieu, mes enfans, & mourez en paix. Son fils unique eſt mort pour vous, que pouvez-vous craindre? ſon ſang n'eſt-il pas capable de vous justifier ?* Il passa plusieurs années dans ces saints exercices, jusqu'à ce qu'il vint à Diarbeker un nouvel Evêque Nestorien, qui fut instalé en donnant au Bacha seize bourses, qui font huit mille écus. L'Evêque Joseph suivit l'exemple de saint Athanase & des Apôtres, qui quelquefois ont évité la persecution, & s'en alla à Rome. Le Pape Clement X. le reconnut bien-tôt pour homme d'esprit, & lui donna une place dans la Congregation de la Propagande, où il s'instruisit pandant deux ans des coutumes de l'Eglise Romaine. Enfin, la pensée de savoir son troupeau abandonné, le fit retourner à Diarbeker, malgré toutes les raisons humaines. Il y fut reçû en triomfe, & l'Evêque intrus s'enfuit si loin, que depuis dix ans on n'en a pas entendu parler. Le Pape érigea alors l'Evêché de Diarbeker en Patriarchat. Quelques années se passerent en paix, jusqu'à une nouvelle persecution. Les Turcs, sur le pretexte de la guerre de Hongrie, imposerent de grosses taxes. Le nouveau Patriarche, comme pere des pauvres, s'en plaignit ; & quoiqu'il n'ignorât pas que faire des remontrances à un Officier Turc, c'est commettre un crime digne de mort, il osa representer au Bacha son injustice, & le menaça d'aller s'en plaindre au Grand Seigneur. Il le fit comme il avoit osé le dire, &

partit un jour, suivi de tout son Clergé, & de plus de douze cens personnes qui chantoient les loüanges de Dieu ; il ne fut que quatre journées. Le Bacha qui en craignit les suites, lui manda qu'il pouvoit revenir à Diarbeker, & qu'il ôteroit toutes les taxes. Il tint parole, & peu après fut rappellé à Constantinople, & depuis ce tems-là le saint Patriarche a gouverné ses oüailles avec beaucoup de tranquilité & d'édification.

En 1645. mourut le Cardinal de la Rochefoucaud, Abbé Commandataire de sainte Genevieve. Il n'avoit accepté cette Abbaye qu'à condition d'y mettre la reforme, & qu'après sa mort les Religieux rentreroient dans le droit d'élire leur Abbé tous les trois ans. Le Roi y avoit consenti par son Brevet, & les Lettres Patentes en avoient été expediées.

Cette Abbaye fameuse depuis douze cens ans, avoit été fondée par le Roi Clovis, qui fit dédier l'Eglise sous le nom de saint Pierre & de saint Paul. Les Papes & les Rois lui avoient donné de grans privileges ; entr'autres, d'avoir un Evêque qui étoit d'ordinaire l'Abbé, afin qu'il pût celebrer l'Office divin avec plus de dignité, & contenter la dévotion des Peuples, qui venoient de toutes parts honorer le corps de la Sainte. On donna aussi à l'Abbaye de sainte Genevieve le nom d'Apostolique & de Papale, parce que les Papes qui venoient en France implorer la protection de nos Rois, y demeuroient ordinairement ; mais comme par le malheur des tems, & la corruption des siecles, les Clercs qui déservoient en communauté l'Eglise de sainte Genevieve, les Chanoines Seculiers qui leur succederent, & enfin les Chanoines Reguliers qui y avoient rétabli la régularité, étoient tombez eux-mêmes dans le relâchement, le Cardinal de la Rochefoucaud, par ses soins, y remit la régularité ; mais ce ne fut pas sans de grandes difficultez. Il avoit obtenu du Pape un pouvoir general de reformer tous les Ordres Religieux de France qui en auroient besoin. La reforme parmi les Chanoines ou Clercs Reguliers, avoit été établie depuis quelques années dans l'Abbaye de saint Vincent de Senlis, & l'on y vivoit saintement. Le R. Pere Charles Faure, quoique fort jeune, y faisoit paroître sa sainteté, son esprit & sa profonde capacité. Le Cardinal de la Rochefoucaud, qui le connoissoit, se servit de lui, dans le dessein qu'il avoit de reformer l'Abbaye de sainte Genevieve. Il le fit venir de saint Vincent de Senlis avec douze Religieux reformez, & les mit en possession de l'Eglise & des lieux reguliers de sainte Genevieve, malgré l'opposition des anciens. Ils étoient dix-sept, dont cinq se soûmirent à la reforme ; les autres y consentirent de mauvaise grace, après qu'on leur eût promis une subsistance honête. Le Pere Faure avant que d'entrer dans sainte Genevieve, fit à ses Religieux une exhortation patetique, qu'il commença par ces paroles de Moyse : *Ecoutez Israël, vous allez aujourd'hui passer le Jourdain pour vous rendre maîtres de ces Nations, qui sont plus fortes & plus puissantes que vous.* Il leur fit l'aplication de ces paroles, en leur disant qu'ils avoient été jusqu'alors dans l'obscurité, la pauvreté & la bassesse, & qu'ils entroient dans une Maison celebre depuis l'origine de la Monarchie. *C'est le Seigneur*, ajoûta-t-il, *qui fait ces merveilles, & c'est lui-même qui va passer devant vous comme un feu devorant, pour exterminer ces Nations qui ne le servent pas, & pour vous introduire en leur place. Nous allons, mes chers Freres, être exposez à la vûë de tout le monde, il faut leur donner bon exemple.* Ils le firent, & quand on décendit la Châsse de sainte Genevieve en 1625. pour demander à Dieu de la pluye, le Roi, la Cour, & tout le Peuple furent édifiez de leur modestie, & de leur air mortifié. Le Pere Faure fut alors établi Superieur de la reforme, qui fut mise dans la suite dans plus de cent Maisons, dans lesquelles tous les sujets sont employez au service du public ; les uns à la conduite des Paroisses, les autres au soin des pauvres des Hôpitaux, plusieurs à l'instruction des Ecclesiastiques dans les Seminaires des Evêques, & enfin les autres à l'éducation de la jeunesse dans les Colleges qu'ils ont en plusieurs endroits.

Le Cardinal de la Rochefoucaud voyant ses desseins benis de Dieu, & si avancez, fit assembler un Chapitre general, où toutes les Maisons de la reforme envoyerent des deputez; & il y fut résolu, suivant l'avis du Pere Faure, d'en former une Congregation, qui suivît les mêmes Reglemens, & dont l'Abbé de sainte Genevieve seroit toûjours le General. Le Pape en fit expedier une Bulle. Le Pere Faure proposa l'idée generale du gouvernement de la nouvelle Congregation, en posa les Loix fondamentales, & les pratiques essentielles & necessaires pour la conservation de la reforme, & tous ces Reglemens ont été depuis considerez comme des Loix qu'on a toûjours suivies.

En 1634. le Cardinal de la Rochefoucaud, qui vouloit remettre de son vivant la trianalité à sainte Genevieve, fit assembler le Chapitre general, & les pria de lui donner un Coadjuteur-Superieur General de la Congregation. Ils firent tous ferment d'élire celui qu'ils croiroient le plus digne; chacun écrivit son suffrage dans un billet séparé, & les billets furent mis l'un après l'autre dans une

une

urne. Le Cardinal prit l'urne entre ses mains, & tira lui-même les billets, qu'il lut tout haut, & il se trouva que le Pere Charles Faure avoit été élu canoniquement à la pluralité des suffrages, ayant eu toutes les voix, à l'exception de la sienne & de celle de trois Religieux anciens. Il fut aussi-tôt au son des cloches conduit à l'Eglise, où il prit possession de l'Autel & de sa place du Chœur, avec les ceremonies ordinaires. Les trois années de son Generalat étant expirées au mois d'Octobre 1637. on assembla un nouveau Chapitre en présence du Cardinal de la Rochefoucaud, & le Pere Faure fut continué tout d'une voix dans l'exercice de ses Charges.

La reforme s'établit bien-tôt dans plusieurs autres Maisons, & entr'autres dans le Prieuré de saint Lô de Roüen, dont il falut enfoncer les portes pour y faire entrer les reformez ; & depuis par une benediction particuliere de Dieu, cette Maison est devenuë l'exemple des autres.

Avant que le troisiéme Chapitre general s'assemblât, tous les Religieux de la Congregation, soûtenus du crédit du Cardinal de la Rochefoucaud, firent de fortes instances au Pape pour obtenir la dispense d'élire encore le Pere Faure pour leur General ; mais comme il avoit été reglé que le General ne pouroit être continué qu'une seule fois, ils ne purent l'obtenir. On proposa de differer le Chapitre jusqu'à l'année suivante, pour être un peu plus lon-tems sous la direction du Pere Faure, mais il s'y opposa avec tant de force & de raisons, que le Chapitre se tint suivant la regle. Le Pere Faure y déposa sa dignité, & redevint simple Religieux, au grand contentement de son humilité. Le Pere Boulard fut élu General, & le Pere Faure, dont ils ne croyoient pas pouvoir se passer, fut élu son Vicaire general. Ils témoignerent l'un & l'autre en cette occasion leur profonde humilité, & n'accepterent qu'après beaucoup de prieres & de larmes. Le Pere Boulard s'acquita dignement de ses fonctions pandant trois ans, malgré son âge & ses infirmitez, & mit la reforme dans plusieurs Maisons.

Enfin le quatriéme Chapitre general s'étant assemblé, le Pere Boulard déposa sa dignité, & levant les mains & les yeux au Ciel, *Que votre saint nom soit beni*, dit-il en s'adressant à Dieu, *que votre misericorde soit adorée dans tout l'Univers. Oüi, Seigneur, c'est votre esprit qui regne ici, tout le bien dont mes yeux sont témoins est votre ouvrage; c'est vous qui vous êtes formé un peuple selon votre cœur, c'est vous qui l'avez sanctifié; car enfin, qui peut mettre dans le cœur cet amour si uniforme du bien commun, ce désinteressement si pur, cet éloignement si sincere des honneurs ? Qui peut, dis-je, produire toutes ces merveilles, sinon celui qui est le maître souverain de toutes choses ? Suivez donc, mes chers Freres, les mouvemens qu'il vous inspire, & ne suivez que vos propres sentimens pour faire l'élection dont il s'agit.*

Après qu'il eut cessé de parler, on procéda à l'élection comme de coutume, & le Pere Faure fut élu General tout d'une voix. *Allez, mon Pere*, lui dit le Cardinal de la Rochefoucaud, qui étoit présent, *c'est Dieu qui vous choisit, & croyez que celui qui vous établit si visiblement le Chef de son Peuple, vous aidera pour le conduire.*

Le Pere Faure continua quelque tems avec le même zele & la même activité. Il fit la visite presque generale de toutes les Maisons de la Congregation ; mais enfin consumé de travaux, de veilles & de mortifications, il mourut en 1644. âgé de cinquante ans, après une maladie de deux mois. Le Cardinal de la Rochefoucaud, & toute la Congregation de sainte Genevieve le pleurerent amérement. On lui fit des Services solemnels dans toutes les Maisons de l'Ordre, & son corps fut mis dans le Chapitre de sainte Genevieve sous une tombe de marbre noir, avec une Epitafe Latine d'autant plus honorable, qu'elle ne contient que la verité.

Le Cardinal de la Rochefoucaud étoit

Grand Aumônier de France fous le Roi Loüis XIII. mais lorfqu'il fe voulut appliquer tout entier à la reforme des Maifons dépendantes de fon Abbaye de fainte Genevieve, il donna la démiffion de fa Charge en 1632. & ne fe réferva que la Superiorité du College de Navarre, qui étant fort près de fainte Genevieve, lui donnoit le moïen d'exercer fon zele pour la difcipline Ecclefiaftique. Il eut la confolation de voir le fruit de fes travaux, & vécut jufqu'à l'âge de quatre-vint-fept ans, fut Soû-Doyen du Sacré College, & regardé comme le pere des pauvres, le reftaurateur de l'Etat Monaftique, & le modele du Clergé feculier.

J'ai tiré les particularitez fuivantes de l'Hiftoire des Chanoines, compofée par le R. P. Raimond Chaponel, Chanoine de l'Ordre Regulier de faint Auguftin. La vie commune des Clercs, & la défapropriation de tous les biens avoit été établie par les Apôtres; & quoique les perfecutions en euffent interrompu le cours, il s'en étoit toûjours confervé quelques pratiques dans plufieurs Eglifes. Saint Athanafe l'avoit aportée en Occident, Eufebe Evêque de Verceil l'avoit embraffée, & faint Auguftin l'avoit rétablie en Afrique, & particulierement dans fon Eglife d'Hipone. Il y vivoit en commun avec fes Clercs. Saint Paulin de Nole, & faint Hilaire d'Arles la firent pratiquer à leurs Clercs dans le cinquiéme siecle. Les Conciles de Vaison, de Tolede & de Tours en recommandent l'observation; & lorsque le Pape saint Gregoire envoya le saint Evêque Augustin prêcher la Foi en Angleterre, il lui ordonna expressément de vivre en commun avec ses Clercs, suivant l'usage de l'Eglise naissante, qu'il avoit fait aussi observer dans l'Eglise de Rome. Le septiéme siecle n'aporta aucun changement à ce genre de vie; ce qui paroît clairement par les plaintes de saint Isidore de Seville contre les Clercs Acephales, qui ne vouloient pas vivre en commun dans la Maison de l'Eglise; par l'Ecrit de Julien Pomere contre les Chanoines proprietaires; & par la Novelle de Justinien, qui ordonne que les Clercs soient inséparablement attachez à leurs Eglises, comme les Moines à leurs Monasteres. La foiblesse humaine ayant causé le relâchement parmi les Clercs, dont la plûpart vouloient avoir leur bien propre, plusieurs Evêques, par les soins de l'Empereur Charlemagne, rétablirent la regle Apostolique dans leurs Eglises, & particulierement Grodegand Evêque de Mets, qui composa pour ses Clercs une Regle qui fut autorisée par le Concile d'Aix en 816. Sa Regle étoit un peu mitigée; mais enfin, ses Clercs devoient vivre en commun, coucher dans

K k iij

un même dortoir, & manger dans un même refectoire.

Ce fut dans le douziéme siecle, que les Clercs qui avoient quitté la vie commune, commencerent à s'appeller Chanoines seculiers, & ceux qui vivoient toûjours en commun se nommerent Chanoines reguliers, firent les vœux solemnels de chasteté, de pauvreté & d'obéïssance, sans être confondus avec les Moines, & se soûmirent à la Regle de saint Augustin, ou à des Constitutions tirées de ses Ouvrages; mais dans la suite, des Clercs particuliers, & même des Communautez entieres ayant quitté la vie commune, les Conciles furent obligez de faire des Decrets, les Evêques des Mandemens, & les Princes des Loix pour les reformer, & toûjours conformément à leur premier Institut, qui avoit commencé du tems des Apôtres, & que saint Augustin & les autres Evêques de son siecle avoient établi dans leurs Eglises; ainsi il faut convenir que les déréglemens qui arrivent, & les reformes qui se font dans les Ordres Ecclesiastiques & Reguliers, ne les abolissent pas pour en établir de nouveaux, mais qu'ils ne font que confirmer, renouveller & perfectionner ce qui étoit déja établi, & corriger les défauts qui s'y étoient glissez. On voit par-là que le Cardinal de la Rochefoucaud, en reformant l'Eglise de sainte Genevieve, & y remettant la régularité, ne changea pas son premier Institut.

Entre les Evêques qui montrerent le plus de joïe de la conversion des Huguenots en 1685. se distingua Anne Tristan de la Baume de Suse, Evêque de Tarbes, nommé à l'Archevêché d'Auch. Il publia un Mandement qui commençoit en ces termes : *Après la miséricorde que Dieu a faite à ce Diocese de le delivrer entierement de l'heresie, il seroit ingrat envers sa divine bonté, s'il manquoit à lui en rendre de solemnelles actions de grace.*

Le siege d'Auch n'a pas toûjours été Metropolitain ; ce ne fut qu'après qu'Evaric Roi des Gots eut ruiné la Ville d'Eause, Metropolitaine de toute la Novempopulanie, vers la fin du cinquiéme siecle. Le titre de Metropole fut alors transferé à l'Eglise d'Auch ; Anfranius est le plus ancien des Prelats de l'Eglise d'Auch. Il eut plusieurs saints Successeurs ; saint Orens, saint Leocadius, & saint Austrade. Il y en a eu quatre honorez de la Pourpre ; savoir les Cardinaux de la Tremoille, de Clermont, de Tournon & d'Est. L'Eglise Catedrale est magnifique; quelques-uns ont crû que Clovis en a été fondateur. Le Chapitre est composé de seize Dignitez, & de vint Chanoines, parmi lesquels il y en a cinq Seculiers qui ont séance au Chœur, & part aux distributions lorsqu'ils assistent au Service ; savoir le Comte d'Armagnac, & les Barons de Montaut, de Pardaillan, de Montesquiou & de Lille. Parmi les Dignitez le Prevôt a le premier rang ; ensuite huit Archidiacres, un Theologal & un Sacristain, & les Abbez de Saget, d'Idrac & de Cere.

L'Eglise d'Auch n'est pas la seule en France qui ait de ces sortes de dignitez. Il y en a de semblables dans l'Eglise de Clermont en Auvergne, & dans celle de Nôtre-Dame du Puy.

Dans le même-tems, François Rouxel de Medavi Archevêque de Roüen, abolit des superstitions qui se faisoient dans l'Eglise de saint Jaques de Diepe, sous prétexte d'honorer la sainte Vierge. Les Confreres de Soleret s'étoient tellement éloignez de l'esprit de l'Eglise dans le culte qu'elle rend aux Saints, & particulierement à la Mere de Dieu, que bien loin de celebrer ses fêtes avec pieté & édification, ils en avoient fait des jours de momeries & de spectacles. Ils commençoient le jour de la fête de sainte Anne à tendre un voile de Navire sur le Tabernacle du grand Autel, où est exposé le Saint Sacrement ; & depuis ce jour jusqu'à l'Assomption, ils préparoient des machines dans les galeries de l'Eglise pour les exposer le jour de la fête. Ils faisoient paroître pandant la celebration

celebration des saints Misteres, & au tems même de l'élevation, une figure qui representoit la sainte Vierge avec d'autres figures, qui par des postures ridicules, excitant des cris & des batemens de mains des assistans, troubloient l'ordre des divins Offices, & détournoient le Peuple de l'attention respectueuse avec laquelle ils doivent y assister. Ils avoient aussi acoutumé le jour de l'Octave de l'Assomption de la sainte Vierge & le jour de la Nativité, de se servir des voûtes & des galeries de l'Eglise pour y faire des feux d'artifices, & brûler des figures de diférentes persones, sous prétexte de brûler l'heresie. L'Archevêque de Roüen fit un Mandement, qui défend toutes ces représentations sous peine d'excommunication. La Confrérie s'y soûmit, & depuis ce tems-là on n'a plus vû à Diepe de pareilles superstitions.

Après la mort de Charles II. Roi d'Angleterre, le Duc d'York son frere, fut reconnu Roi sans que persone s'y opposât. Il s'étoit déclaré Catolique, & pouvoit craindre quelque obstacle de la part de ses sujets, presque tous Protestans; mais sa grande réputation, son courage, sa bonté même gagnerent tous les cœurs. Il fit publier d'abord une proclamation, par laquelle il ordonna que tous ceux qui à la mort du Roi son très-cher Frere, étoient en possession de quelque em-

Tome XI. Ll

ploi public, ou de quelque Office dans le gouvernement civil où militaire en Angleterre ou en Irlande, y seroient continuez ainsi qu'ils en joüissoient ci-devant, se réservant à l'avenir de réformer les abus du Gouvernement. Il fut aussi proclamé Roi en Ecosse sous le nom de Jaques VII. Il promit de laisser la liberté entiere de conscience, & peut-être que s'il avoit tenu sa parole, toute l'Angleterre seroit présentement Catolique ; mais un zele inconsideré le prit, il ouvrit des Eglises, donna deux Colleges aux Jesuites, qui enseignoient gratuitement les enfans Protestans aussi-bien que Catoliques. Il envoya au Pape Innocent XI. le Comte de Castelmaine Ambassadeur, qui fit son entrée à Rome à la grande joïe du peuple Romain, soûmit à l'Eglise les trois Royaumes d'Angleterre, d'Ecosse & d'Irlande, & fut admis au Soglio, comme les autres Ambassadeurs. Le Pape envoya aussi-tôt à Londres le Nonce Dada, cousin germain du Prince Dom Livio Odescalchi son neveu. Il fut reçû avec le respect dû à son caractere, & fit son Entrée publique avec magnificence.

Cepandant le Duc de Montmoult fils naturel du Roi Charles II. renouvella ses prétentions à la couronne ; ses Partisans assuroient que le feu Roi avoit épousé sa mere. Le Comte d'Argile fit de vains efforts pour faire revolter l'Ecoſſe en ſa faveur, & ramaſſa cinq ou ſix mille hommes, qui furent bien-tôt diſſipez. Il fut pris priſonier, & eut le col coupé. Le Duc de Montmoult ne perdit pas courage, paſſa en Angleterre, (il s'étoit retiré en Hollande) & eut bien-tôt une petite armée de cinq ou ſix mille hommes. Milord Grei le joignit avec quelque cavalerie, & le fit proclamer Roi. Le Duc d'Albemarle fils du fameux Monk, les attaqua auprès de Veſton, les défit, & les prit priſonniers. Le Duc de Montmoult, après les procedures ordinaires, eut le col coupé. Il mourut avec beaucoup de fermeté, ſans vouloir demander pardon au Roi. Milord Grei eut ſa grace ; ce qui fit ſoupçonner que dans le combat, il avoit fait plier la cavalerie qu'il commandoit.

Le Roi Jaques après cet heureux ſuccès, ſe crut en état de tout entreprendre. Son Conſeil étoit compoſé du Comte de Sunderland Secretaire d'Etat, du Comte de Caſtelmaine, & des Milords Peterboroug, Povvis, Tirconel, Arondel, Bellaſis & Douvre, & ſes troupes étoient commandées par le Duc de Barwic ſon fils naturel, & par Douvre, Montgomeri, Dumbarton & Hamilton. Il abolit en Ecoſſe le Serment du Teſt, & le ſuſpendit ſeulement en Angleterre. Les Evêques de la Religion Anglicane en firent grand bruit, & lui préfenterent des requêtes ſi inſolentes, qu'il en envoya ſix à la Tour. Enfin, il en fit tant que les Seigneurs Anglois eurent recours ſecretement au Prince d'Orange, qu'ils regardoient comme l'heritier préſomptif de leur Couronne, (il avoit épouſé la fille aînée du Roi Jaques) & lui promirent de ſe déclarer pour lui, dès qu'il auroit mis le pied en Angleterre ; ils l'avoient promis par écrit. Il eſt vrai que la Reine Marie d'Eſt étoit acouchée du Prince de Gales ; & quoique ſa naiſſance eut été attaquée par les émiſſaires du Prince d'Orange, comme la Reine étoit acouchée en préſence de vint Milords, & que deux ans après elle eut une fille, ces bruits ſe ſont évanoüis. Les principaux chefs de la Conſpiration étoient les Comtes de Clarendon & de Rocheſter, freres de la Ducheſſe d'Iork, premiere femme du Roi. Le Comte de Sunderland premier Miniſtre, en étoit auſſi ſecretement ; & pour mieux tromper ſon Maître, il avoit lié une amitié étroite avec le Pere Peters Jeſuite, Confeſſeur de Sa Majeſté.

Le Prince d'Orange n'heſita pas à prendre les armes contre ſon beau-pere. Il avoit même pandant la paix beaucoup de pouvoir en Hollande. Il arma des vaiſſeaux, leva des troupes, amaſſa des proviſions de guerre & de bouche, & fit des préparatifs qui faisoient assez connoître l'entreprise qu'il méditoit. Le Comte d'Avaux Ambassadeur de France à la Haïe, en avertit plusieurs fois le Roi Jaques, qui se moqua de l'avis, & lui répondit qu'avec quarante mille hommes de bonnes troupes, & quarante vaisseaux de ligne, il ne craignoit rien. Le Comte de Sunderland son Ministre, lui donnoit cette confiance, & le trahissoit. Le Roi mieux averti ordonna au Comte d'Avaux de faire expliquer les Hollandois sur leur armement. Ils répondirent qu'ils n'avoient aucune intention de troubler la paix, sans s'expliquer davantage. Enfin, le Roi manda au Roi d'Angleterre que puisqu'il ne vouloit ni vaisseaux ni troupes Françoises, il alloit faire une diversion en sa faveur en assiegeant Mastrik ou Philisbourg, dans l'esperance que les Hollandois se voyant attaquez, rappelleroient leurs troupes pour leur propre défense. En effet, le Daufin qu'on commençoit à appeller Monseigneur, prit Philisbourg, Heildelberg, Manheim, Mayance, & donna de grandes esperances de sa valeur & de sa sagesse.

Le Comte de Sunderland avoit persuadé au Roi Jaques de refuser absolument tous les secours de France; & que s'il faisoit passer des troupes Françoises en Angleterre, ses Sujets, dans la crainte du pouvoir arbitraire, seroient peut-être tentez de se révolter.

Cepandant le Prince d'Orange mit à la voile le 26. Octobre avec vint vaisseaux de guerre, & cinq ou six cens bâtimens plats où ses troupes s'embarquerent, ce qui marquoit assez qu'il n'avoit à faire qu'un trajet ; mais les vents le refuserent. Quelques vaisseaux furent démâtez, & il falut rentrer dans les Ports. Ce desordre fut bien-tôt réparé ; il se rembarqua le 10. de Novembre. Tous ses vaisseaux arboroient le pavillon d'Angleterre, avec cette inscription : *Pour la Religion & la liberté*, & au bas ces mots, *je maintiendrai*, qui est la devise ordinaire des Princes d'Orange. La flotte d'Angleterre les vit passer tranquillement, sans vouloir les attaquer, & se retira à l'embouchure de la Tamise. Il n'y eut que six Capitaines de Vaisseau qui témoignerent quelque bonne volonté. Le Prince d'Orange, au bout de cinq jours d'une heureuse navigation, aborda à Darmouth & à Torbai dans le pays de Devonshire, & mit à terre dix mille hommes de pied, & trois mille chevaux. Dès que le Roi Jaques le sut, il harangua ses troupes ; & se doutant de la trahison, *Que tous ceux qui voudront*, leur dit-il, *aillent trouver le Prince d'Orange*. Ils ne répondirent que par des acclamations, & des protestations de donner leur sang pour son service. Il fit aussi-tôt marcher son armée du côté de Torbai, mais il eut le chagrin de la voir bien-tôt diffipée. Le Prince George de Dannemarc, le Duc de Grafton, tous les Seigneurs & Officiers allerent trouver l'Ufurpateur. Le Roi effrayé d'abord de la défection de quelques Regimens, avoit abandonné l'armée. Il affembla fon Confeil, & y fit appeller les Evêques & les Milors Proteftans. On y réfolut d'affembler un Parlement libre, & cepandant de moyenner une treve avec le Prince d'Orange. Ce Prince y confentit, à condition qu'il pouroit venir à Londres, & y avoir des Gardes en pareil nombre que le Roi ; mais ce Roi intimidé, avoit déja pris fon parti. La Reine & le Prince de Gales, qui n'avoit que huit mois, étoient paffez en France fous la conduite du Comte de Lauzun, qui fe trouva par hazard à Londres. Le Roi y vouloit paffer lui-même ; mais il fut arrêté à Feversham, & reconduit à Londres, où on le reçût avec honneur ; mais on le mena à Rochefter, d'où il fe fauva quelques jours après, & paffa dans une barque à Ambleteufe près de Calais. On dit que le Prince d'Orange l'avoit fait garder négligemment, afin qu'il fe fauvât, & qu'on pût dire qu'en quittant l'Angleterre, il avoit renoncé à la Couronne. Il fut reçû en France de la maniere dont on y reçoit les Princes malheureux. Le Roi alla au devant de lui,

& l'accabla d'amitiez. Il se fit alors entr'eux un commerce de bonne & de mauvaise fortune, de prosperitez & de malheurs. On voyoit sur le visage de Loüis une douleur sincere, qui eut fait croire qu'il avoit perdu ses Royaumes, & l'on voyoit sur le visage du Roi de la Grande Bretagne une joïe veritable, qui l'eut fait prendre pour le pacificateur de l'Europe.

Le Prince d'Orange avoit été suivi par tout avec des acclamations. La Princesse Anne sa femme étoit passée en Angleterre. Le Parlement s'assembla, & les déclara l'un & l'autre Roi & Reine, avec la condition que si le Prince mouroit le premier, la Princesse Anne demeureroit Reine.

Cepandant le Comte de Tirconel Viceroi d'Irlande, dont le nom sera à jamais celebré, maintenoit l'Irlande dans l'obéïssance de son Roi : inébranlable aux promesses, aux menaces de l'Usurpateur, il ranima dans un Royaume entier la fidelité mourante. Il y avoit beaucoup de Catoliques dans le Pays ; il en forma des troupes nombreuses, animées par le zele de la veritable Religion. Il fit de grans magasins de vivres, & de munitions de guerre, & s'empara de toutes les Villes à la réserve de Londonderi, qui lui eut donné la communication avec l'Ecosse, qui n'étoit pas fort tranquile. On vit alors des Peuples farouches

rouches & indociles se ranger sous les Etandars d'une milice reglée, aprendre avec une application inconcevable les évolutions militaires, des vieillards faire l'exercice de nouveaux Soldats, des enfans manier des armes, qu'ils pouvoient à peine porter, des femmes, malgré la foiblesse de leur sexe, vouloir entrer en part des travaux de la guerre, & des plaisirs de la victoire, chacun contribuant de ses forces à la défense commune. Le Viceroi couroit de Ville en Ville, de Province en Province, animoit les uns par le puissant motif de la Religion, les autres par la fidelité qu'ils devoient à leur Roi; les uns par la gloire qu'ils pouvoient acquerir, les autres par la récompense qu'ils devoient attendre, & tous par son exemple plus fort & plus persuasif que tous les raisonnemens. Il avoit trouvé les esprits bien disposez. Les enfans se souvenoient encore de la constance & de la fidelité de leurs peres, lorsqu'avec tant de courage, ils s'étoient opposez pandant cinq années au faux Protecteur de l'Angleterre, monstre qui deshonora son siecle, & dont la memoire doit être ensevelie dans un éternel oubli.

Tirconel ressentit redoubler son zele à la vûë de ce bon Peuple, qui semblable à ces Habitans d'un autre Monde, étoient assez heureux pour ignorer encore tant de portes de la Mort, que la malice des hommes imagine tous les jours. Ils se faisoient des armes de tout, coupoient dans les forêts des bâtons, & se croyoient invincibles quand ces bâtons avoient quelque pointe de fer. Ils s'acoutumoient à soufrir les injures de l'air; leurs corps qui sont grans & bien fournis, sembloient leur demander beaucoup de nouriture, & ils leur en donnoient peu, verifiant, par une experience journaliere, ce qu'on a toûjours dit, que les Irlandois sont soldats en naissant, & bons soldats quand ils sont aguerris. Mais comment attaquer, comment se défendre sans armes ? Ils prévoyoient l'orage qui alloit tomber sur eux; toute l'Angleterre infidele s'aprêtoit à les punir de leur fidelité. Ils eurent recours à l'azile commun des malheureux ; ils envoyerent en France demander des armes, des munitions de guerre, & des Capitaines pour les conduire.

Dès que le Roi Jaques aprit que Tirconel avoit rassemblé plus de cinquante mille hommes prêts à donner leur vie pour son service, il passa en Irlande avec six mille François. Le Roi Guillaume y passa aussi avec quarante mille hommes. Il s'y donna divers petits combats, qui ne déciderent de rien. Enfin se donna la bataille de la Boine, qui fut fort opiniâtrée, & que le Roi Guillaume gagna. Il y fut blessé d'un éclat de canon. On le porta dans un Château voisin, où pandant six semaines on ne le laissa voir à persone. Le bruit courut qu'on cachoit sa mort, & la joïe en fut si grande parmi ses ennemis, qu'on en fit à Paris des réjoüissances ridicules, & même à Versailles, quoique le Roi eut envoyé des Gardes pour l'empêcher ; ce qui fit assez voir que si ce Prince n'étoit pas aimé, il étoit craint. Il n'eut pas de peine, après sa guerison, à se rendre maître de l'Irlande. Il reprit toutes les Villes, à la réserve de Limerik, que Boisselot François, défendit encore lon-tems.

Le 19. Avril mourut à Rome la Reine Christine de Suede, dont la memoire sera toûjours précieuse à l'Eglise, pour avoir préferé à sa Couronne la Religion Catolique, dont sa profonde érudition lui avoit fait connoître la verité. Le Pape Innocent XI. la fit enterrer dans l'Eglise de saint Pierre, avec toutes les distinctions qu'elle méritoit. Elle avoit fait un second voyage en France, & avoit été reçûë par tout avec les mêmes honneurs. On lui avoit fait des Entrées dans toutes les Villes. Un Ministre de la Religion prétenduë reformée la harangua à Moulins. *Monsieur*, lui dit-elle, après que la Harangue fut finie, *vous avez oublié ce qu'il y avoit de plus beau à dire, c'est ma conversion.* Madame, lui répondit le Ministre, *j'étois chargé de faire l'E-*

An. de J. C.
1689.

loge de Votre Majesté, & non pas son Histoire.

Le Pape Innocent XI. ne lui survécut que quelques mois, & mourut à l'âge de soixante-dix-huit ans, après treize ans de Pontificat, en conjurant les Cardinaux de lui donner un successeur qui pût réparer les fautes qu'il avoit faites. Il avoit créé quarante-trois Cardinaux. Saint Pontife, s'il n'eut point été trop passionné pour augmenter les droits du Saint Siege. Il avoit en 1678. érigé l'Evêché d'Alby en Archevêché, & lui avoit attribué pour suffragans les Evêques de Mande, de Vabres, de Cahors, de Castres & de Rhodès, qui dépendoient auparavant de Bourges, & qui en étoient fort éloignez. Il avoit pris le tems de la vacance de l'Archevêché de Bourges, à qui il resta encore pour suffragans les Evêques de Clermont, de Saint Flour, de Tulle, de Limoge & du Puy. Dès que les Cardinaux eurent donné avis au Roi de la mort du Pape, ce Prince envoya à Rome le Duc de Chaunes Ambassadeur extraordinaire, avec ordre de representer au Conclave qu'ils devoient songer à mettre sur le trône de saint Pierre, un sujet de merite qui pût lui aider à défendre la Religion attaquée par l'Empereur, par le Roi d'Espagne, & par les Princes les plus Catoliques, qui s'étoient liguez avec le Prince d'Orange contre Jaques II. Roi d'Angleterre. L'Ambassadeur les harangua si bien, qu'ils attendirent les Cardinaux François avant que de proceder à l'élection qui se fit après leur arrivée. Ils élurent le Cardinal Pierre Ottobon, Noble Venitien, Sous-Doyen du Sacré College, dont les grans talens étoient connus, & qui fut fort agréable au Roi. Il prit le nom d'Alexandre VIII. & repara bien-tôt toutes les fautes de son prédecesseur. Il acorda au Roi un Indult pour nommer aux Evêchez de Mets, de Toul & de Verdun, d'Arras & de Perpignan, & un nouvel Indult aux Officiers du Parlement de Paris, suivant lequel ils ne sont pas obligez à accepter le Benefice que le Collateur leur offre, s'il ne vaut au moins six cens livres de rente sans charge d'ames. Il fit l'ouverture du Jubilé Universel, & créa onze Cardinaux, entre lesquels fut Toussaint de Fourbin de Janson, Evêque de Beauvais. Il canonisa Laurent Justinien Patriarche de Venise, Jean Capistran, & le Bien-heureux Jean de Dieu Frere de la Charité, & mourut au mois de Fevrier après seize mois de Pontificat, qui ne furent pas inutiles à ses neveux. Il avoit sollicité ardemment le grand secours que le Roi envoya au siege de Candie sous la conduite du Duc de Beaufort, & mourut quelques jours après la prise de Candie.

Antoine Pignatelli Archevêque de Naple, lui succeda à l'âge de soixante & dix-sept ans, qui lui laiſſoient toute la vigueur de ſon eſprit. Il donna auſſi-tôt un Jubilé Univerſel pour obtenir de Dieu la réünion des Princes Chrétiens, & leur envoya des Nonces pour les exhorter à la paix. Il conſentit que le Roi joüit de la Regale dans tous les Evêchez de ſon Royaume, & acorda des Bulles à cette condition aux nouveaux Evêques; mais ce qui étoit plus important, il fit publier & jurer par tous les Cardinaux la fameuſe Bulle du Nepotiſme, par laquelle il regla qu'à l'avenir les Papes n'auront plus de Cardinal Patron, & que leurs parens ſeront exclus de la charge de General de la ſainte Egliſe. Il aſſigna des revenus conſiderables au College de la Propagande, fondé par Urbain VIII. à condition d'entretenir quarante Miſſionaires ſurnumeraires, pour aller prêcher la Foi dans toutes les parties du monde. Il donna le Palais Pontifical de Sixte V. aux pauvres invalides de l'un & de l'autre ſexe, avec trente mille écus de rente, & une maiſon de plaiſance pour y aller prendre l'air. Il acheta un Palais du Connétable Colomne pour les pauvres Prêtres invalides. Les veuves, les orphelins, & les pauvres honteux ſe ſentirent auſſi de ſes liberalitez.

La Religion Chrétienne eſt floriſſante dans les Indes Occidentales, dans tous les Pays qui ſont ſous la domination de l'Eſpagne.

Fernand Cortés, heros très-Chrétien, l'établit dans le Mexique, & François Pizzare dans le Perou. Les Rois Catoliques n'y épargnerent ni foins ni dépenfe. Il y a préfentement dans ces deux grans Empires cinq Archevêchez, trente-huit Evêchez, deux Abbayes, & un grand nombre d'autres Dignitez Ecclefiaftiques, qui ont environ trois millions de ducats de revenu, fans parler de plus de fix mille Eglifes, tant Paroiffiales que Conventuelles, qui ont leur revenu particulier. La feule Sacriftie des Dominicains dans la Ville de Mexique, eft eftimée riche de trois millions. Les Dominicains, les Cordeliers & les Peres de la Merci défervent la plûpart des Cures, dont quelques-unes valent cinquante mille piaftres de rente. Les Jefuites, les Cordeliers & les Auguftins y vont quelquefois faire des Miffions.

La Nouvelle France ou Canada fut découverte feulement en 1504. Jean Verrazon en prit poffeffion au nom de François I. en 1525. & en 1537. les Jefuites y allerent en Miffion, & quelques-uns furent mangez tout vivans par les Iroquois. Ils avoient converti & baptifé quelques Hurons & Algonquins; mais la Foi, à proprement parler, ne fut folidement établie dans ce Pays-là qu'en 1674. que la Ville de Quebec fut érigée en Evêché. François de Laval, qui en étoit Vicaire Apostolique sous le titre d'Evêque de Petrée, en fut le premier Evêque. Son âge & ses infirmitez l'ont obligé de s'en démettre entre les mains de Jean-Baptiste de la Croix de Saint Valier son Coadjuteur, qui n'a pas moins de zele pour la conversion des Sauvages.

Il y a cent ans que les Jesuites Portugais convertirent un grand nombre de Negres dans le Monomotapa, à l'une des extremitez de l'Afrique, vers le Cap de Bonne-Esperance. Le Roi du pays lui-même, & la plûpart de ses Courtisans furent baptisez par le Pere Gonsalve Silveyra en 1560. mais ce Prince inconstant, s'étant laissé séduire par quatre Turcs, qui lui firent acroire que le Pere Silveyra étoit un enchanteur, il lui fit couper la tête. Il s'en repentit dans la suite, & punit les calomniateurs. Le Christianisme s'y est extrémement acru vers le milieu de ce siecle, par la conversion du Roi & de la Reine, qui en 1652. furent instruits & baptisez par les Peres de l'Ordre de saint Dominique. Le Roi prit le nom de Dominique, la Reine celui de Loüise, & le Prince aîné fut nommé Michel; mais ce jeune Prince, moins touché de cet éclat temporel, que de la grandeur & de la sainteté de la Religion, n'envisageant rien de plus grand au monde, que de se consacrer au service de Dieu, renonça courageusement

geusement au droit de regner, & prit l'habit de saint Dominique. Après avoir employé quelques années à se former suivant l'esprit de l'Ordre, il se donna tout entier à la conversion de ses sujets. Il y travailla avec un succès surprenant ; & en 1670. le Pere Rocaberti General des Dominicains, voulant honorer son zele, lui envoya des Lettres de Docteur en Theologie, & il est marqué dans ces Lettres, que le Pere Michel (c'est le nom qu'il porte) travaille toûjours avec la même ardeur à la conversion de son peuple, & qu'il est secondé par plusieurs Missionaires de son Ordre, qui vont dans des cavernes & dans des montagnes inaccessibles annoncer l'Evangile à ces Nations barbares.

Le 20. d'Avril mourut Chrétienne-Victoire de Baviere Daufine. Elle avoit donné à la France les Ducs de Bourgogne, d'Anjou & de Berri ; mais après quelques années d'une vie fort heureuse, elle tomba malade d'un mal inconnu à tous les Medecins, qui ne le croyoient pas considerable. Elle seule le jugea d'abord sans remede, & se prépara à l'éternité. Elle y avoit pensé dès son enfance, & vouloit se faire Religieuse. La solitude & la priere devinrent son partage. On attribuoit à bizarrerie ce qui n'étoit causé que par ses douleurs. *Tout le monde*, disoit-elle, *dit que ce n'est rien, ils ne me croiront malade que quand je*

An de J.C. 1690.

serai morte. En effet, son mal & son courage allerent toûjours en augmentant. Elle reçut avec foi tous les Sacremens de l'Eglise, dit adieu au Roi & à Monseigneur, donna sa benediction à ses trois enfans, & dit au Duc de Bourgogne ces paroles memorables : *Recevez, mon fils, ma derniere benediction, tâchez de devenir un grand saint. N'oubliez jamais l'état où vous me voyez ; que cela vous excite à la crainte de Dieu, à qui je vais rendre compte de mes actions ; aimez & respectez toûjours le Roi, & Monseigneur votre Pere ; n'oubliez jamais le sang d'où vous sortez ; aimez vos freres, ils vous respecteront, & conservez de la tendresse pour ma memoire.*

Le Roi parut atendri, & ne la quitta plus. Il rechercha ce que les Princes, & même la plûpart des hommes éloignent tant qu'ils peuvent ; malgré la juste douleur dont il étoit penetré, il voulut voir de ses propres yeux ce que c'est que la mort, la mort avec tout ce qu'elle a de plus rude & de plus humiliant, comme si la Providence avoit voulu préparer à ce grand Prince un si terrible spectacle, pour lui faire comprendre d'une maniere bien sensible, que tous les moyens que la grandeur humaine imagine pour nous déguiser la corruption & le néant de notre corps, sont inutiles en cette occasion. Ce Prince qui pouvoit couvrir la mer de ses vaisseaux, & la terre de ses soldats, ne pouvant rien pour le foulagement de la Princeſſe, verſa des larmes, & dit à Monſeigneur : *Mon Fils, nous mourons auſſi vous & moi, voilà ce qui nous égale aux moindres des hommes.*

La Daufine ne ſongea plus qu'à mourir dans l'amour du Seigneur, & fut aſſiſtée dans ſes derniers momens par Jaques Benigne Boſſuet Evêque de Meaux, grand Prelat qui avoit rendu les mêmes devoirs à Madame.

La Miſſion de ſaint François Xavier, dite du Saut, dans la Nouvelle France, donna cette année pluſieurs Martyrs à l'Egliſe. Etienne Iroquois s'étoit fait Chrétien depuis pluſieurs années. Il avoit grand ſoin de bien élever ſes enfans ; mais un jour étant à la chaſſe, il fut pris par les Iroquois, qui n'ayant pû lui faire renier la Foi, lui firent ſouffrir d'horribles tourmens. Ils lui arracherent les ongles ; lui couperent les doigts l'un après l'autre, lui firent des inciſions par tout le corps, & le brûlerent à petit feu. *Mon frere*, lui dit un Iroquois, *tu es mort ; ce n'eſt pas nous qui te tuons, c'eſt toi qui te tuë toi-même, puiſque tu nous quitte pour demeurer parmi ces chiens de Chrétiens du Saut. Il eſt vrai*, leur répondit Etienne, *je ſuis Chrétien, & je fais gloire de l'être. Faites de moi tout ce qu'il vous plaira ; je ne crains point vos tourmens, & je donne volontiers ma vie pour un Dieu qui a verſé tout ſon ſang pour moi.* Ils recommencerent à le tourmenter. *Ne m'épargnez*

An. de J. C. 1690.

pas, leur difoit-il, mes pechez meritent encore plus de foufrances; plus vous me tourmenterez, & plus vous augmenterez la récompenfe qui m'atend dans le Ciel. Enfin, lorfqu'il fentit fes forces défaillir, il leva les yeux au Ciel, recommanda fon ame à Jefus-Chrift, & le pria de pardonner fa mort à ceux qui le traitoient avec tant d'inhumanité.

Deux ans après, une femme de la même Miffion du Saut, montra le même courage, & foufrit les mêmes fuplices. Toute la Miffion étoit édifiée de fa pieté, de fa modeftie, & de fa charité pour les pauvres. Les Iroquois la prirent, & la firent monter fur un échafaut dreffé au milieu du Village. Là en préfence de fes parens, elle déclara qu'elle étoit Chrétienne, qu'elle s'eftimoit heureufe de mourir dans fon pays à l'exemple de Jefus-Chrift, qui avoit été mis en croix par ceux mêmes de fa Nation. Un de fes parens fauta fur l'échafaut, lui arracha un petit Crucifix qu'elle avoit au col, & d'un couteau qu'il tenoit à la main, lui fit une double incifion fur la poitrine en forme de Croix. Tiens, lui dit-il, voilà la Croix que tu eftime tant. Je te remercie, mon frere, lui répondit Françoife, je pouvois perdre cette Croix que tu m'a ôtée, mais tu m'en donne une que je ne perdrai qu'avec la vie. Elle mourut comme Etienne, au milieu des flammes. Ces particularitez ont été raportées par M. de Saint Michel, Seigneur de la Côte de ce nom, qui étoit alors captif des Iroquois, & qui se sauva comme par miracle, une heure avant le tems où ils devoient le brûler.

Le Roi avoit à soûtenir la guerre contre tous les Princes de l'Europe. Il prenoit des Villes, il gagnoit des batailles, & faisoit front par tout. La seule guerre d'Italie l'incommodoit. Le passage des Alpes coutoit des sommes immenses ; les munitions de guerre & de bouche ne s'y pouvoient transporter que sur le dos des mulets. Le Traité du Duc de Savoye avec les Alliez alloit expirer. On lui proposa la neutralité de l'Italie, & on lui offrit de lui rendre quelques-unes de ses Villes, & Pignerol demantelé ; mais ce qui le détermina, on lui proposa le mariage de la Princesse Marie-Adelaïde sa fille avec le Duc de Bourgogne. Il signa son Traité. La Princesse, qui n'avoit que dix ans & demie, fut conduite en France, & élevée à la Cour jusqu'à son mariage ; le Duc de Bourgogne n'avoit que quatorze ans. Dès que le Duc de Savoye eut fait savoir à ses Alliez qu'il avoit fait la paix avec la France, à condition de la neutralité de l'Italie, & qu'ils eurent refusé d'y souscrire, il joignit ses troupes à l'armée Françoise, &

en devint Generalissime. Il alla d'abord assieger Valance, & les deux premiers jours il s'exposa comme un soldat ; & sur ce que le Maréchal de Catinat, qui lui servoit de Lieutenant General, lui voulut représenter que cela ne convenoit point à un grand Prince, *J'ai cru*, lui répondit-il, *qu'au moins dans les commencemens, il faloit donner aux François quelque opinion de leur nouveau General.* Après la prise de Valance, l'Empereur fut obligé de consentir à la neutralité de l'Italie, & d'en retirer ses troupes. Le Roi en fit autant, & ce pays, le theatre de la guerre depuis plusieurs années, commença à respirer. Le Pape en fit de grandes réjoüissances. Les Maisons de France & de Savoye avoient acoutumé depuis plusieurs siecles à s'unir par des mariages. Le bienheureux Amedée épousa Yoland fille du Roi Charles VII. Philibert-Emmanuël épousa Marguerite fille de François I. Victor-Amedée épousa Christine fille de Henri le Grand ; Charles-Emmanuël épousa Françoise fille de Gaston, Duc d'Orleans. La Duchesse de Bourgogne étoit la dixiéme Princesse que la Savoye avoit donnée à la France. La Marquise de Maintenon, dont l'esprit & la vertu étoient connuës depuis sa plus tendre jeunesse, eut soin de l'éducation de la Princesse. Elle avoit établi la Maison de saint Cir, où deux cens-cinquante Demoiselles, qui sont des preuves de Noblesse, sont bien élevées. A l'âge vint ans elles peuvent se marier avec une dot raisonnable, ou se faire Religieuses dans tous les Couvens de France, où les places qui sont à la nomination des Rois leur sont particulierement affectées.

Le Roi depuis vint ans avoit fondé l'Hôpital des Invalides. La magnificence de l'Eglise, & la grandeur des bâtimens ne se peuvent décrire qu'après les avoir admirées. On y nourit, & on y entretient plus de trois mille soldats, & plusieurs Officiers, que l'âge ou les blessures ont mis hors d'état de servir. Les Prêtres de la Mission de saint Lazare ont soin du spirituel, & s'en acquittent si bien, qu'à quelque heure du jour qu'on entre dans leur Eglise, on y trouve toûjours une trentaine d'Invalides en Oraison. Cette Maison est entretenuë par une très-legere contribution de toutes les troupes du Royaume.

Le Roi avoit aussi fait bâtir à l'extremité du Faubourg saint Jaques un Observatoire, pour contempler les Astres, & l'avoit placé sur une petite éminence éloignée de la riviere, de peur que les vapeurs & les broüillards que l'eau fait élever, n'empêchassent les observations. Les plus habiles Astronomes y avoient leur logement, avec de grosses pensions, & passoient la plûpart des nuits à observer ce qui se passoit dans le Ciel élemenfaire, non pour prédire l'avenir, à la maniere des Astrologues, mais pour marquer précisément le cours des Astres, & leurs diverses conjonctions qui causent les Eclipses. Le fameux Cassini, Astronome Italien, étoit à leur tête ; & dans la suite, sa capacité lui fit découvrir les Satellites de Jupiter, & faire diverses autres Observations inconnuës aux Anciens.

L'an de Jesus-Christ 1694. mourut en Flandre à l'âge de 83. ans Antoine Arnaud, fameux dès sa jeunesse par sa profonde capacité, grand Philosophe ; ce qui paroît par les objections qu'il fit à Descartes, & par ce qu'il a écrit contre le Pere Malbranche, également versé dans la Theologie, & dans la lecture des Saints Peres, & capable de rendre encore de plus grans services à l'Eglise, si ses préventions ne l'en avoient pas empêché. Il avoit acquis beaucoup d'honneur dans ses disputes avec le Ministre Claude. Il devint le chef des nouveaux Sectaires. On l'appella parmi eux le Pere Abbé, titre qui fut suprimé après sa mort. Le Pere Quesnel, qui lui succeda dans la direction de leurs affaires, s'étant contenté de celui de Pere Prieur, qu'il se flatoit peut-être de rendre aussi illustre.

Après la paix de Clement IX. à laquelle M. Arnaud eut beaucoup de part, il ne se
crut

crut pas en sûreté à Paris; il ne pouvoit pas s'empêcher d'avoir un commerce continuel avec ses amis des Pays-Bas, & ce commerce, qui sentoit la cabale, déplaisoit à la Cour. Il se retira en Flandre, & y demeura toûjours caché. Le Pere Gerberon Benedictin, zelé Janseniste, l'accuse d'avoir adouci son sistême peu d'années avant sa mort, ce qu'il attribuë à la vieillesse ; mais il vaut mieux en croire son testament spirituel, où il a fait profession de vouloir mourir dans ses anciens sentimens. Il y proteste que long-tems avant la publication de l'*Augustinus* de l'Evêque d'Ypres, il avoit enseigné la même doctrine, avec l'aplaudissement du Clergé & de la Sorbone. Il craignoit si fort d'être reconnu en Flandre, de peur qu'on n'exigeât de lui une soûmission parfaite aux Decrets de l'Eglise, que sentant aprocher sa derniere heure, il n'osa jamais faire appeller un Prêtre aprouvé de l'Ordinaire, & aima mieux expirer entre les bras du Pere Quesnel son disciple, qui lui administra le Viatique & l'Extrême-Onction, quoiqu'il n'en eut pas les pouvoirs. Il fut après sa mort loüé & blâmé avec excès. On le compara à Tertullien, & la comparaison est fort juste : comme Tertullien, il défendit avec succès des points capitaux de la Foi : comme lui, il eut le malheur de s'écarter de cette même Foi dans des articles essentiels ; l'imagination, le feu, l'éloquence, le savoir ont été à peu près égaux ; l'obstination, l'entêtement ont été pareils. On outra ses loüanges, même dans Rome ; & dans une Harangue faite au College de la Sapience, un Professeur en Theologie dit que ce seroit un moindre mal pour l'Univers que le Soleil se fut éteint, que d'avoir perdu M. Arnaud. On porta son cœur à Port-Royal des Champs, où il fut reçû aux larmes des pauvres Orfelines de Viemeur : c'étoit le nom de guerre des Religieuses de Port-Royal. On ne sait où l'on mit son corps.

An. de J.C. 1697.

Dans le tems que le Roi étoit au plus haut point de sa puissance, qu'il avoit pris la Catalogne, que ses armées faisoient tous les jours de nouvelles conquêtes en Flandre, & que rien ne résistoit à quatre cens mille hommes qu'il avoit sur pied, il songea à faire la paix. Il avoit ses vûës ; & voyant Charles II. Roi d'Espagne, toûjours malade, & prêt à mourir, il songea à faire tomber la Monarchie Espagnole au Duc d'Anjou son petit-fils ; il faloit pour cela être en paix avec l'Espagne, & avec le Roi Guillaume, & la Hollande qui s'y seroient opposez. Il faloit avoir le tems de gagner quelques Ministres du Conseil d'Espagne, & persuader à ce Roi mourant de faire un testament, qui rendit justice au Daufin, & à ses heritiers du sang.

Ces confiderations lui firent renoncer à toutes ſes conquêtes. Il envoya Cailleres en Hollande, ſans lui donner de caractere public, faire ſecretement à Milord Portland, favori du Roi Guillaume, des propoſitions de paix, qui étoient ſi avantageuſes aux Alliez, qu'elles ne pouvoient pas manquer d'être acceptées. Cailleres montra à Portland le pouvoir qu'il avoit de les faire. Il offrit de faire reconnoître par la France le Roi Guillaume pour Roi d'Angleterre, de rendre à l'Eſpagne la Catalogne, & toutes les Villes que les François avoient priſes en Flandre depuis la paix de Nimegue, de contenter les Hollandois ſur le commerce, & de rendre ſes Etats au Duc de Lorraine. Ils convinrent qu'on tiendroit des Conferences pour la paix dans le Château de Riſvic, aſſez près de Def, Ville de la Province de Hollande. Les parties intereſſées y envoyerent auſſi-tôt leurs Plenipotentiaires. L'Empereur nomma les Comtes de Caunits & de Stratman, moins pour faire la paix que pour l'empêcher. Le Roi y envoya Auguſte de Harlai Comte de Cely, avec Creſſy & Caillieres. Le Roi d'Eſpagne nomma Dom Bernardo de Quiros & le Comte de Tirimond. Le Comte de Portland s'y rendit au nom du Roi Guillaume. Les Suedois furent reconnus Mediateurs, & y envoyerent le Comte de Bondé & Lilienrot, leur Resident en Hollande. Il y eut d'abord quelques difficultez, qui furent levées par le Comte de Portland & par le Maréchal de Bouflers, qui eurent une conference particuliere dans une Ville de Flandre. Enfin, les grans Préliminaires étant déja reglez avant l'ouverture des Conferences, la paix fut signeé le 20. Septembre par tous les Plenipotentiaires, excepté ceux de l'Empereur, qui sortirent de l'assemblée. Il fut dit que le Roi reconnoîtroit le Roi Guillaume pour Roi d'Angleterre, & ne donneroit aucun secours à tous ceux qui voudroient l'inquiéter dans la possession de ses Etats. Le Roi Jaques, qui étoit retiré en France depuis plusieurs années, avoit pressé le Roi de signer, n'étant pas juste que son interêt empêchât la tranquilité de l'Europe. Les articles suivans portoient, que le Roi rendroit aux Espagnols Luxembourg, & toutes les autres Villes qu'il avoit prises dans les Pays-Bas depuis la paix de Nimegue, Barcelone, & toutes les Places dont les François s'étoient emparez en Catalogne: qu'on regleroit le commerce avec les Hollandois suivant un nouveau tarif, & qu'on rendroit au Duc de Lorraine tous ses Etats, à la reserve de quelques chemins pour passer de France en Alsace. On donna à l'Empereur un mois pour entrer dans le Traité, au bout duquel il signa le 30. d'Octobre;

An. de J.C. 1697.

An. de J.C. 1697.

& au lieu de Strasbourg qu'on lui avoit offert, il se contenta pour équivalent de Fribourg & de Brisac. La paix fut executée fidellement de part & d'autre. Le Roi Guillaume la souhaitoit, pour n'être pas à la merci de son Parlement, qui mettoit tous les jours de nouvelles bornes à son autorité, & les Hollandois étoient las de payer de gros subsides. Les Plenipotentiaires d'Espagne arriverent les derniers à Risvik, & signerent. Le Roi d'Espagne mourant, étoit bien aise de laisser à son successeur un Royaume paisible.

En 1702. Jaques-Nicolas Colbert Archevêque de Roüen, deffendeur, gagna son procés pour la Primatie contre Claude de saint George archevêque de Lion demandeur. L'un de ses predecesseurs l'avoit déja gagné en 1458. par Sentence du Cardinal Dominique Capranica, Legat du Pape Calixte III. qui confirma la Sentence. Ainsi l'Archevêque de Lion ne conserva le droit de Primatie, dont il joüit encore à present, que sur les Provinces de Tours & de Sens, & sur celle de Paris, qui est un démembrement de celle de Sens. Il a à Lion trois Officiaux; l'un du Siege Episcopal, l'autre du Siege Metropolitain, & le troisiéme de la Primatie, auquel on appelle des Jugemens rendus par les Officiaux des Metropolitains qui reconnoissent la Primatie de Lion.

Dans les quatre premiers siecles de l'Eglise, on ne voit que cinq Patriarchats ou Primaties ; savoir Rome, Constantinople, Alexandrie, Antioche & Jerusalem. L'Evêque de Rome étoit reconnu par tous les autres, comme le chef de l'Eglise, le Vicaire de Jesus-Christ en terre, & le successeur de saint Pierre. Dans la suite, les Evêques de Rome, à qui depuis plus de mille ans le nom du Pape est demeuré par preference à tous les autres Evêques du monde Chrétien, établirent en Occident en differens tems plusieurs Primaties ou Patriarchats, qui n'étoient proprement que des Vicariats du S. Siege. *Qui peut douter*, dit Saumaise, dont la catolicité est fort suspecte, *que l'Evêque de Rome, le très-grand Pontife, l'Evêque des Evêques, le Pere des Peres, le Pasteur de l'Eglise universelle, & qui est aussi Evêque universel? Qui peut nier qu'il n'ait été aussi Patriarche de l'Occident, celui qui a le tout a aussi les parties ?* Aussi les Papes donnerent-ils en France le titre de Primats aux Evêques d'Arles, de Reims, de Lion, de Bourges, de Sens, de Roüen, de Bordeaux, de Vienne & de Narbone ; mais il n'y a que l'Archevêque de Lion qui ait conservé les fonctions de Primat, les autres en gardent seulement le titre. Il est vrai que l'Archevêque de Lion ne peut faire aucune fonction de Primat dans les Eglises soûmises à sa Primatie ; ce qui paroit par l'exemple suivant. En 1619. Loüis de Marquemont Archevêque de Lion, voulant faire honneur à l'Eglise Paroissiale de saint Eustache de Paris, dans laquelle il avoit été baptisé, desira d'y celebrer la Messe pontificalement. Il en demanda & en obtint la permission du Cardinal de Gondi, qui étoit alors Evêque de Paris. Ce Prelat craignant que cette action faite par son Primat ne passât pour un Acte de Jurisdiction, prit toutes les précautions necessaires pour l'empêcher. Il fit dresser un Acte par le Curé de saint Eustache, de la maniere dont la chose s'étoit passée. Cet Acte porte que l'Archevêque de Lion, avant que de celebrer, a reconnu qu'il ne le faisoit que par la permission de l'Evêque de Paris, & non par aucun droit attaché à sa Primatie, & qu'effectivement il n'avoit pris que les habillemens ordinaires des Evêques, sans *Pallium*; & qu'enfin il étoit monté en Chaire, & avoit prêché sans faire porter devant lui la Croix ni la Crosse. J'ai tiré ces particularitez des Memoires de l'Eglise faits par l'Abbé de la Roque.

Le Roi en faisant la paix de Risvic, avoit sacrifié ses travaux & ses conquêtes à la tranquilité publique. Ce Prince né pour le bonheur de l'Univers, ne songea plus qu'à rendre éternelle une paix qui lui avoit tant couté. Sa moderation au milieu de ses victoires avoit désarmé l'envie ; on ne le regarda plus comme ce conquerant terrible, dont les armées étoient toûjours sur les terres de ses voisins. Il s'étoit donné à lui-même des bornes plus légitimes ; des vertus plus douces avoient pris le dessus. Ses anciens titres lui furent rendus du consentement de tous les Peuples ; & le pacificateur de l'Europe en devint bien-tôt l'arbitre.

Les choses en étoient là lorsque la maladie pressante du Roi d'Espagne fit songer aux affaires du dehors. La politique la plus profonde trouva de quoi s'exercer, & la succession prochaine d'un Prince qui n'avoit point d'enfans, fit penser à ses heritiers légitimes qu'ils devoient prendre des mesures pour la conservation de leurs droits. Le Daufin étoit selon toutes les loix, le seul heritier du sang, au droit de la Reine sa mere Marie-Therese d'Autriche, sœur aînée du Roi d'Espagne ; & quoique cette Princesse, par son contrat de mariage, eut renoncé à cette grande succession, la plûpart des Jurisconsultes de l'Europe croyoient cette renonciation nulle, & les seuls partisans des Maisons d'Autriche & de Baviere prétendoient la faire valoir.

Le Conseil d'Espagne étoit fort partagé. La Reine qui étoit de la Maison Palatine, & sœur de l'Imperatrice, avoit beaucoup de pouvoir sur l'esprit d'un Roi toûjours malade, de, & faifoit fes brigues fecrettes en faveur de l'Archiduc fon neveu. Le Comte d'Harach Ambaffadeur de l'Empereur, employoit toute fon experiance dans les negociations pour obliger le Roi à déclarer l'Archiduc fon fucceffeur. Il étoit fecondé par fon fils Loüis, à qui l'Empereur avoit donné le titre d'Ambaffadeur Extraordinaire conjointement avec fon pere. Les Miniftres de Madrid étoient partagez; quelques-uns euffent mieux aimé le Prince Electoral de Baviere.

D'autre côté, les Grans d'Efpagne, qui prévoyoient une guerre inévitable de la part de la France, en cas qu'on lui fit une fi grande injuftice, concertoient entr'eux les moïens de s'y oppofer; mais ils n'étoient pas les plus forts, & plufieurs furent exilez pour avoir parlé trop haut. Le Duc de Montalte eut ordre de fortir de Madrid, & de s'en éloigner de vint lieuës.

Le Marquis d'Harcourt Ambaffadeur de France, fit alors fon Entrée à Madrid avec une magnificence extraordinaire. Il fe fit aimer du Peuple, & gagna bien-tôt l'efprit des Grans; fes manieres étoient bien differentes de celles des Allemans. Il fut bien fecondé par la Marquife d'Harcourt fa femme, dont l'efprit infinuant perfuada à la Comteffe de Berlips, favorite de la Reine, qu'elle trouveroit de grans avantages en France. On lui fit des presens & de grandes promesses ; on la gagna entierement. Les Maures assiegeoient depuis plusieurs années les Villes de Ceuta & d'Oran. Le Marquis d'Harcourt offrit de la part du Roi Loüis le Grand, d'envoyer des vaisseaux, des galeres & des troupes pour faire lever le siege de ces Places si importantes à l'Espagne. La Reine & les Ambassadeurs de l'Empereur empêcherent qu'on ne reçût des offres si avantageuses, & par là redoublerent la haine du peuple pour les Allemans, & son amitié pour les François.

Le Roi d'Espagne étoit souvent réduit aux dernieres extremitez. Enfin pressé par le Cardinal Portocarero, par la plûpart de ses Ministres, & même par la Reine, qui désespera de lui faire nommer l'Archiduc, il se résolut vers la fin de l'année 1698 à faire un testament, par lequel il nomma le Prince Electoral de Baviere heritier universel de tous ses Royaumes, & à son défaut l'Archiduc. Il fondoit son testament sur ce que la Reine de France Marie-Therese, sa sœur aînée, ayant renoncé à sa succession, elle appartenoit de droit à sa sœur cadette Marguerite-Therese Imperatrice, Grand'mere du Prince Electoral. Le Prince mourut peu de tems après d'une maniere fort subite ; on se contenta d'en porter le deüil. Ce fut alors que les brigues recommencerent dans le Conseil d'Espagne. La Reine y devint plus puissante que jamais.

Le Roi qui dans tous ses projets a toûjours eu en vûë le repos de l'Europe, voyant que l'injustice qu'on vouloit faire à la Maison de France attireroit la guerre inévitablement, crut pouvoir & devoir le prévenir par toutes sortes de moïens; & n'en trouvant point d'autres, il se résolut à signer avec le Roi Guillaume d'Angleterre & les Etats Generaux, un Traité qui regloit de quelle maniere la Monarchie Espagnole seroit partagée après la mort du Roi Charles II. qu'on prévoyoit devoir être fort prochaine. Il portoit que l'Archiduc second fils de l'Empereur, auroit l'Espagne, les Indes & les Pays-Bas Espagnols : que le Daufin auroit pour son partage les Royaumes de Naples & de Sicile, avec quelques Places sur les côtes d'Italie, & le Guypuscoa en Espagne : que le Duché de Milan seroit échangé avec la Lorraine, qui deviendroit une Province de France. On donnoit à l'Empereur trois mois de tems pour signer ce Traité, & à son refus, les Puissances liguées devoient nommer un Roi d'Espagne après la mort de Charles II.

Ce fameux Traité fut aussi-tôt rendu public dans toutes les Cours, & fut reçû fort differemment; peu de gens l'approuverent,

L'execution leur en paroiſſoit fort difficile, & capable de rallumer la guerre.

Ce Traité qui donnoit à la France les Royaumes de Naples, de Sicile & de Sardagne, le Duché de Lorraine & la Province de Guypuſcoa, lui étoit ſi avantageux, qu'on ne douta point que le Roi Guillaume n'eut ménagé par des articles ſecrets les interêts de la Hollande & de l'Angleterre. Le bruit courut que ces deux Nations devoient partager les Indes Eſpagnoles, tant en Orient qu'en Occident; que les Hollandois auroient les Philippines, & que les Anglois, déja fort puiſſans dans les Indes Occidentales, auroient le Mexique ou le Perou; mais comme c'étoit des articles ſecrets, le Parlement d'Angleterre ſe plaignit hautement que le Roi Guillaume eut fait, ſans le conſulter, un pareil Traité, qui mettroit la France en état de donner la loi à l'Europe; il allarma ſur tout les bons Eſpagnols, qui voyoient démembrer leur Monarchie. Les Grans, outre la gloire de leur Nation, qui ſe ſentoit bleſſée par ce partage, y trouvoient auſſi la perte particuliere de pluſieurs Gouvernemens; (reſſource ordinaire des grandes familles ruinées) ils s'aſſemblerent pluſieurs fois en ſecret, & ſe ſervirent du zele & de l'autorité du Cardinal Portocarrero. Ils recommencerent à parler ſecretement à leur Roi du Duc d'Anjou, comme du Prince le plus propre à lui succeder par toutes les raisons de bienséance & justice ; mais toutes leurs remontrances furent inutiles, & la Reine plus puissante que jamais sur l'esprit de son mari, d'ailleurs irrité du Traité de partage, l'obligea à ne rien changer à son testament, qui par la mort du Prince Electoral de Baviere, subsistoit toûjours en faveur de l'Archiduc. L'Empereur, qui en vertu de ce testament se croyoit assuré de la succession entiere, refusa hautement le Traité de partage, & laissa passer les trois mois qu'on lui avoit donnez, sans le vouloir faire.

Cependant le mal du Roi d'Espagne étant considerablement augmenté, le Cardinal Portocarrero & le Pere Froyland Dias Dominicain, Confesseur du Roi, crurent dans une occasion aussi importante, devoir employer toute l'autorité que la Religion leur donnoit. Ils avoient dans leur confidence Dom Antonio de Ubilla, Secretaire des Dépêches universelles. Ils dresserent ensemble un testament du Roi, qui en rendant justice au Daufin, assuroit la paix de l'Europe, & conservoit la Monarchie Espagnole en son entier. Il prioit l'Empereur d'agréer son testament, & de donner en mariage au nouveau Roi l'Archiduchesse sa fille ; mais les Grans d'Espagne, avant que de présenter à leur Roi ce teftament, firent confulter toutes les Univerfitez d'Efpagne, de Flandre & d'Italie fous des noms fuppofez, pour favoir fi la renonciation de Marie-Therefe Reine de France, & fœur aînée du Roi Charles II, pouvoit faire tort à fes décendans. Tous les Jurifconfultes de ces Pays differens, répondirent comme s'ils euffent été de concert, que la renonciation étoit nulle. Alors le Cardinal & le Confeffeur parlerent au Roi du teftament qu'ils avoient projetté, qui mettoit fa confcience & l'Europe en repos.

Le Cardinal, que fon rang, fa pieté & fon experiance dans les affaires rendoient le premier homme d'Efpagne, employa utilement tous ces avantages au bien de fa Patrie. Il reprefenta à fon Prince mourant, que toutes fes grandeurs alloient s'évanoüir, qu'il faloit paroître devant le trône de Dieu pour rendre compte de fes actions, comme le moindre de fes fujets ; qu'il feroit examiné fur les obligations des Rois, & qu'enfin il étoit obligé en confcience à rendre juftice au Daufin, ou du moins à fes enfans fes heritiers légitimes : heureux de trouver par là le moïen infaillible d'établir la grandeur de la Monarchie Efpagnole fur la perpetuité de la Maifon de France, de rendre fes Peuples heureux, & d'affurer la paix à l'Europe. Il lui préfenta enfuite le teftament qu'il avoit projetté, mais il lui conseilla de consulter le Pape avant que de le signer.

Il faloit garder un grand secret dans cette affaire ; le Roi d'Espagne étoit continuellement obsedé par la Reine. Il commença par exiler le Pere Froyland Dias son Confesseur, dont il se plaignit hautement, & l'envoya à Valance sa patrie, avec un ordre secret de passer à Rome pour parler au Pape Innocent XII. du testament, sans rien faire soupçonner. Il y avoit déja envoyé le Duc d'Uceda Ambassadeur extraordinaire, avec des instructions sur ce sujet. Le Pere Froyland arriva à Rome, & aussi-tôt le Duc d'Uceda fit grand bruit, & demanda hautement qu'il fut renvoyé au lieu de son exil ; mais il avoit déja eu plusieurs conferences avec le Pape. Sa Sainteté nomma pour examiner cette grande affaire, le Cardinal Spada, qui avoit les inclinations Françoises, le Cardinal Spinola, qui les avoit Autrichiennes, & le Cardinal Albano, qui a été depuis le Pape Clement XI. & qui paroissoit neutre. Ils choisirent sept Avocats Consistoriaux, &' examinerent l'affaire sous le secret du Saint Office pandant plusieurs mois. Ils conclurent enfin que le Roi d'Espagne devoit en conscience faire le testament projetté. Alors le Pape écrivit au Roi d'Espagne, qu'il étoit obligé devant Dieu à rendre justice par son testament à ses heritiers légitimes.

Le Roi d'Espagne étoit toûjours fort pressé de son mal, & lorsque le Courier du Pape arriva, il venoit de recevoir le saint Viatique. Le Cardinal Portocarrero ne perdit point de tems, & lui présenta le testament, qu'il signa avec une grande consolation ; il ajoûta seulement quantité de fondations & de legs pieux. Il fit même entrer plusieurs Grans d'Espagne, pour rendre le testament plus autentique. Le Roi lui-même leur en recommanda l'execution, & les obligea de le signer. La Reine fut avertie que le Roi avoit signé quelque chose, mais on lui dit que ce n'étoit qu'un Codicile plein de legs pieux ; ce qu'elle crut pieusement.

Depuis ce tems-là, le Cardinal qui craignoit le foible du Roi pour la Reine, ne la laissa jamais seule avec lui ; & comme elle avoit par devers elle un testament en faveur de l'Archiduc, elle dormoit en repos, & méprisoit en son cœur les empressemens du Cardinal.

Enfin, le moment fatal arriva, & ce Prince toûjours mourant depuis sa naissance, mourut le 1. de Novembre 1700. à l'âge de cinquante ans, fort regreté de ses sujets, qui connoissoient son bon cœur, & qui ne pouvoient attribuer le défaut du gouvernement qu'à ses incommoditez continuelles. Deux heures après, on ouvrit son testament en présence

An. de J. C. 1700.

présence de la Reine, du Cardinal Portocarrero, des Officiers de la Couronne, & des Grans d'Espagne. On y trouva qu'il déclaroit d'abord pour décharger sa conscience, que la renonciation de sa sœur Marie-Therese, & celle de sa tante Anne, toutes deux Reines de France, n'ayant été faites que pour empêcher que la Monarchie d'Espagne ne tombât entre les mains des Rois de France, elles étoient toutes deux nulles à l'égard des autres heritiers légitimes ; & qu'ainsi le Daufin & le Duc de Bourgogne étant appellez à la Couronne de France, il nommoit pour son heritier universel le Duc d'Anjou, à son défaut le Duc de Berri, après eux & leur posterité l'Archiduc, & ensuite le Duc de Savoye. Il établit le Conseil de la Regence composé de la Reine, du Cardinal Portocarrero, des Presidens de Castille & d'Aragon, de l'Inquisiteur General, du Comte d'Aguillar comme Conseiller d'Etat, & du Comte de Benaventé comme Grand d'Espagne, la Reine ne devant avoir qu'une voix, & en cas de partage la voix décisive.

Aussi-tôt la Regence prit le gouvernement, & envoya à Blecourt Envoyé de France, les articles du testament qui regardoient la succession. Le Marquis d'Harcourt étoit revenu en Guyenne après le traité de partage. Blecourt dépêcha un courier, qui arriva à Fontainebleau le 9. Novembre à neuf heures du matin. Le Roi assembla le Conseil, qui dura deux heures, & jamais plus grande question ne fut agitée dans le Conseil d'un Roi. Il s'agissoit d'accepter le testament du Roi d'Espagne, ou de s'en tenir au traité de partage. Les Ministres ne furent pas du même avis; leurs vûës alloient toutes au bien de l'Etat, quoique par des chemins differens. La décision fut remise au lendemain. Ce jour là, le Marquis de Castel dos Rios Ambassadeur d'Espagne, aporta au Roi la lettre de la Regence d'Espagne, que la Reine avoit signée en versant beaucoup de larmes. On tint alors le Conseil décisif, & il y fut résolu, sur les instances du Daufin, d'accepter le testament. Les Ministres avoüerent que c'étoit le bon parti, & que dans les grandes occasions, Dieu donne aux Princes un rayon de son intelligence qui perce les nuages, & trouve toûjours la verité. Le Roi en renonçant au traité de partage, qui lui assuroit plusieurs Provinces de la Monarchie Espagnole, fit assez voir qu'il préféroit en cette occasion la tranquilité de l'Europe à ses interêts particuliers. Enfin le 4. de Novembre, le Roi donna une Audiance particuliere à l'Ambassadeur d'Espagne, & lui dit qu'il acceptoit le testament, mais qu'il n'étoit pas encore tems de le dire. Au sortir de l'Audiance, l'Ambassadeur cacha sa joïe aux Courtisans, en leur disant avec une mine fort sérieuse : *Je n'eusse jamais cru qu'ofrant vint-deux Royaumes, on m'eut répondu, je verrai.*

Cependant le Roi avoit écrit à la Reine d'Espagne la Lettre suivante. Elle m'a paru si belle, que je n'ai pas eu la force d'en faire un extrait.

« Très-Haute, très-Puissante & très-Excellente Princesse notre très-chere & très-aimée bonne Sœur & Cousine, très-cher & bien aimé Cousin, & autres du Conseil établis pour le gouvernement universel des Royaumes & Etats dépendans de la Couronne d'Espagne, Nous avons vû la Lettre signée de Votre Majesté, & de Vous écrite le premier de ce mois. Elle Nous a été renduë par le Marquis de Castel dos Rios, Ambassadeur de très-Haut, très-Puissant & très-Excellent Prince notre très-cher & très-aimé bon Frere & Cousin Charles II. Roi des Espagnes, de glorieuse memoire. Le même Ambassadeur Nous a remis en même-tems les clauses du testament fait par le feu Roi son Maître, contenant l'ordre & le rang des heritiers qu'il appelle à la succession de tous ses Royaumes & Etats, & la sage disposition qu'il fait pour le gouvernement de ces mêmes Royaumes jusqu'à la majorité de son successeur. La sensible douleur que Nous avons de la perte

» d'un Prince, dont les qualitez & les étroites
» liaisons de sang Nous rendoient l'amitié très-
» sincere, est infiniment accruë par les mar-
» ques touchantes qu'il nous donne à sa mort
» de sa justice & de son amour pour des sujets
» fideles, & de l'attention qu'il a apportée au
» de là du tems de sa vie pour maintenir le re-
» pos general de l'Europe, & le bonheur de
» ses Royaumes. Nous voulons de notre part
» contribuer également à l'un & à l'autre, &
» répondre à la parfaite confiance qu'il Nous a
» témoignée, ainsi Nous conformant entiére-
» ment à ses intentions marquées par les arti-
» cles du testament, que Votre Majesté &
» Vous nous avez envoyé, tous nos soins se-
» ront désormais de rétablir par une paix in-
» violable, & par l'intelligence la plus parfai-
» te, la Monarchie d'Espagne au plus haut
» point de gloire où elle ait jamais été. Nous
» acceptons en faveur de notre petit-Fils le
» Duc d'Anjou le testament du feu Roi Ca-
» tolique; Notre Fils unique le Daufin l'ac-
» cepte aussi. Il abandonne sans peine les justes
» droits de la feuë Reine sa Mere, & notre
» très-chere Epouse, ainsi que ceux de la feuë
» Reine Anne notre très-chere & honorée Da-
» me & Mere; & loin de se réserver aucune
» partie de la Monarchie, il sacrifie ses pro-
» pres interêts au desir de rétablir l'ancien
» lustre d'une Couronne, que la volonté du

feu Roi Catolique, & la voix de ses Peuples défere unanimement à notre petit-Fils. Ainsi nous ferons partir incessament le Duc d'Anjou, pour donner au plutôt à des sujets fideles la consolation de recevoir un Roi, bien persuadé que Dieu l'appellant au trône, son premier devoir doit être de faire regner avec lui la justice & la Religion, de donner sa principale application au bonheur de ses peuples, & de maintenir l'éclat d'une si puissante Monarchie, de connoître parfaitement & de récompenser le merite de ceux qu'il trouvera dans une Nation également brave & éclairée, propres à le secourir dans ses conseils, dans ses armées, & dans les differens emplois de l'Eglise & de l'Etat. Nous l'instruirons encore de ce qu'il doit à sa propre gloire ; nous l'exhorterons à se souvenir de sa naissance, à conserver l'amour de son pays, mais uniquement pour maintenir la paix & la parfaite intelligence, si necessaire au commun bonheur de nos sujets ; & si le malheur des conjonctures passées ne nous ont pas permis de le leur faire connoître, Nous sommes persuadez que ce grand évenement va changer l'état des choses, ensorte que chaque jour nous produira déformais de nouvelles occasions de marquer notre estime & notre bienveillance particuliere pour toute la nation Espagnole; cependant, très-

» Haute, très-Puissante & très-Excellente Prin-
» cesse notre très-chere amie, bonne Sœur &
» Cousine, Nous prions Dieu, auteur de toute
» consolation, de donner à Votre Majesté,
» celle dont elle a besoin dans sa juste afflic-
» tion, & nous vous assurons, très-chere &
» bien aimée Cousine, & autres du Conseil
» établi pour le gouvernement d'Espagne, de
» l'estime particuliere, & de l'affection que
» Nous avons pour vous. Ce 12. Novembre à
» Fontainebleau, de Votre Majesté bon Frere
» & Cousin.

Le Roi manda en même-tems au Marquis d'Harcourt, qui étoit en Guyenne, & qu'il fit Duc, de passer en Espagne pour concerter avec la Regence la maniere de recevoir le nouveau Roi. Le Duc d'Harcourt n'étoit pas moins propre à faire un Traité qu'à prendre une Ville.

Enfin la Cour étant revenuë de Fontainebleau à Versailles, le Roi choisit le 16. de Novembre pour déclarer sa résolution, & il se trouva que ce fut un Mardi, jour auquel les Ambassadeurs & les Ministres Etrangers ont accoutumé de se rendre à Versailles. Il fit appeller dans son cabinet sur les neuf heures & demie du matin l'Ambassadeur d'Espagne, & lui dit que l'heure étoit venuë de faire un Roi d'Espagne. Il appella aussi-tôt le Duc d'Anjou, (il avoit dix-sept ans) & lui dit

Mon fils, c'est Dieu seul qui vous a fait Roi, songez à le faire servir dans tous les lieux où vous allez commander. Il dit ensuite à l'Ambassadeur, *Saluez votre Roi.* L'Ambassadeur aussi-tôt mit un genou en terre devant le Duc d'Anjou, lui baisa la main, & lui fit un compliment en Espagnol. Le Roi prit la parole, & dit à l'Ambassadeur, *Il n'entend pas encore l'Espagnol, il faut que je réponde pour lui.* Dans le même tems les Ducs de Bourgogne & de Berri s'avancerent, se jetterent au col du Roi leur frere, & tous trois fondoient en larmes. Le Roi même fut attendri. Le Roi en même-tems fit ouvrir les portes de son cabinet, où les Courtisans entrerent en foule. *Voilà,* leur dit-il, avec la majesté d'un Heros qui vient de donner un Empire, *voilà le Roi d'Espagne, c'est Dieu qui l'a fait; la nature l'y appelloit, le feu Roi l'a nommé; tous ses peuples le demandent, & j'y consens.* Et, *Monsieur,* ajoûta-t-il, en s'adressant au nouveau Roi: *Soyez bon Espagnol; c'est presentement votre premier devoir, mais n'oubliez pas que vous étes né François. Souvenez-vous-en pour entretenir l'union entre les deux Nations, c'est le moïen de les rendre heureuses, & d'assurer la paix de l'Europe.* Ensuite le Roi alla à la Messe, donnant la droite au Roi d'Espagne ; & s'étant apperçu qu'il n'y avoit qu'un carreau, il ne voulut pas s'en servir, & eut la politesse de l'ôter lui-même.

Le nouveau Roi d'Espagne alla l'aprèsdinée à Meudon voir Monseigneur, qui le vint recevoir à la décente du Carosse, & le conduisit de même avec une joïe qui verifioit ce qu'il avoit dit la veille : *Je serai ravi de dire toute ma vie, le Roi mon Pere, & le Roi mon Fils.*

Toutes les Compagnies haranguerent le nouveau Roi. Ses réponses furent justes, précises & convenables à ceux qui lui avoient parlé. *Monsieur*, dit-il à la Chapelle Directeur de l'Academie Françoise, *j'ai toûjours estimé votre compagnie; elle est pleine de gens d'esprit, & vous ne lui avez point fait de tort.*

L'Ambassadeur d'Espagne étoit présent à tout, & ne se sentoit pas de joïe. *Les Pyrenées sont fondües*, disoit-il à ceux qui craignoient les passages difficiles, & les mauvais chemins; & sur ce que Monsieur lui dit que le Roi d'Espagne auroit bien-tôt apris l'Espagnol : *Ha! Monsieur*, s'écria-t-il, *c'est presentement aux Espagnols à aprendre le François.* Monsieur lui dit une autre fois : *le Roi, votre Maître, a déja la gravité Espagnole; ce qui me fait plus de plaisir*, repliqua-t-il, *c'est qu'il conserve la politesse Françoise.*

Au milieu de la joïe publique, Monsieur ne s'endormoit pas. Il fit sa protestation contre la clause du testament du feu Roi d'Espagne, qui appelle l'Archiduc à sa succession au défaut des Ducs d'Anjou & de Berri.

Il

Il fonda sa protestation sur le testament même, qui ayant reconnu la nullité de la renonciation faite par la Reine Anne sa mere, n'a pas dû, à son préjudice, apeller l'Archiduc, qui vient de l'Imperatrice Marie, sœur cadette de la Reine Anne.

Dès qu'on sçût à Madrid que le Roi avoit accepté le testament, la joïe fut universelle. On fit des feux de joïe, des illuminations, & l'on proclama le Duc d'Anjou sous le nom de Philipes V. & dans la suite on fit la même chose en Italie, en Flandre, où commandoit le Duc de Baviere son oncle, & dans tous les Pays de la Monarchie Espagnole, dans les Indes Orientales & Occidentales.

Les Ducs de Bourgogne & de Berri devoient suivre le Roi d'Espagne jusqu'à la frontiere. Le jour du départ étant arrivé, le Roi voulut acompagner le Roi son petit-fils jusqu'à Sceaux, Maison de plaisance que le Duc du Maine avoit achetée depuis quelques jours. Il fit monter le nouveau Roi au fond du carosse à la premiere place, y monta ensuite, & fit mettre la Duchesse de Bourgogne entre lui & le Roi d'Espagne ; Monseigneur & les deux Princes ses enfans prirent le devant, Monsieur & Madame étoient chacun à une portiere. Ils trouverent entre Versailles & Sceaux le chemin bordé de carosses, de gens à cheval, & d'un peuple immense.

Le Roi le fit remarquer au Roi d'Espagne, que la douleur de la séparation empêchoit d'avoir attention à rien. *Monsieur*, lui dit le Roi, *voyez la joïe que ce peuple témoigne de vous voir un grand Roi. Elle est sincere, & tant que vous vous souviendrez que vous êtes François, vous les trouverez toûjours Espagnols.* On arriva à Sceaux. Le Roi entra seul avec le Roi d'Espagne dans le cabinet qui est après le Salon, & y demeura un quart d'heure à lui dire le dernier adieu. Il ouvrit ensuite la porte lui-même, & appella Monseigneur, & ensuite l'Ambassadeur d'Espagne; il y fit entrer aussi le Duc de Bourgogne & le Duc de Berri, Monsieur & Madame, & enfin tous les Princes & toutes les Princesses de la Maison Royale. Les deux Rois fondoient en larmes. Monseigneur étoit appuyé contre la muraille; & se cachoit le visage. La Duchesse de Bourgogne s'étoit envelopée dans ses coëffes. On ne sauroit s'imaginer un spectacle plus grand & plus touchant; tout pleuroit, & le silence au milieu d'une foule de Princes & de Seigneurs augmentoit encore la tendresse publique. Enfin, le Roi reprenant cet air de grandeur que l'affliction avoit suspenduë pour quelques momens, dit au Roi d'Espagne: *Monsieur, voici les Princes de mon Sang & du vôtre; les deux Nations presentememt ne se doivent plus regarder que comme une même Nation, & doivent avoir les mêmes interêts ; aussi je souhaite que ces Princes soient attachez à vous comme à moi, vous ne sauriez avoir d'amis plus fideles.* Le Roi d'Espagne ne répondit que par des larmes.

Le Roi sortit du cabinet, & conduisit le Roi d'Espagne jusqu'à la porte de l'antichambre. Ce fut là que les larmes recommencerent. Les deux Rois se tinrent long-tems embrassez. Monseigneur embrassa ensuite le Roi son fils, & se retira dans le cabinet, d'où il partit peu après pour aller à Meudon. Le Roi à qui sa tendresse fit oublier le ceremonial, fit deux ou trois pas dans le peristile pour embrasser encore une fois le Roi son petit-fils. Ils se dirent peu de chose dans ces derniers momens, mais ils n'ont jamais paru si grans & si aimables. Ils montrerent qu'ils avoient un cœur tendre ; qualité la plus necessaire aux Rois pour le bonheur des Peuples, & la plus rare.

Le Pape, le Grand Duc, & tous les Princes d'Italie témoignerent beaucoup de joïe de l'élevation du Duc d'Anjou sur le trône d'Espagne. Ils étoient acoutumez au gouvernement paisible des Espagnols, qui ne songeoient point à augmenter leur domination.

Dès que le Roi Philippes V. eut été reconnu dans toute la Monarchie d'Espagne, il en donna part au Roi Guillaume, qui con-

sulta son Parlement, sur ce qu'il avoit à faire
en cette occasion. Ce Parlement, qui avoit
tant désaprouvé le traité de partage, fut assez embarassé. Les avis furent differens. Il
s'agissoit de la paix ou de la guerre, & le Roi
Guillaume voyant cette incertitude, reconnut le Roi d'Espagne. Les Hollandois suivirent
son exemple. Ils n'avoient pas encore eu le
tems de former la ligue contre la France avec
l'Empereur, & la plûpart des Princes de
l'Europe.

Le Pape Innocent XII. se sentit fort affoibli au commencement de Septembre de l'année 1699. & n'ayant pû à Noël suivant ouvrir la Porte Sainte, non plus que le Cardinal Cybo Doyen du Sacré College, le Cardinal de Boüillon Soû-Doyen en fit la fonction ; ce qu'aucun Cardinal n'avoit jamais eu
l'honneur de faire. La foiblesse du Pape continua toute l'année suivante, qu'il mourut le
27. de Septembre à l'âge de quatre-vint-six
ans. Il avoit fait seulement trois Cardinaux ;
François-Henri de la Grange Marquis d'Ar-
quian, pere de la Reine Doüairiere de Pologne, Pierre du Cambout de Coislin Evêque d'Orleans, & Loüis de Noailles Archevêque de Paris.

L'an de Jesus-Christ 1700. mourut Armand-
Jean-Bouthillier de Rancé Abbé de la Trape.
Il avoit fort aimé le monde dans sa jeunesse,

& y étoit fort propre ; naiſſance, eſprit, capacité, tout lui faiſoit eſperer une grande fortune dans l'Egliſe. La mort précipitée d'une perſone de ſes amies le toucha. Il réſolut de ſe donner à Dieu, & ſe retira dans l'une de ſes Abbayes, où il s'exerça pandant une année à toutes ſortes de mortifications du corps & de l'eſprit. Enfin en 1662. il donna la démiſſion de ſes Abbayes qui étoient conſiderables, & ne garda que la Trape, la plus petite, ſituée dans des Bois hors du commerce des hommes. Il y établit des Religieux de l'Etroite Obſervance de Cîteaux, & leur aprit le ſilence perpetuel, l'Oraiſon & le travail des mains, & une auſterité dont on a peine à trouver des exemples dans l'hiſtoire des premiers Solitaires. Il pratiquoit le premier ce qu'il leur enſeignoit. Il eut bien-tôt une Communauté nombreuſe. Il recevoit ſans examen les Religieux qui ſe préſentoient, de quelque Congregation qu'ils fuſſent ; ſaint Bernard en uſoit ainſi. Il ſe fit d'abord un point capital de ne prendre aucune part aux diviſions qui troubloient l'Egliſe, & de ne ſe déclarer pour aucun des partis. Sa grande raiſon étoit que n'ayant ni miſſion ni caractere pour parler, la voïe la plus aſſurée étoit de demeurer dans le ſilence. Il publia un Traité des devoirs de la vie Monaſtique, où il n'épargna pas les Moines des anciennes

Congregations. Le savant Pere Mabillon Benedictin, prit leur défense dans son livre des Etudes Monastiques, & il se fit pandant quelques années entre ces deux grans hommes une guerre assez vive, & toûjours polie. La mort de M. Arnaud arrivée en 1694. mit l'aigreur dans les disputes. L'Abbé de la Trape, dans une lettre à l'Abbé Nicaise Chanoine de Dijon, ne mesura pas assez ses termes. *Enfin*, lui dit-il, *voilà M. Arnaud mort ; voilà bien des questions finies. Son érudition & son autorité étoient d'un grand poids pour le parti ; heureux qui n'en a point d'autre que celui de Jesus-Christ.* Ce peu de paroles anima les défenseurs de Jansenius contre l'Abbé. Ils désavoüerent toutes les loüanges qu'ils lui avoient prodiguées, & l'accablerent d'injures & de calomnies. Le Pere Quesnel, qui avoit succedé à M. Arnaud dans le gouvernement, lui demanda fierement une retractation publique, & M. de Tillemont l'en pria avec honnêteté. Il leur répondit avec sincerité, qu'il avoit autrefois regardé M. Arnaud comme un grand personage; mais qu'en faisant reflexion à la résistance qu'il a toûjours faite aux ordres de l'Eglise, & à la maniere dont il a combatu ses décisions, il en avoit des idées & des sentimens bien differens. C'en fut assez pour lui attirer bien des ennemis. Il fut obligé d'aller à Rome se justifier, & en revint avec les éloges du Souverain Pontife. Il vécut depuis assez tranquillement dans son Monastere. Je l'allai voir par curiosité. Une lettre de Madame de Guis fut mon passeport. On me dit d'abord que le Pere Abbé étoit en retraite pour huit jours, & qu'on ne lui parloit point; mais un moment après, il vint à moi les bras ouverts, & me dit qu'il avoit été le meilleur ami de mon pere & de ma mere ; ils étoient au même Maître. L'Abbé étoit premier Aumônier de Gaston Duc d'Orleans, & mon pere étoit son Chancelier. Quand je me vis si bien reçû, je le priai de me permettre de demeurer huit jours dans sa Maison, & d'en pratiquer tous les reglemens. On n'a pas grande peine à se contraindre pandant huit jours, & d'ailleurs j'avois le plaisir d'entretenir l'Abbé trois heures de l'après-dînée, pandant que ses Religieux travailloient à la terre ; sa complexion délicate l'empêchoit d'y travailler. Il me fit même l'honneur de me montrer quelques-uns de ses Ouvrages, où je remarquai toûjours la Religion, l'esprit & l'agrément. Il mourut vint ans après âgé de 76. ans, & alla recevoir dans le Ciel la récompense de ses travaux. Sa memoire demeurera toûjours en benediction dans l'Eglise.

Après la mort de l'Evêque de Castorie Vicaire Apostolique en Hollande, M. Codd

An. de J. C.
1701.

Archevêque de Sebaste, Prêtre de l'Oratoire, fut choisi pour lui succeder. Le refus qu'il fit à son sacre de signer le Formulaire, fit juger d'abord qu'il ne s'écarteroit pas des sentimens de son prédecesseur. Dès ce tems-là, il étoit lié d'amitié & d'interêt avec les principaux défenseurs des nouvelles opinions, & il n'oublia rien pour les répandre. Sous lui les choses furent portées à un point, qu'on vit des Prêtres administrer les Sacremens en langue vulgaire, & reciter en Flamand toutes les prieres du Rituel Romain; ce qui excita les plaintes d'un grand nombre de Catoliques. Le Pape Innocent XII. qui en fut informé, établit une Congregation de dix Cardinaux pour examiner l'affaire, & il y fut ordonné à l'Archevêque de Sebaste de venir à Rome rendre compte de sa conduite. Il eut beaucoup de peine à s'y résoudre, n'ayant pas de bonnes raisons à dire. Il n'y arriva qu'après la mort d'Innocent XII. & l'élection de Clement XI. Il y fut examiné à la rigueur, & déposé de son emploi, auquel le Pape nomma M. Cock Vicaire par *interim*. L'Archevêque de Sebaste ne laissa pas de retourner en Hollande, & tâcha de s'y maintenir par l'autorité des Etats Generaux, qui défendirent à M. Cock de se mêler de rien. On consulta là-dessus le Pere Quesnel, qui répondit qu'il faloit aller son chemin,

sans

fans s'embaraffer de ce qui avoit été fait à Rome. *Les Papes*, dit-il dans fa réponfe, *fongent bien plus à établir leur domination que la Religion, & furement l'Ante-Chrift fera un Romain.* C'étoit le langage ordinaire des Proteftans. L'Archevêque de Sebafte fe fervit de toutes fortes de moïens pour conferver fon autorité, & troubla la Miffion de Hollande jufqu'à fa mort arrivée en 1710. Le Pape défendit de prier Dieu pour lui, comme étant mort dans fes erreurs & dans fon obftination. Le Saint Pere avoit écrit aux Catoliques des Pays-Bas pour les exhorter à l'obéïffance. *Vous êtes entourez*, leur dit-il dans fon Bref, *de broüillons & d'aveugles: ce font des Pafteurs étrangers, qui tâchant de divifer le troupeau, montrent que leur deffein eft plutôt de l'égorger que de le garder.*

Il paroiffoit depuis plufieurs années un Livre intitulé: *le Nouveau Teftament en François, avec des Reflexions Morales.* Quelques Evêques l'avoient aprouvé; mais quelques Docteurs habiles y ayant trouvé plufieurs erreurs qui favorifoient le Janfenifme, il fut deferé au Pape, qui établit plufieurs Congregations pour l'examiner. Le Roi toûjours attentif au bien de l'Eglife, en preffa la condamnation pandant deux ans, & enfin il fut cenfuré à Rome par la Conftitution *Unigenitus*. Le Pape envoya fa Conftitution fur ce fujet à tout le monde Chrétien; elle n'y fut pas reçûë en

France sans contradiction. Le Roi fit assembler extraordinairement tous les Prelats qui se trouverent à Paris ; & après un long examen, quarante la reçûrent, & y joignirent une Instruction Pastorale. Le Roi donna des Lettres Patentes qu'il envoya au Parlement, & la Constitution y fut enregistrée le 1. du mois de Mars 1714. Quelques Evêques persisterent dans leur opposition, & en appellerent au Pape, mieux informé, & au Concile General.

Quelques mois avant la mort de Charles II. Roi d'Espagne, mourut le Pape Innocent XII. Les Cardinaux entrerent aussi-tôt au Conclave, & y demeurerent lon-tems enfermez, sans pouvoir s'acorder sur l'élection d'un Souverain Pontife; mais quand ils aprirent que le Duc d'Anjou étoit Roi d'Espagne, & qu'il avoit été reconnu en Italie, en Flandre, & dans tous les Pays dépandans de la Monarchie Espagnole, aux Indes Orientales & Occidentales, ils jugerent bien que la guerre étoit presque inévitable, que l'Empereur ne renonceroit jamais à ses prétentions sur l'Espagne, & que les Princes Protestans, jaloux de l'union des deux plus puissans Rois de l'Europe, se joindroient à lui, & l'assisteroient de toutes leurs forces : que le Roi Guillaume étoit irrité qu'on eut cassé le Traité de partage, & que les Hollandois y croyoient leur commerce interessé. Les

Cardinaux sur ce raisonnement bien fondé, songerent à mettre sur le trône de saint Pierre un homme capable de soutenir la Religion, & de s'opposer à la ruine de l'Italie, qui alloit devenir le théatre de la guerre. Ils jetterent les yeux sur le Cardinal François Albani Gentilhomme de la Ville d'Urbin, que son esprit & sa profonde capacité avoient fait connoître sous les précédans Pontificats, & l'élurent presque tout d'une voix. Le Cardinal de Boüillon, qui étoit devenu depuis peu Doyen du Sacré College, eut beaucoup de part à son élection. Le nouveau Pape refusa d'abord une si grande dignité, sa modestie lui faisant croire qu'il en étoit indigne. Il eut recours aux prieres, aux larmes, & ne se rendit enfin qu'aux remontrances des Theologiens, qui lui remontrerent qu'en conscience il ne devoit pas s'opposer aux ordres de la Providence. Il n'avoit que cinquante & un an, & il étoit d'un bon tempérament; ce qui faisoit esperer qu'il atteindroit au moins les années de saint Pierre. Les Cardinaux en cette occasion oublierent leur ancienne maxime, de n'élire jamais que des Papes fort vieux, afin de revenir plutôt en passe de l'être. Le nouveau Pape prit le nom de Clement XI. parce qu'il avoit été élu le jour de la fête de saint Clement. Il fut sacré Evêque dans l'Eglise de saint Pierre par le Car-

An. de J. C. 1701.

dinal de Boüillon, Doyen du Sacré College, & Evêque d'Ostie, assisté des Cardinaux Acciaoli & Carpegna Evêques, par le Cardinal Charles Barberin Prêtre, & par les Cardinaux Pamphile, Astalli & Bichi Diacres, & aussi-tôt après la Reine doüairiere de Pologne lui alla baiser les pieds. Le 15. de Decembre, le Pape, dont l'éloquence étoit connuë, fit dans un Consistoire secret l'Homelie suivante.

Mes Venerables Freres,

Nous vous annonçons autant par nos larmes & par nos soupirs, que par nos paroles, la mort du Roi de la Grande Bretagne Jaques II. de glorieuse memoire: mort infiniment fâcheuse, & veritablement affligeante, que nous n'avons pû aprendre sans que la tendresse paternelle excitât en nous une extrême douleur; & veritablement nous ne saurions douter que vous n'en ayez aussi ressenti une très-vive, en considerant la grande perte que fait aujourd'hui le monde Chretien, & qui nous cause tant de larmes. C'est un Prince vrayment Catolique, vrai enfant de l'Eglise, vrai defenseur de la Foi, que nous avons perdu; mais suivant le conseil de l'Apôtre, nous ne devons pas pleurer les morts, comme font ceux qui n'ont point d'esperance. Or la pieté éclatante de ce grand Prince, de laquelle la Posterité ne perdra jamais le souvenir; le mepris heroïque qu'il a eu pour toutes les choses d'ici bas, pour sa Patrie, pour ses biens, pour sa Couronne, & pour la vie même ; sa mort où il a temoigné tant de constance & de religion, tout cela nous donne lieu de croire que Dieu, après l'avoir éprouvé sur la terre comme l'or dans la fournaise, l'a reçû dans le Ciel comme un holocauste immolé pour sa gloire.

Nous n'avons eu garde toutefois de manquer à un devoir que la charité nous prescrivoit à l'egard d'un Prince à qui le Saint Siege a de si grandes obligations. Nous avons fait en particulier des prieres pour le repos de son ame, & nous pretendons, à l'exemple de nos predecesseurs, lui faire rendre encore en son tems les derniers devoirs avec plus de solemnité dans notre Chapelle Pontificale.

Nous ne pouvons, au reste, passer ici sous silence la generosité admirable du Roi très-Chretien, qui par une conduite digne de son grand cœur, après avoir reçû dans son Royaume avec une liberalité & une magnificence vrayment Royale, le Roi Jaques, la Reine son Epouse, & le Prince leur Fils, chassez de leurs Etats, n'a point cessé de donner à ce Roi toutes les marques possibles de bonté & de tendresse jusqu'au de-là même de la vie ; car après sa mort, Loüis le Grand prenant sous sa protection le jeune Prince, que notre très-chere Fille Marie sa Mere a formé avec une continuelle application sur le modele des vertus du Roi son Pere, & nonobstant les conjonctures delicates où il se trouve, Loüis negligeant tous ses interêts particuliers, l'a reconnu publiquement pour le legitime heritier de la Grande Bretagne, & l'a confirmé d'une maniere si *puissante dans la resolution, quoiqu'il arrivât, de demeurer constamment attaché à la Religion Catolique ; en quoi certainement notre très-cher Fils le Roi très-Chretien a fait paroitre une grandeur d'ame, qui merite tous nos éloges, & tous ceux du Sacré College. La Posterité ne sauroit manquer de lui en donner de très-grans, toutes les fois qu'elle repassera sur ce bel endroit de sa vie, dont la memoire ne perira jamais.*

Quoique nous soyons persuadez que la renommée vous a déja apris toutes ces choses, nous avons jugé cependant qu'il étoit juste & à propos de vous les rapporter nous-mêmes, telles & aussi-tôt que nous les avons sçûës par un Courier de notre venerable Frere Philipes-Antoine Archevêque d'Athènes, notre Nonce à la Cour du Roi très-Chretien, lequel a été temoin de tout ce qu'il en écrit ; & nous l'avons fait, afin que la memoire s'en conserve par écrit dans les generations suivantes, & que vous ayez en cela une nouvelle preuve de notre affection paternelle envers vous, nos venerables Freres, par l'appui & les prieres desquels nous esperons voir diminuer le poids dont vous nous avez chargé, qui dans ces malheureux tems de trouble nous paroit de jour en jour plus pesant.

Le Pape alla ensuite faire la ceremonie de fermer la Porte Sainte, le Cardinal de Boüillon ferma celle de saint Paul, le Cardinal de Morigia celle de sainte Marie Majeure, & le Cardinal Pamphile celle de l'Eglise Patriarcale de saint Jean de Latran.

Le Pape s'apliqua d'abord au gouvernement de l'Eglife, fit faire des Prieres publiques, fi neceffaires dans la conjoncture préfente, & écrivit à l'Empereur une lettre de fa propre main, dans laquelle il lui offrit fa médiation pour moyenner quelque acommodement, & lui repréfenta la pieté hereditaire à la Maifon d'Autriche, qui lui avoit toûjours fait préferer la tranquilité univerfelle à fes propres interêts; la gloire qu'il retireroit de fa moderation plus furement que de fes conquêtes. L'Empereur lui fit une réponfe affez féche, qu'il ne vouloit pas abandonner les droits inconteftables qu'il avoit fur la Monarchie d'Efpagne: que le Roi de France afpiroit toûjours à fe rendre maître de l'Europe: qu'il ne lui feroit la guerre que malgré lui: que quand il feroit marcher fes troupes en Italie, il recommanderoit à fes Generaux d'épargner les terres de l'Eglife, & qu'en fon particulier, il conferveroit toûjours le refpect qu'il devoit au Vicaire de Jefus-Chrift.

Le Pape ne fe rebuta pas, & envoya des Nonces; Spada à Vienne, Fiefque en France, & Zondodari en Efpagne. Leurs offices furent fort inutiles, & la guerre commença quelque tems après. La Ligue n'étoit pas encore formée. Le Roi Guillaume & les Hollandois avoient reconnu le Roi d'Efpagne, & lui avoient envoyé des Ambaffadeurs;

mais quand après la mort du Roi Jaques II. ils aprirent que le Roi avoit fait proclamer le Prince de Galles Roi d'Angleterre, ils changerent de fentiment. Le Parlement avoit trouvé fort mauvais que le Roi Guillaume eut figné fans fa participation le Traité de partage, qui donnoit au Roi de France des Provinces & des Royaumes ; & lorfque le Roi Guillaume avoit eu befoin de fecours extraordinaires, ils lui avoient tout refufé. Il parut même qu'ils voyoient affez tranquillement le Duc d'Anjou Roi d'Efpagne ; mais quand le Prince de Galles eut été proclamé Roi, ils ne garderent plus de mefures, & fe réfolurent à la guerre. Le Roi en faifant un fi grand pas, en avoit bien vû toutes les conféquences ; le zele de la Religion avoit fait taire toutes les confiderations de politique.

 Quelques années avant la mort de Charles II. Roi d'Angleterre, le Duc d'York fon frere, qui s'étoit déclaré Catolique, foufrit de grandes perfecutions de la part du Clergé de l'Eglife Anglicane. Il fut obligé plus d'une fois à fe retirer en Flandre & en Ecoffe, & ne revint à Londres qu'après que le Parlement eut été caffé. Le Roi tomba malade avec de fi grans accidens, qu'on défefpera de fa vie. Il penfa alors qu'il alloit rendre compte à Dieu, & fit taire la politique mondaine pour ne plus fonger qu'à fon falut ; il étoit

Catolique dans le cœur. Le Duc d'York, à sa priere, lui fit venir un Confesseur, qui lui donna l'absolution, lui administra le saint Viatique & l'Extrême-Onction, & le reconcilia à l'Eglise. Le Duc d'York trouva dans sa cassette les deux Ecrits suivans, qui meritent d'avoir place dans l'Histoire de l'Eglise.

Le Duc d'York, dont la sincerité étoit connuë, attesta, foi de Roi, qu'il avoit trouvé ces deux Ecrits dans la cassette du Roi son frere, écrits de sa propre main.

PREMIER ECRIT.

L'entretien que nous eumes ensemble l'autre jour, vous aura, comme j'espere, satisfait sur le point principal, qui étoit que Jesus-Christ ne pouvoit avoir ici sur la terre qu'une seule Eglise, & je croi qu'il est aussi visible, qu'il est que l'Ecriture est imprimée, que cette Eglise ne peut être que celle qui est appellée l'Eglise Catolique Romaine.

Je croi qu'il n'est pas besoin que vous vous donniez la peine d'entrer dans une mer de disputes particulieres, puisque la principale, & dans la verité, la seule & unique question consiste à savoir où est cette Eglise que nous professons, de croire dans les deux Symboles.

» Nous y declarons que nous croyons une
» seule Eglise Catolique & Apostolique, & il
» ne dépend pas de chaque particulier de croi-
» re tout ce qui lui vient dans la tête, selon sa
» fantaisie; mais cela dépend de l'Eglise, à qui,
» sur la terre, Jesus-Christ a laissé le pouvoir
» de nous gouverner dans les matieres de Foi,
» & qui a fait ces Symboles pour nous servir de
» regles.

» Ce seroit une chose fort déraisonnable de
» faire des loix pour un Pays, & de laisser aux
» Habitans à en être les interpretes & les juges;
» car alors chaque particulier seroit juge en sa
» propre cause, & par conséquent il n'y auroit
» rien qui pût être consideré comme justice ou
» injustice.

» Pouvons-nous donc supposer que Dieu
» nous eut abandonnez à de telles incertitu-
» des, que de nous donner une regle pour
» nous conduire, & de permettre à chaque
» particulier d'être son propre juge ? Je deman-
» de à tout homme de bonne foi, si ce n'est
» pas la même chose de suivre nos propres ima-
» ginations, ou de s'en servir pour interpreter
» l'Ecriture.

» Je voudrois bien que quelqu'un me mon-
» trât en quelque endroit, que le pouvoir de
» décider des matieres de Foi est donné à cha-
» que particulier.

» Jesus-Christ a laissé son pouvoir à son

Eglife, même pour pardonner les pechez «
dans le Ciel, & il y a laiffé fon efprit. «

On a d'abord exercé ce pouvoir après fa «
refurrection : Premierement par les Apôtres «
dans leur Symbole qui en porte le nom : par «
le pouvoir qu'on avoit reçû de Jefus-Chrift, «
on fut juge même de l'Ecriture Sainte plu- «
fieurs années après les Apôtres, en déter- «
minant quels étoient les Livres Canoniques, «
& ceux qui ne l'étoient pas. «

Si alors on avoit ce pouvoir, je voudrois «
bien favoir comment on eft venu à le per- «
dre, & par quelle autorité les hommes peu- «
vent fe féparer de cette Eglife ? «

Le feul prétexte dont j'ai jamais oüi par- «
ler, eft parce que l'Eglife eft tombée en fau- «
te, interpretant l'Ecriture d'une maniere «
forcée, & contraire à fon veritable fens, & «
qu'on nous a impofé des articles de Foi qui «
ne peuvent être autorifez par la parole de «
Dieu. «

Je voudrois bien favoir qui doit être le «
juge de cela : fi c'eft toute l'Eglife, dont la «
fucceffion a continué jufqu'à aujourd'hui «
fans aucune interruption, ou des particuliers «
qui ont excité des fchifmes pour leur propre «
intereft. «

SECOND ECRIT.

C'eft une chofe fort douloureufe, de voir

» le nombre infini d'heresies qui se sont répan-
» duës parmi cette nation ; chacun se croit ju-
» ge des Ecritures, aussi compétant que les
» Apôtres mêmes, & il ne faut pas s'en éton-
» ner ; car partie de la nation qui a le plus de
» ressemblance à une Eglise, n'ose pas se servir
» des veritables argumens contre les autres
» Sectes, de peur qu'ils ne fussent retorquez
» contre ceux qui la composent, & qu'ils ne se
» trouvassent ainsi confondus par leurs pro-
» pres argumens.

» Ceux de l'Eglise Anglicane, comme on
» l'appelle, veulent bien qu'on croye qu'ils
» sont juges dans les matieres spirituelles. Ils
» n'osent cependant assurer positivement que
» leur jugement soit sans apel ; car il faudroit
» dire qu'ils sont infaillibles, à quoi ils n'osent
» prétendre, ou avoüer que ce qu'ils decident
» sur les matieres de conscience, ne doit être
» suivi qu'autant qu'il s'accorde avec le juge-
» ment que chacun peut faire en son parti-
» culier.

» Si Jesus-Christ a laissé une Eglise sur la
» terre, & que nous ayons tous été une fois de
» cette Eglise, comment & par quelle autorité
» nous en sommes-nous séparez ?

» Si le pouvoir d'interpréter l'Ecriture est
» dans la cervelle de chaque particulier, qu'a-
» vons-nous besoin d'une Eglise, ou de gens
» d'Eglise ?

Pourquoi Jesus-Christ, ayant donné à ses Apôtres le pouvoir de lier & de délier dans le Ciel & sur la Terre, ajoûta-t-il, qu'*il seroit avec eux jusqu'à la fin du monde.* Ces paroles ne furent pas dites par maniere de parabole ou de figure ; Jesus-Christ montoit alors en sa gloire, & il laissa son pouvoir à son Eglise jusqu'à la fin du monde.

Nous avons depuis cent ans senti de tristes effets de cette doctrine, qui ôte à l'Eglise ce pouvoir de juger sans apel dans les matieres spirituelles.

Quel Pays peut demeurer en paix, lorsqu'il n'y a point de juge suprême dont on ne puisse appeller ? Peut-il s'y faire aucune justice, quand les coupables sont leurs propres juges & interpretes de la Loi, aussi-bien que ceux qui sont établis pour rendre la justice.

C'est à quoi nous sommes réduits en Angleterre pour les affaires spirituelles ; car les Protestans ne sont point de l'Eglise Anglicane, comme étant la veritable Eglise, dont il ne peut y avoir d'apel ; mais à cause que la discipline de cette Eglise est conforme à leurs imaginations présentes, & aussi-tôt qu'elle y sera contraire, ou qu'elle s'en écartera, ils seront prêts d'embrasser la premiere Congrégation de ceux dont la discipline & le culte s'acorderont alors avec leurs opinions.

» Ainſi, ſelon cette doctrine, il n'y a point
» d'autre Egliſe, ni d'autre interprete de l'Ecri-
» ture, que ce que chaque particulier extra-
» vagant s'en ſera mis dans la cervelle.

» Je voudrois donc bien ſavoir de tous ceux
» qui feront une ſerieuſe refléxion ſur toutes
» ces choſes, ſi le grand ouvrage de notre ſa-
» lut doit dépendre d'un fondement de ſable
» comme celui-là.

» Jeſus-Chriſt a-t-il jamais dit aux Magiſ-
» trats ſeculiers, encore moins au Peuple, qu'il
» ſeroit avec eux juſqu'à la fin du monde? Où
» leur a-t-il donné le pouvoir de pardonner les
» pechez? Saint Paul a dit: *Vous étes le champ cul-*
» *tivé de Dieu, l'édifice de Dieu, nous ſommes ceux qui*
» *travaillons avec Dieu.* Cela fait voir qui ſont
» ceux qui travaillent, quel eſt le champ, quel
» eſt l'édifice.

» Dans tout ce Chapitre, & un des précé-
» dens, ſaint Paul prend beaucoup de peine à
» établir qu'eux, c'eſt-à-dire le Clergé, ont
» l'eſprit de Dieu, ſans lequel perſone ne péné-
» tre les myſteres profonds de Dieu, & il con-
» clud le Chapitre par ce Verſet: *Car qui connoît*
» *la penſée du Seigneur, enſorte qu'il puiſſe l'inſtruire,*
» *mais nous avons l'eſprit de Jeſus-Chriſt.*

» Si donc nous conſiderons ſeulement, ſelon
» la probabilité & la raiſon humaine, les pou-
» voirs que Jeſus-Chriſt laiſſe à ſon Egliſe dans
» l'Evangile, & que ſaint Paul explique enſuite

fi diſtinctement, nous ne pourons pas croire
que Notre Sauveur ait dit toutes ces choſes
pour rien.

Je vous prie de confiderer d'un autre côté, que ceux qui réſiſtent à la verité, & qui
ne veulent pas ſe ſoumettre à ſon Egliſe, tirent leurs argumens de prétenduës contradictions, & d'interpretations tirées de loin,
pandant qu'en même-tems ils nient des choſes exprimées en paroles claires & poſitives;
ce qui eſt tellement contre la bonne foi,
qu'il eſt difficile de penſer qu'ils croyent eux-mêmes ce qu'ils diſent.

Y a-t-il aucun autre fondement de l'Egliſe
Proteſtante, ſi ce n'eſt que ſi le Magiſtrat
civil le juge à propos ? il peut appeller telles
perſonnes du Clergé, ſelon qu'il croit alors
convenir à ſes interêts, & changer la forme
de l'Egliſe en Preſbiterienne ou indépendante, & enfin la faire telle qu'il lui plaira.

Telle a été la méthode qu'on a ſuivie ici
pour notre prétenduë reformation d'Angleterre; & par la même regle, & par la même
autorité, elle peut être encore diverſifiée,
& changée en autant de formes & de figures qu'il y a de differentes imaginations dans
les têtes des hommes.

Le 12. de Septembre le Roi Jaques tomba
malade avec de ſi grans accidens, qu'on jugea d'abord qu'il n'en reviendroit pas. Le

An. de J.C.
1701.

Roi le visita plusieurs fois ; & le voyant à l'extrémité, il l'assura que si Dieu disposoit de lui, il reconnoîtroit le Prince de Gales pour Roi d'Angleterre : qu'il prévoyoit assez que par-là il s'engageoit à une grande guerre, mais que le bien de la Religion devoit passer par dessus toutes les considerations humaines. Une si grande action, quand elle fut connuë, merita les aplaudissemens de tout le monde Catolique. Le Pape en témoigna une joïe extraordinaire, comme nous l'avons déja dit ; & après la mort du Roi Jaques II. il manda au Roi, pour comble de loüanges, qu'il étoit veritablement le Roi très-Chrétien.

Cepandant le Roi Jaques étoit à l'agonie. La Reine, le Prince de Conti son cousin, & le Nonce Gualtieri ne le quittoient pas. Le Roi le visita encore, & renouvella au Prince de Gales la promesse qu'il lui avoit déja faite de le reconnoître Roi, à condition qu'il n'abandonneroit jamais la Religion Catolique ; & que s'il le faisoit, il le regarderoit comme le plus grand de ses ennemis. Ce jeune Prince qui n'avoit que treize ans, se jetta à ses pieds, & lui promit, en pleurant, ce qu'il a executé depuis avec beaucoup de constance. Le Roi Jaques, après avoir reçû tous les Sacremens de l'Eglise, avec une devotion exemplaire, fit appeller le Prince de Gales, & lui dit :

dit : *Mon fils, vous allez remplir ma place, qui vous est düe avec justice ; & si jamais vous remontez sur votre trône, pardonnez à tous mes ennemis, aimez votre Peuple, conservez la Religion Catolique, & preferez toûjours l'esperance d'un bonheur éternel à un Royaume de ce monde.* Il lui donna ensuite sa benediction, & à la Princesse sa fille, & ne songea plus qu'à se préparer à rendre compte à Dieu. Il mourut le 16. de Septembre dans la tranquilité qui convient à un bon Chrétien, & avec une fermeté digne d'un Roi. Son corps fut porté sans ceremonies, ainsi qu'il l'avoit souhaité, aux Benedictins Anglois de Paris, & son cœur au Monastere de Chaillot, où la Reine se retira.

Après qu'il fut mort, le Prince de Gales fut proclamé Roi d'Angleterre par les Herauts d'Armes à saint Germain, à Versailles & à Paris. Le lendemain le Roi, Monseigneur, & toute la Cour allerent à saint Germain rendre visite au nouveau Roi. Il les reçût avec la dignité convenable, & répondit aux complimens qu'on lui fit, moins par ses paroles que par ses larmes. Il pria le Nonce Gualtieri d'assurer Sa Sainteté, qu'à l'exemple du Roi son pere, il lui rendroit toûjours une obéïssance filiale.

La nouvelle de la mort du Roi Jaques II. & de la proclamation de Jaques III. étant arrivée à Rome, le Pape assembla le Confiftoire, & leur dit avec son éloquence acoutumée : *Nous avons perdu, venerables Freres, le Roi Jaques II. Prince veritablement fils de l'Eglise, & défenseur de la Foi ; mais ce qui doit faire notre consolation, le Roi très-Chrétien a reconnu le Prince de Gales son fils, & l'a fait proclamer Roi d'Angleterre. Cette action heroïque, dans les conjonctures présentes, passera à la memoire de tous les siecles.*

Le Pape envoya au Roi le Bref suivant.

A NOTRE TRES-CHER FILS en Notre-Seigneur, Loüis le Roi très-Chretien.

CLEMENT PAPE XI.

„ Notre très-cher Fils en Jesus-Christ, Salut. Lorsque nous ne croyons pas que rien au monde pût diminuer le sentiment de la douleur que nous avoit causé la mort du très-religieux Prince, & très-zelé Protecteur de l'Eglise Catolique Jaques II. Roi de la Grande Bretagne, nous avons trouvé le sujet d'une extréme consolation dans la pieté que Votre Majesté a fait paroître, en donnant au Prince mourant une derniere mais sincere preuve de cette ancienne & singuliere affection, dont elle l'a constamment aimé. Vous la reçûtes autrefois entre vos bras avec une insigne générosité, & vous avez toûjours traité depuis, avec une bonté & une

magnificence royale, ce Prince, grand, à la
verité, par ses rares qualitez, & par sa vertu;
mais qui a éprouvé en sa persone toutes les
inconstances de la fortune, & qui a lon-
tems été en butte aux accidens les plus fâ-
cheux, jusqu'à en être presque accablé. Enfin, lorsqu'il étoit sur le point de faire l'é-
change des biens de la terre avec ceux du
Ciel, vous avez rempli les seuls desirs qui
pouvoient lui rester; car un pere tel que lui,
ne pouvoit manquer d'être en peine au sujet
de son fils, dont il avoit bien plus à cœur la religion & la pieté que l'établissement temporel.
Vous avez calmé son inquiétude, en lui promettant que vous assisteriez de toutes vos forces, & de toute votre autorité ce jeune Prince de si grande esperance, & d'un si beau naturel : que vous le reconnoîtriez pour Roi,
& que vous lui feriez rendre les honneurs
dûs au légitime heritier de la Monarchie Angloise, si toutefois il se montroit imitateur
des vertus de son pere, & sur tout de son attachement inviolable à la Religion Catolique. Un procedé si genereux, dans un tems
où les raisons d'Etat sembloient vous en devoir détourner, nous a pleinement convain-
cus que c'est le pur zele de la Religion & de
la justice qui vous ont fait agir en cette occasion, & cette magnanimité chrétienne,
tout-à-fait digne du nom que vous portez,

V u ij

» nous a tellement touchez, que malgré la
» douleur dont nous étions occupez, pour la
» perte d'un Roi, que les gens de bien pleure-
» ront toûjours, nous avons crû toutefois qu'il
» étoit de notre devoir, en qualité de Pere
» commun, de relever autant qu'il nous a été
» poffible, en vûë de Dieu, la réfolution que
» nous avons prife. Nous prions donc inftam-
» ment l'auteur de tous les biens, de vous ré-
» compenfer par une abondance des dons ce-
« leftes, du fervice fignalé que vous venez de
» rendre à fon Eglife.

« A l'égard de l'éducation du jeune Roi, fi
« porté de lui-même à toutes fortes de vertus,
« nous ne croyons pas qu'il foit befoin d'ex-
« horter Votre Majefté à vouloir bien lui tenir
« lieu d'un pere plein de tendreffe, vû que
« tout ce qu'elle a fait jufqu'ici d'elle-même
« en ce point, ne nous laiffe rien à lui deman-
« der, ni même à defirer d'elle. Et comme la
« conduite que vous avez tenuë, fur tout en
« cette occafion, merite non feulement de
« paffer à la pofterité la plus reculée, mais en-
« core d'être gravée, s'il fe peut, fur d'éternels
« monumens, nous affurons Votre Majefté,
« que le détail qui nous en a été envoyé fur le
« champ par notre venerable Frere Philippes-
« Antoine Archevêque d'Athênes, ne s'effa-
« cera jamais de notre memoire. Auffi eft-ce
« du fond du cœur, & avec une tendreffe de

Pere, que nous vous donnons notre benediction Apoſtolique. A Rome le 4. d'Octobre 1701.

Le Pape fit rendre les derniers devoirs au
Roi Jaques II. par un ſervice ſolemnel, où
Dom Annibal Albani neveu de Sa Sainteté,
jeune homme qui promettoit beaucoup, fit
l'Oraiſon Funebre.

Je mettrai encore ici une Homelie, que le
Pape fit en Latin le jour de Noël dans l'E-
gliſe de ſaint Pierre.

Les vœux des Nations, & les Oracles des
Prophétes ſont accomplis. Le Créateur & le
Seigneur Eternel de toutes choſes, cachant
ſous le voile l'éclat de la majeſté divine, a
pris la forme d'un eſclave, pour rendre la
liberté tant deſirée, à ceux qui gémiſſoient
depuis ſi lon-tems ſous le joug peſant de l'ancienne ſervitude du peché. Dieu a envoyé
ſon Fils né d'une femme, & aſſujetti à la Loi,
afin de racheter ceux qui étoient ſous la Loi.
L'ancien des jours eſt devenu enfant, afin
que par l'abbaiſſement d'un Dieu juſqu'à la
nature humaine, l'homme ſoit élevé juſqu'à
la nature divine. La force devenuë foible,
pour donner de la force à la foibleſſe. La mi-
ſericorde eſt décenduë du Ciel, & s'eſt com-
muniquée aux pecheurs, la ſanté aux malades, la verité à ceux qui étoient dans l'éga-
rement, la lumiere aux aveugles, la vie aux

« morts. Et pour ne point employer ici d'autre
» expreſſion que celle de l'Evangile même que
» nous venons d'entendre, le Verbe s'eſt fait
» Chair, & a demeuré parmi nous. Grand
» myſtere, ſans doute ! Prodige étonnant de
» l'amour d'un Dieu ! Sacrement ineffable de
» notre reconciliation ! Courage donc, mes
» Freres, vous à qui je ne puis maintenant don-
» ner des qualitez plus convenables, qu'en
» vous appellant avec le Prince des Apôtres,
» race choiſie, aſſemblée qui joignez le Sacer-
» doce à la Royauté, Nation ſainte, Peuple
» gagné par conquête. Courage, celebrons
» avec joïe ce jour ſacré, où les campagnes du
» deſert ont produit le germe odoriferant
» d'Iſraël, où la verité eſt ſortie de la terre, où
» la juſtice a regardé du haut du Ciel, où un
» enfant nous eſt né, où un fils nous a été don-
» né ; mais un enfant qui ne peut être renfer-
» mé dans l'enceinte des Cieux ; mais un fils
» qui eſt le Fils unique du Pere, & qui a vou-
» lu venir Fils de l'homme pour nous faire en-
» fans de Dieu.

» Rejoüiſſons-nous dans ce jour de ſalut,
» & puiſque nous avons l'avantage d'avoir été
» faits participans de la nature divine, que la
» bonté d'un Dieu qui veut bien nous adopter
» pour ſes enfans, nous rempliſſe d'une ſainte
» allegreſſe. Que nos bouches chantent les
» loüanges du Seigneur, & que toute chair

beniſſe le ſaint Nom de celui, qui étant riche s'eſt fait pauvre pour nous, afin de nous enrichir par ſa pauvreté. Penſons ſerieuſement à la grandeur ineffaçable de cet ouvrage du Très-Haut : reconnoiſſons avec humilité combien eſt excellente la grace que Dieu nous confere dans ce Myſtere.

Les Demons le reconnoiſſent ; & jaloux du bonheur de notre redemption, ils s'affligent de voir, par l'incarnation du Verbe, le genre humain délivré de la puiſſance des tenebres, eux qui ſe glorifioient auparavant de nous avoir ſéduits par leurs artifices, & de nous avoir exclus de l'heritage celeſte.

Reconnoiſſons donc auſſi nous-mêmes les ſublimes avantages de notre nature ; & renonçant à toutes les baſſeſſes du vieil homme, ne ſouffrons plus qu'une nature que l'homme nouveau a purifiée de toutes ſes taches, & qu'il a élevée d'une maniere admirable à un ſi haut degré d'honneur, s'abaiſſe déformais, & s'aviliſſe.

Que la conſideration du myſtere ſerve à l'édification de nos mœurs, enſorte que le ſacrement de la réparation des hommes paſſe juſqu'à la pratique, & ſe manifeſte dans notre conduite. Un Dieu eſt couché dans une crêche, que l'ambition n'éleve plus déformais nos eſprits. L'auteur de la nature n'a pour ſe couvrir que des langes pauvres & dé-

» chirez, que la convoitife des biens terreftres
» ne tyrannife plus nos cœurs. Le médiateur
» de Dieu & des hommes, le Pere du fiecle à
» venir, le Prince de la paix, Jefus-Chrift eft
» conçû & né d'une Vierge; ne nous laiffons
» plus corrompre par l'attrait de la volupté, ni
» emporter par la colere, ni déchirer par l'en-
» vie, ni foüiller enfin par quelque vice, ou
» quelque tâche que ce puiffe être. Ainfi le
» jour de la naiffance du Sauveur fera pour
» nous un jour de paix, mais de cette paix ve-
» ritable; paix toute celefte, fans laquelle la
» paix d'ici-bas, que nous fouhaitons avec
» tant d'empreffement pour apporter le reme-
» de à nos maux, ne peut fubfifter; & afin mê-
» me que cette paix fi defirée en terre, nous
» foit accordée par celui qui tient tout en paix
» dans le haut des Cieux, & qui place les Rois
» fur le trône, commençons par obtenir la paix
» avec Dieu; cette paix que le monde ne peut
» donner, & que les Anges ont annoncée cette
» nuit même aux hommes de bonne volonté.
» Cherchons la, demandons la, confervons
» la; car celui qui de deux Peuples n'en a fait
» qu'un, & qui eft capable d'effacer nos pe-
» chez, & de perfectionner en nous fes dons,
» c'eft celui-la même qui eft notre veritable
» paix.

En 1701. le Pape facra Jean Maillard de Tournon Patriarche d'Antioche, avant que
de

de le faire partir pour la Chine, où il l'envoyoit Vicaire Apoſtolique, & où il eſt mort Cardinal. La ceremonie ſe fit aux Chartreux dans l'Egliſe de ſainte Marie des Anges. Sa Sainteté avoit pour aſſiſtans trois Cardinaux Evêques; ſavoir Tanara, Paulucci & Pignatelli; & trois Cardinaux Diacres, ſavoir Ottobon, Albani & Olivieri. Après la ceremonie, le Pape envoya au nouveau Patriarche le Canon de la Meſſe, & une riche Chaſuble.

Cette ceremonie eſt très-rare. Le Pape Clement VIII. en 1595. ſacra le Cardinal Frederic Boromée Archevêque de Milan, & Jean Delphino, Patriarche de Veniſe.

Le 19. de Mars mourut le Roi Guillaume, après un regne de treize ans. Il recommanda en mourant aux Milords & aux Officiers de la Couronne, de reconnoître pour leur Reine la Princeſſe Anne, femme du Prince George de Dannemarc, d'établir la ſucceſſion dans une famille Proteſtante, & de pourſuivre la guerre contre la France. On ne peut pas diſconvenir que le Roi Guillaume n'ait été un grand Prince, brave de ſa perſone, entreprenant, mais malheureux à la guerre. Il perdit autant de batailles qu'il en donna, & trouva toûjours des reſſources dans ſon courage & dans ſa capacité.

An. de J. C. 1702.

Dès que la Princeſſe Anne eut été proclâmée Reine, elle donna la Charge de Grand Amiral au Prince George son mari, & celle de Capitaine General à Milord Churchil, Comte de Malbouroug, qu'elle fit Duc & Chevalier de la Jaretiere, & parut vouloir continuer la Ligue contre la France. Elle en assura le Parlement par un long discours, où elle loüa fort le Roi Guillaume, sans jamais dire une parole ni en bien ni en mal du Roi Jaques III. son frere, qu'elle aimoit fort.

L'année suivante l'Archiduc d'Autriche prit le titre de Roi d'Espagne, & passa en Portugal. Les flottes Angloises & Hollandoises voulurent en vain surprendre Barcelone, & prirent Gibraltar.

Ce fut en 1702. que parut un Ecrit intitulé : *Cas de Conscience proposé par un Confesseur de Province, touchant un Ecclesiastique qui est sous sa conduite.* Le Confesseur propose d'abord les soupçons qu'il a de la doctrine de cet Ecclesiastique sur le Jansenisme. Il dit qu'après l'avoir interrogé, il l'a assuré qu'il condamne les cinq Propositions condamnées par les Papes Innocent X. & Alexandre VII. purement & sans restriction, dans tous les sens que l'Eglise les a condamnées, & même dans le sens de Jansenius, & qu'il a signé le Formulaire ; mais il avoüe qu'il n'a pas la même créance pour le fait que pour le droit, & que pour le fait il suffit d'avoir une soumisfion de refpect & de filence à ce que l'Eglife a décidé là-deffus. Je lui ai fait, dit le Confeffeur, d'autres queftions fur fa doctrine, & il m'a répondu que la prédeftination eft gratuite, & que la grace eft efficace, fuivant faint Auguftin; qu'il y a pourtant des graces interieures qui donnent une vraïe poffibilité d'acomplir les Commandemens de Dieu, quoiqu'elles n'ayent pas tout leur effet par la réfiftance de la volonté. Il croit qu'on eft obligé d'aimer Dieu fur toutes chofes : il convient que l'Eglife n'a rien décidé fur la fuffifance ou l'infuffifance de l'attrition : il dit qu'il faut s'adreffer à la fainte Vierge, comme à une puiffante Avocate, qui nous peut obtenir tout ce qu'elle demande à Dieu pour nous : qu'il ne croit pas la Conception Immaculée, mais qu'il fe donne bien de garde de rien dire contre l'opinion de ceux qui penfent autrement : qu'il croit que celui qui affifte à la Meffe avec la volonté & l'affection pour le peché mortel, fans aucun mouvement de penitence, commet un nouveau peché. Il ajoûte qu'il croit pouvoir lire en fureté de confcience le Livre *de la Fréquente Communion, les Lettres de faint Cyran, la Morale de Grenoble, le Rituel d'Alet, & les Conferences de Luçon, & même la Traduction Françoife du Nouveau Teftament,* imprimé à Mons, parce que la plûpart de ces Livres ont été imprimez en

Xx ij

France avec Approbation & Privilege.

C'eſt ſur les réponſes de l'Eccleſiaſtique que le Confeſſeur conſulte les Docteurs, & il s'en trouva quarante qui répondirent au Confeſſeur par écrit, qu'il pouvoit donner l'abſolution à ſon penitent, ſans l'obliger à aucune retractation.

Cet Ecrit du cas de conſcience, qui naturellement devoit demeurer manuſcrit & ſecret, fut imprimé en Province, & auſſi-tôt attaqué par une infinité d'Ecrits, & déferé au Cardinal de Noailles Archevêque de Paris, qui après l'avoir lon-tems examiné, donna le 22. Fevrier 1703. ſon Ordonnance, qui condamne le cas de conſcience.

Il en rapporte le premier article, où le Conſultant, après avoir ſigné le Formulaire ſans reſtriction, dit qu'il croit qu'il lui ſuffit d'avoir une ſoumiſſion de reſpect & de ſilence, pour ce que l'Egliſe a décidé ſur le fait de Janſenius. *Cela eſt contraire*, dit le Cardinal dans ſon Ordonnance, *aux Conſtitutions d'Innocent X. & d'Alexandre VII. & aux Brefs d'Innocent XII. reçûs en 1700. par l'Aſſemblée generale du Clergé de France. Nous le condamnons*, ajoûte-t-il, *comme tendant à renouveller les queſtions decidées, favoriſant la pratique des équivoques, des reſtrictions mentales, & même des parjures, & dérogeant à l'autorité de l'Egliſe.*

La plûpart des Docteurs qui avoient

aprouvé le cas de conscience, avoüerent qu'ils avoient été surpris, & le Cardinal, juge de la doctrine dans son Diocese, renouvella la condamnation qu'il en avoit faite, & fit des défenses expresses de se servir de l'accusation vague & odieuse de Jansenisme pour décrier persone, s'il n'est constant, par voïe légitime, qu'il ait enseigné par écrit, ou de vive voix quelqu'une des Propositions condamnées. Presque tous les Docteurs qui avoient signé le cas de conscience, signerent l'Ecrit suivant.

Nous soussignez Docteurs en Theologie de la Faculté de Paris, declarons que nous nous soumettons à l'Ordonnance de Son Eminence Monseigneur le Cardinal de Noailles notre Archevêque, du 22. Fevrier 1703. que nous y conformerons nos sentimens & notre conduite, & que nous avons un veritable déplaisir d'avoir signé le cas de conscience qui est condamné.

Le Pere Alexandre Dominicain, fameux par le grand nombre d'Ouvrages qu'il a donnez au Public, fut le premier Docteur qui se retracta.

Le cas de conscience fut aussi condamné par les Facultez de Theologie des Universitez de Louvain & de Doüai, & enfin par le Pape Clement XI. qui dans sa Bulle dit, que le silence respectueux ne va ni à toucher le cœur, ni à soumettre l'esprit, plus propre à couvrir le mal qu'à le guerir, & à perpetuer l'erreur qu'à la détruire : qu'il n'affecte d'en cacher le venin, que pour le répandre plus librement dans des conjonctures plus favorables, & qu'il ne fait consister l'obéïssance dûë aux Oracles prononcez par l'Eglise, qu'à ne pas contredire en public des veritez que l'on se réserve le droit de censurer en secret. La Bulle fut enregistrée au Parlement, & envoyée à tous les Evêques du Royaume, qui la firent publier dans leurs Dioceses.

Le Roi donna aussi un Arrêt du Conseil, qui défend d'écrire sur la doctrine de Jansenius, & le Pape Clement XI. en aprouvant la conduite du Cardinal de Noailles, donna encore un Decret qui condamna le cas de conscience. *Quelques-uns,* dit le Saint Pere, avec son éloquence ordinaire, *sont venus à cet excès d'impudence, qu'oubliant les regles, non seulement de la sincerité chretienne, mais même celles de l'honnêteté naturelle, ils n'ont point craint d'assurer qu'on peut licitement souscrire aux Formulaires prescrits par nos prédecesseurs, quoiqu'on ne juge pas interieurement que le Livre de Jansenius contienne une doctrine heretique, comme si malgré les paroles de l'Ecriture, qui ordonne de dire la verité telle qu'on la porte dans son cœur, & de ne point tromper dans les sermens qu'on fait au prochain, il étoit permis aux Sectateurs de cette erreur, de tromper l'Eglise, même par un serment, & d'éluder, comme ils font, la prévoyance du Siege Apostolique, lorsqu'usant des termes exprès du Formulaire*, *ils difent ce que l'Eglife dit*, *fans penfer néanmoins ce qu'elle penfe*, *& font profeſſion d'obéïr aux Conftitutions Apoftoliques*, *qu'ils contredifent dans leur cœur*.

L'Affemblée generale du Clergé reçût la Conftitution du Pape avec une unanimité parfaite, & envoya une Lettre circulaire à tous les Evêques, pour les exhorter à la faire publier dans leurs Diocefes par des Mandemens fimples & uniformes.

Quelque tems après, le Cardinal de Noailles, comme Archevêque de Paris, envoya la Conftitution du Pape aux Religieufes du Port Royal des Champs, & leur demanda leur foumiffion par écrit. Elles répondirent qu'elles fe foumettroient fincerement, mais fans déroger à ce qui s'étoit paffé à leur égard à la paix de l'Eglife fous le Pape Clement IX. Cette reftriction les fit voir défobéïffantes. On les difperfa en differens Monafteres, on fuprima le titre de l'Abbaye, on en rafa tous les bâtimens, & les revenus furent reünis à ceux de la Maifon de Paris. Les Religieufes difperfées fignerent dans la fuite le Formulaire, à l'exception de trois ou quatre.

Quand le Roi d'Efpagne eut apris que le Prince Eugene de Savoye étoit entré en Italie à la tête de l'armée Imperiale, & qu'il avoit forcé tous les paffages, il y voulut all'erreur qu'à la détruire : qu'il n'affecte d'en cacher le venin, que pour le répandre plus librement dans des conjonctures plus favorables, & qu'il ne fait consister l'obéïssance dûë aux Oracles prononcez par l'Eglise, qu'à ne pas contredire en public des veritez que l'on se réserve le droit de censurer en secret. La Bulle fut enregistrée au Parlement, & envoyée à tous les Evêques du Royaume, qui la firent publier dans leurs Dioceses.

Le Roi donna aussi un Arrêt du Conseil, qui défend d'écrire sur la doctrine de Jansenius, & le Pape Clement XI. en aprouvant la conduite du Cardinal de Noailles, donna encore un Decret qui condamna le cas de conscience. *Quelques-uns*, dit le Saint Pere, avec son éloquence ordinaire, *sont venus à cet excès d'impudence, qu'oubliant les regles, non seulement de la sincerité chretienne, mais même celles de l'honnêteté naturelle, ils n'ont point craint d'assurer qu'on peut licitement souscrire aux Formulaires prescrits par nos prédecesseurs, quoiqu'on ne juge pas interieurement que le Livre de Jansenius contienne une doctrine heretique, comme si malgré les paroles de l'Ecriture, qui ordonne de dire la verité telle qu'on la porte dans son cœur, & de ne point tromper dans les sermens qu'on fait au prochain, il étoit permis aux Sectateurs de cette erreur, de tromper l'Eglise, même par un serment, & d'éluder, comme ils font, la prévoyance du Siege Apostolique, lorsqu'usant des termes exprès* du Formulaire, ils difent ce que l'Eglife dit, fans penfer néanmoins ce qu'elle penfe, & font profeſſion d'obéïr aux Conſtitutions Apoſtoliques, qu'ils contrediſent dans leur cœur.

L'Affemblée generale du Clergé reçût la Conſtitution du Pape avec une unanimité parfaite, & envoya une Lettre circulaire à tous les Evêques, pour les exhorter à la faire publier dans leurs Dioceſes par des Mandemens ſimples & uniformes.

Quelque tems après, le Cardinal de Noailles, comme Archevêque de Paris, envoya la Conſtitution du Pape aux Religieuſes du Port Royal des Champs, & leur demanda leur ſoumiſſion par écrit. Elles répondirent qu'elles ſe ſoumettroient ſincerement, mais ſans déroger à ce qui s'étoit paſſé à leur égard à la paix de l'Egliſe ſous le Pape Clement IX. Cette reſtriction les fit voir déſobéïſſantes. On les diſperſa en differens Monaſteres, on ſuprima le titre de l'Abbaye, on en raſa tous les bâtimens, & les revenus furent reünis à ceux de la Maiſon de Paris. Les Religieuſes diſperſées ſignerent dans la ſuite le Formulaire, à l'exception de trois ou quatre.

Quand le Roi d'Eſpagne eut apris que le Prince Eugene de Savoye étoit entré en Italie à la tête de l'armée Imperiale, & qu'il avoit forcé tous les paſſages, il y voulut aller en personne défendre ses Etats. En vain le Cardinal Portocarrero, & ses autres Ministres lui representerent qu'il valoit mieux demeurer à Madrid dans le centre de la Monarchie, à l'exemple de Philippes II. & de ses successeurs, jusqu'à ce qu'il eut un heritier. Il consulta le Roi son ayeul, qui ne put désaprouver son courage, & le voyage fut résolu. Il prit le chemin de la Catalogne, pour y recevoir la Princesse Loüise-Marie-Adelaïde, seconde fille du Duc de Savoye, qu'il avoit épousée par Procureur ; l'aînée étoit mariée au Duc de Bourgogne. Les Ambassadeurs de France & d'Espagne avoient été à Turin, faire conjointement la demande de la Princesse. Le Pape l'envoya complimenter par le Cardinal Archinto Archevêque de Milan, qu'il nomma Legat. Elle partit & arriva heureusement en Espagne ; toutes les ceremonies du mariage furent acomplies. La Duchesse de Bracciane, depuis Princesse des Ursins, fut mise auprès de la jeune Reine, pour être la Camarera Mayor, ou Dame d'Honneur, ou Gouvernante. Le Roi partit aussi-tôt pour Barcelone, où il s'embarqua sur l'Escadre du Comte d'Etrées, & passa heureusement à Naples.

Dès qu'il fut arrivé, le Pape, malgré les remontrances du Cardinal Grimani, & des Ministres de l'Empereur, lui envoya le Cardinal

dinal Barberin, avec le titre de Legat, & le Roi lui envoya le Prince Borghese. Les Napolitains témoignerent une joïe extraordinaire, de se revoir un Prince qui portoit le nom d'Anjou. Quelques jours après, il fit ses dévotions dans sa Chapelle, visita les Reliques de saint Janvier, & s'embarqua sur la Galere Capitane de Naples, pour passer à Final, & de-là en Lombardie. L'on ne peut rien ajoûter à la magnificence dont il fut reçû à Livourne par le Grand Duc. La Republique de Genes lui envoya des Ambassadeurs. Il passa dans le Milanès, & arriva enfin à l'armée Françoise. Le Duc de Vandôme qui la commandoit, avoit fait lever le siege de Mantouë, & le Prince Eugene s'étoit campé à Borgo-Forté. Le Roi d'Espagne, qui vouloit donner une bataille, s'aprocha des Imperiaux, & se campa auprès de Corrège. Alors le Prince Eugene voyant qu'il ne pouroit pas se retirer sans être défait, prit le parti de se battre, quoique le plus foible, & attaqua le premier. Il s'étoit apperçû que le Roi marchoit avec une partie de son armée du côté du Château de Luzara, & qu'il le prendroit à son avantage. Il commença la bataille à six heures du soir; jamais combat ne fut si opiniâtré. Le Roi y montra sa valeur, & le Prince Eugene son experiance. La nuit sépara les combatans; la perte étoit égale. Chacun s'attribua l'avantage, & fit des feux de joïe ; mais comme le Prince Eugene fut obligé de se retirer, & que le Roi prit le Château de Luzara, & ensuite Borgoforté & Guastale, que les Imperiaux avoient fortifiez, la voix publique lui accorda tout l'honneur de la victoire. Il repassa peu de tems après à Genes & de-là en Espagne.

Il aprit en arrivant, que des Missionnaires Espagnols étoient entrez depuis quelques années dans l'Isle de Californie, & qu'ils y avoient déja établi plusieurs Missions : que les naturels du pays avoient l'esprit doux, & n'étoient que modérément attachez à l'adoration de la Lune, qu'ils se convertissoient en foule, & que s'il y avoit des ouvriers, la moisson seroit abondante. On a crû long-tems que cette Isle faisoit partie du continent de l'Amerique ; mais on en est desabusé depuis qu'on en a fait le tour. Elle est celebre par la pêche des perles, & produit presque naturellement tout ce qui est necessaire à la vie même, au plaisir. Il y a de grandes plaines, d'agréables valées, d'excellens pâturages pour le gros & le menu bétail. des sources d'eau vive, des rivieres fort poissonneuses. Les arbres y portent des fruits trois fois l'année, on ne doute point qu'on n'y trouvât des mines d'or. Les Missionnaires assurent que le climat est fort sain, & qu'ils n'y ont point été malades depuis qu'ils y font entrez. Le Marquis de Lagura, Viceroi du Mexique, y recommença un rétablissement en 1683. fit planter une Croix sur une montagne, & élever un petit fort, & en prit possession au nom du Roi d'Espagne. Cette entreprise avoit été negligée jusqu'en 1697. que le Pere François-Marie Nicole, Jesuite, y aborda, & trouva le fort en assez mauvais état, & peu d'Espagnols pour le défendre. Le Pere de Salvatierra le seconda apostoliquement ; ils aprirent aisément la langue du pays, baptiserent beaucoup d'enfans, & firent grand nombre de Catécumenes. Le Roi Catholique a assigné pour l'entretien des Missionnaires six mille écus par an sur les revenus du Mexique. Les particularitez ont été envoyées en 1702. au Conseil Royal de Quadalaxara dans le Mexique, & certifiées par le Pere Nicole, Jesuite.

Les disgraces de la guerre ne touchoient le Roi que mediocrement, il sentoit en lui-même de si grandes ressources, qu'il croyoit aisément qu'il viendroit à bout de tous ses ennemis ; mais les disgraces de sa famille le touchoient sensiblement ; Monsieur mourut subitement en ce tems-là, Prince recommandable par la valeur, qu'il avoit montrée à la bataille de Cassel, & à tous les sieges où il s'étoit trouvé ; mais ce qui le rendoit encore plus précieux à la France, c'étoit l'atachement inviolable qu'il avoit toûjours eu pour la persone du Roi, à qui il n'avoit jamais fait de peine pendant un long regne ; aussi le Roi lui en témoigna-t-il sa reconoissance, en acordant au Duc d'Orléans, son fils, la même Maison, & les mêmes privileges qu'avoit eus Monsieur ; il l'avoit déja déclaré Petit-Fils de France, rang nouveau au-dessus du premier Prince du Sang.

Monsieur avoit épousé en premieres nôces, Henriette-Anne d'Angleterre, morte le 20. Juin 1670. d'une mort fort subite, & en avoit eu Marie-Loüise, Reine d'Espagne, & Anne-Marie, Duchesse de Savoye. Il épousa en secondes nôces, le 4. Novembre 1671. Charlotte-Elizabeth, fille de Charles-Loüis, Electeur Palatin, & de la fameuse Landgravine de Hesse, si atachée à la France sous le Regne de Loüis XIII. & en avoit eu Elizabet-Charlotte, Duchesse de Lorraine, & Philipe, Duc d'Orleans, dont la valeur & la capacité se sont montrées en beaucoup d'ocasions.

An. de J. C. 1704.

Le 15. du mois de Mai mourut Loüis Bourdaloüe, Jesuite, à l'âge de soixante & douze ans, l'un des plus grans Prédicateurs de son siecle. Il avoit prêché pendant trente-cinq ans à Paris & à la Cour, avec un aplaudissement universel, & au milieu de ses talens naturels, & d'une profonde capacité, il avoit conservé la modestie, la douceur & la simplicité.

Il y avoit près de vint ans que l'Edit de Nantes étoit revoqué, les Huguenots [é]toient soûmis dans tout le Royaume, [ils] s'étoient convertis, ou ils avoi[ent] allé d[ans] les Pays étrangers, lorsque le[s habi]tans des Cevenes, fiers de leurs montagnes, qu'ils croyoient inaccessibles, se revolterent ouvertement. On les apela Fanatiques, ou Camisards, à cause qu'ils portoient sur leurs habits des chemises blanches ; ils brûlerent des Eglises, & massacrerent quelques Missionnaires, entr'autres l'Abbé du Chailat, qui témoignoit un grand zele pour leur conversion. Q[uel]ques Troupes du Roi, qui se trouveren[t dans] le pays, ne leur resisterent pas ; ces pet[its av]antages augmenterent leur insolence & leu[r n]ombre, plusieurs n[ou]veaux Convertis du Vivarès, & du Bas-Languedoc les joignirent, l'affaire devint serieuse ; le Roi y envoya le Maréchal de Montrevel, avec plusieurs Regimens de Cavalerie & d'Infanterie ; il les défit dans les valons, les poussa pied à pied dans leurs cavernes, & força l'une après l'autre toutes leurs retraites, il en fit pendre quelques-uns, & en envoya un grand nombre aux galeres. Le Maréchal de Villars lui succeda dans une commiffion fi defagreable ; il fe fervit d'abord des moyens les plus doux , & promit l'impunité à ceux qui fe foumetroient ; Roland & Cavalier, principaux Chefs des Fanatiques , eurent leur grace, & promirent de faire entendre raifon à tous les autres, mais ils n'en vouloient rien faire ; ils attendoient des troupes de Savoye , & de l'argent d'Angleterre & de Hollande ; les meurtres recommencerent , & le Maréchal de Villars envoya dans les montagnes deux Bataillons & des Dragons, qui en diverfes rencontres défirent plus de quinze cens revoltez. Roland fut tué, & Cavalier fe fauva à Genêve, d'où il alla en Angleterre. Il reftoit un Chef de Fanatiques , nommé Ravenel, fort acredité ; le Maréchal de Villars fit publier qu'il feroit doner mille écus à qui lui aporteroit fa tête ; Ravenel, quelques jours après, vint trouver le Maréchal : *Monfeigneur*, lui dit-il , *je vous aporte ma tête* , il fut fort bien reçû, & toucha les mille écus.

La tranquilité fembloit rétablie dans les Cevenes, les boutiques étoient ouvertes dans les gros Bourgs, & les Marchez s'y tenoient à l'ordinaire, lorfque le Maréchal de Villars eut ordre d'aller commander l'Armée du Roi en Allemagne, le Duc de Barvic vint à fa place, dans la penfée de n'avoir qu'à maintenir la paix ; le feu étoit fous la cendre.

Ravenel & Cavalier couvoient une conspiration qui pouvoit causer des maux infinis. Ils avoient reçû plusieurs millions d'Angleterre & de Hollande, Ravenel avoit enrôlé plus de dix mille hommes, leur donant des commissions au nom de la Reine d'Angleterre, ou du Duc de Savoye. Les nouveaux Convertis du Vivarès devoient prendre les armes, la plûpart des Soldats de la Garnison de Nîmes étoient du complot, le Duc de Savoye devoit entrer en même tems en Daufiné ou en Provence avec quarante mille hommes. Les mesures des Rebelles étoient assez bien prises, lorsque le 16. d'Avril, un Suisse, espion du Duc de Barvic, lui donna avis, qu'il avoit vû entrer dans Montpellier trois étrangers, on les saisit, on leur donna la question, & ils découvrirent, qu'après s'être rendus maîtres de Nîmes, à quoi ils ne croyoient pas trouver beaucoup de difficulté, ils devoient venir à Montpellier y égorger le Duc de Barvic, l'Intendant & tous les Catholiques, & faire ensuite revolter tout le Languedoc. Sur cet avis, le Duc de Barvic envoya à Nîmes pour se saisir des Chefs des Fanatiques qui devoient y être; on y trouva effectivement les nommez Ravenel, Catinat, Fonquetot & Valeret, qui furent tous quatre rompus vifs, ils avoient chez eux beaucoup de guinées, &

An. de J. C. 1705.

depuis ce tems-là les Cevenes ont été tranquiles.

Le 25. Juin 1704. la Duchesse de Bourgogne acoucha d'un garçon, à qui le Roi donna le nom de Duc de Bretagne; il fut ondoyé par le Cardinal de Coislin, & l'on en fit par tout de grandes réjoüissances.

An. de J. C. 1704.

Le 12. d'Avril mourut à Paris, en sa soixante & dix-huitiéme année, Jaques-Benigne Bossuet, Evêque de Meaux, Conseiller d'Etat ordinaire, premier Aumônier de la Duchesse de Bourgogne, Superieur du College de Navarre, & l'un des Quarante de l'Académie Françoise. Il avoit été Précepteur du Daufin, & premier Aumônier de la Daufine. Les services qu'il a rendus à l'Eglise, particulierement par ses excellens Ouvrages pour défendre la Foi Catholique, contre les anciennes & les nouvelles erreurs, lui ont aquis l'estime universelle, & rendront sa memoire illustre dans les siecles à venir, qui lui acorderont une place parmi les Peres de l'Eglise. J'espere qu'on me pardonera, si je m'étens un peu sur l'éloge de ce grand Prelat. J'ai eu le bonheur de passer vint années de ma vie auprès de lui dans sa familiarité la plus intime. C'est lui qui m'a engagé à travailler à l'Histoire de l'Eglise, j'eus beau lui representer la grandeur du dessein, & mon peu de capacité. *Je ne vous conseillerois pas*, me dit-il, dit-il, d'entreprendre une Histoire pour les savans, l'Abbé Fleury y travaille, & a déja donné quatre volumes qui ont un grand succès. Je voudrois que vous fissiez un Ouvrage pour les gens du monde, les demi-savans, les femmes, les Religieux, & Religieuses, qui ne demandent ni controverses, ni discussions trop exactes de Cronologie; mettez-y seulement les principaux faits, les plus grandes heresies, & cela dans le plus grand détail; passez sous silence une infinité de petits heretiques, qui sont morts presque avant que de naître; joignez-y, à l'exemple de M. de Tillemont, les principales actions des Empereurs depuis Constantin, & celles des Rois de France, qui ont toûjours été Protecteurs de l'Eglise. Encouragé par ce grand homme, je travaillai, & lui portai le manuscrit de mon premier volume, qu'il eut la bonté de corriger, ce qui le doit rendre meilleur que tous les suivans; mais j'eus le malheur de le perdre, dans le tems que j'en avois le plus de besoin; me voici pourtant à la fin de ma carriere par le secours de mes amis, qui ne m'ont point abandoné, & qui m'ont bien marqué leur amitié en me corrigeant impitoyablement.

Le 22. du mois d'Août se donna une bataille navale dans la mer Mediteranée, vis-à-vis de Malaga, entre la Flote de France, commandée par le Comte de Toulouse, Amiral, & celle d'Angleterre & de Hollande, commandée par le Chevalier Rook; les Anglois avoient dix-huit Vaisseaux de guerre plus que les François, mais qui n'étoient ni si gros, ni si bien armez, & de leur côté les François avoient près de trente Galeres. On se canona jusqu'à la nuit, sans que les ennemis eussent jamais voulu accepter l'abordage; il y eut plusieurs Vaisseaux de part & d'autre desagréez & démâtez, & chaque parti, suivant la coûtume des marins, s'atribua la victoire. On a sû depuis, que le Chevalier Schovel, Vice-Amiral d'Angleterre, avoit été tué, que le Vaisseau du Vice-Amiral de Hollande avoit coulé bas, & qu'il ne s'en étoit sauvé que sept hommes, & que la Flote ennemie, sur l'avis que le Comte de Toulouse tenoit encore la mer, avoit forcé de voiles vers le Détroit.

Après avoir exposé avec assez d'exactitudes l'état present de la Religion Chrétiene, dans toutes les parties du monde, il me doit être permis de raporter briévement quelques évenemens de la guerre qui agitent toute l'Europe. C'est le dessein de cette Histoire, qui regardant les Princes comme les Protecteurs de l'Eglise, ne doit pas méprifer leurs principales actions.

Dès que l'Empereur Joseph eut pris possession de l'Empire, après la mort de son pere Leopold, arivée le 5. de Mai 1705. il reconut son frere, l'Archiduc d'Autriche,

Roi d'Espagne, & le fit passer en Portugal. La Ligue contre la France & l'Espagne étoit formée entre l'Empereur, la plûpart des Princes d'Allemagne, le Duc de Savoye, les Portugais, les Anglois, & les Hollandois, pour empêcher la jonction des deux plus puissantes Monarchies de l'Europe. Alors Loüis le Grand mit toute son aplication à soutenir son ouvrage : il avoit quatre cens mille hommes sur pied, de bones troupes acoutumées à la victoire, & se voyoit en état de resister à tous ses ennemis ; mais il lui faloit des Armées en Flandres, sur le Rhin, en Italie & en Espagne. La Catalogne s'étoit revoltée, & une partie de l'Aragon ; il resolut dans son Conseil de faire un effort, & d'assieger Barcelone, & que le Roi d'Espagne iroit en persone. Le Maréchal de Tessé, qui commandoit les Armées de France & d'Espagne, s'oposa autant qu'il put à une entreprise, qu'il croyoit très-difficile, & presque impossible, il representa trois mois durant, qu'il faudroit passer auprès de plusieurs Places où il y avoit des garnisons ennemies, qu'il y avoit beaucoup de troupes dans la ville, d'ailleurs bien fortifiée, que l'Archiduc s'y étoit enfermé, que les ennemis assembloient à Gibraltar soixante Vaisseaux de guerre, que le Comte de Touloufe, Amiral de France, n'en avoit que vint-sept, & qu'étant forcé de se retirer à Toulon, les ennemis pouroient jetter dans Barcelone tous les secours qu'ils voudroient, & qu'après de grans efforts & beaucoup de perte, on seroit obligé de lever le siege, qu'il ne seroit pas possible après un si mauvais succès, de repasser par l'Aragon à demi revolté pour retourner à Madrid, qu'il faudroit sauver l'Armée en Roussillon, que le Roi d'Espagne pouroit, à la verité, passer par le Bas-Languedoc, & rentrer dans son Royaume par Bayone; mais qu'il y avoit à craindre que ces peuples ne se décourageassent. Il continua ses remontrances avec tant de hardiesse, qu'on pouvoit soupçoner qu'il avoit raison. J'ai vû ses dépêches, où, sans faire le Prophete, il prédit tout ce qui ariva dans la suite. Il eut un ordre positif de faire le siege; le Roi d'Espagne s'y rendit avec tout ce qu'il avoit pû ramasser de troupes.

An. de J.C. 1706. On ouvrit la tranchée la nuit du 6. au 7. d'Avril devant le fort du mont de Joüy, qui après une longue défense fut abandoné par les assiegez, qui se retirerent dans la ville. On poussa les travaux contre la ville avec beaucoup de vigueur. La garnison étoit encore de trois mille hommes de pied, & de huit cens chevaux. On y fit de grandes breches, & tout se disposoit à un assaut general, lorsque la Flote ennemie parut; le Comte de Touloufe fe retira à Toulon ; les ennemis firent entrer fix mille hommes dans la ville, on leva le fiege, l'Armée marcha en bon ordre vers le Rouffillon, & le Roi d'Efpagne rentra prefque feul dans fes Etats, où il fut reçû avec de grandes aclamations, l'amour & la fidelité des Efpagnols étant à l'épreuve de toutes les difgraces de la fortune.

Le Duc d'Orleans avoit été envoyé par Loüis le Grand, commander fes Armées en Italie, il avoit affiegé Turin, & le fiege avançoit, lorfqu'il eut avis que le Prince Eugene aprochoit avec vint-cinq mille hommes : il étoit beaucoup plus fort, & vouloit aller au-devant de lui pour le combatre ; mais le Maréchal de Marcin, que le Roi lui avoit donné pour confeil neceffaire, s'y opofa, & s'obftina à demeurer dans les lignes ; la circonvalation étoit de trois lieuës, & par confequent fort difficile à défendre ; le Prince Eugene força un quartier, & jetta du fecours dans la ville. Le Maréchal de Marcin fut tué & le Duc d'Orleans fort bleffé, il falut lever le fiege, & l'Armée fe retira à Pignerol.

Quelque tems après, le Roi fachant bien que le Duc d'Orleans avoit montré beaucoup de valeur, & de conduite au fiege de Turin, l'envoya commander fes Armées en Efpagne ; il ariva à Madrid le 11. d'Avril, & vayant apris que l'Armée ennemie, commandée par Milord Galovai, s'aprochoit de celles de France & d'Espagne, commandée par le Duc de Barvic, il prit la poste pour s'y rendre, mais il trouva que le Duc de Barvic avoit donné la bataille d'Almansa, sur les confins de la Castille & de l'Aragon, que sa victoire avoit été complete, que les Ennemis avoient eu six mille hommes tuez sur la place, & qu'on avoit fait huit mille prisoniers, huit cens Officiers, six-vint drapeaux ou étandars, l'artillerie prise avec toutes les munitions de guerre & de bouche, & les bagages. Le Duc d'Orleans profita de ce grand avantage, prit la ville de Valance, & soumit tout le Royaume, entra en Aragon, reçut les clefs de Saragosse, & mit les troupes en quartier de rafraîchissement à cause des grandes chaleurs ; il prit dès lors des mesures pour ataquer Lerida, il n'en put former le siege qu'au commencement d'Octobre, & la nuit du 2. au 3. la tranchée fut ouverte, le Prince de Darmstad, qui s'y étoit enfermé avec une grosse garnison, défendit la ville pendant neuf jours, & se retira dans le Château, sans demander de capitulation; la ville fut emportée d'assaut & pillée, à la reserve des Eglises & des Monasteres ; on commença aussi-tôt l'ataque du Château, il étoit très-fort, le siege fut long. Au bout de sept ou huit jours le Duc d'Orleans reçut l'ordre du Roi d'aller à Madrid tenir en son nom sur les Fonts de Baptême, le Prince des Asturies, dont la Reine d'Espagne étoit acouchée ; la Princesse des Ursins fut la maraine au nom de la Duchesse de Bourgogne, la ceremonie se fit avec une magnificence extraordinaire aux aclamations du peuple, & dès qu'elle fut faite, le Duc d'Orleans prit la poste, & retourna au siege du Château de Lerida : sa presence le fit pousser avec vigueur, il passoit tous les jours trois heures dans la tranchée, son exemple & l'argent qu'il donnoit aux Soldats, faisoient avancer les travaux, & le 14. Novembre le Prince de Darmstad se rendit, & obtint une capitulation honorable, il en sortit avec mille hommes, ses blessez furent mis dans les Hopitaux de la ville, & traitez avec le même soin que les François & les Espagnols.

An. de J.C. 1707.

L'année suivante le Duc d'Orleans retourna en Espagne, prit Tortose & quelques autres Places, & montra toûjours la même conduite & la même valeur.

Il n'y a point dans le monde de Royaume Mahometan, où il soit plus aisé de faire un plus grand établissement, & plus utile pour la propagation de la Foi Chrétiene, que dans la Perse. On voit dans la seule ville d'Ispahan, quatre sortes de Prédicateurs Evangeques, savoir, des Augustins, des Carmes Déchauffez, des Capucins, & des Jesuites, qui ont tous leurs Eglises particulieres pour un assez grand nombre de Chrétiens qui s'y trouvent. Le Roi de Perse, à la recommandation du Roi Très-Chrétien, y done liberté entiere de conscience, & même dans la grande Tartarie, qui est encore toute payene. Il a acordé aux Jesuites un ample Ragan ou Patante, pour s'établir à Chiras, l'une des principales villes de ses Etats, & à Erivan, dans la haute Armenie. Les Capucins Missionaires de Ninive, qui est éloignée d'Erivan de quelques journées, passent ordinairement deux ou trois mois à la Cour, & la protection qu'on leur donne, ne peut manquer de produire de grans biens pour la Religion dans cette partie de l'Assirie, que nous conoissons sous le nom de Curdistan, ou Kerdestan. Toutes ces villes avec le pays des environs, sont pleines de Nestoriens, qui ont des Archevêques & des Evêques, mais qui sont dans une si grande ignorance, qu'il ne seroit pas difficile de les convertir. Ils n'ont aucune animosité contre les Frans, ils croyent que l'on peut se soumetre au saint Siege, & il y en a même quelques-uns plus savans & plus gens de bien, qui sont déja de très-bons Catoliques.

 Les Capucins & les Carmes dans Erivan,

y travaillent avec beaucoup de zele, & par leur moyen, la fameuse montagne d'Ararat, à six ou sept lieuës d'Erivan, se trouve peuplée en bas d'un grand nombre de Chrétiens, qui font profession de la Communion Romaine. Cette montagne d'Ararat, autrefois celebre par le triomphe de dix mille Martyrs, est située entre la Medie & l'Armenie, elle est beaucoup plus haute que le mont Caucase dans la Circassie : de cinq lieuës en cinq lieuës, qui est tout le chemin qu'on peut faire dans les plus longues journées de l'été, on trouve une hute, ou grote taillée dans le roc, & habitée par un Hermite. Ceux que la curiosité ou la charité engagent à monter cette montagne, logent tous les soirs dans un de ces Hermitages, & le lendemain l'Hermite leur donne un Paysan pour les conduire, & un âne pour porter des vivres & du bois ; car comme il ne s'y trouve ni arbre, ni ronce, on ne s'y chaufe que du bois qu'on y a porté. On n'a besoin de cette précaution que pendant les premieres journées : car après, à mesure qu'on monte, on y respire un air tout-à-fait temperé. Un Voyageur, qui y monta au mois de Juillet 1670. jusqu'à sept journées entieres, dit que l'Hermite qu'il y trouva étoit Romain, & qu'il l'assura qu'il n'y avoit jamais senti, ni plus de chaud, ni plus de froid qu'il faisoit alors, & il ne faisoit, dit-il ni l'un ni l'autre. L'Hermite ajoûta que depuis vint-cinq ans qu'il y demeuroit, il n'y avoit senti ni le moindre souffle de vent, ni vû tomber une goute de pluye, & il assura que l'air est encore plus tranquile sur le somet de la montagne, & que c'est pour cette raison que l'Arche de Noë que les Armeniens croyent de bonne-foi y être encore, ne s'y corrompt point depuis tant de siecles.

Nous ne saurions quitter les Missions de Perse, sans parler d'une espece de Chrétiens qui ne se trouvent qu'à Bassora, & dans quelques endroits de l'Arabie déserte. Ce sont les Chrétiens qu'on nomme de saint Jean ; quoique leur profession n'ait rien de conforme à ce nom, & que leur créance soit remplie d'erreurs, de superstitions & de fables, il est à propos d'en dire deux mots, pour faire connoître que malgré la cruauté des Mahometans, le non Chrétien s'est conservé parmi ces peuples. Ils habitoient anciennement le long du Jourdain, vers le lieu où S. Jean baptisoit. Le respect qu'ils ont toûjours conservé pour ce Précurseur de Jésus-Christ, qu'ils regardent comme leur Legislateur, leur a fait donner le nom de Chrétiens de saint Jean. Ils furent chassez de la Palestine par les Mahometans ; & après avoir été plusieurs années errans dans la Mesopotamie, ils sont venus sur la fin du dernier siecle de s'établir en Perse aux environs de Bassora. Ils ne suivent guéres les vertus de saint Jean ; mais ils pratiquent son Baptême, & en renouvellent tous les ans la ceremonie. Ils ne baptisent que dans les rivieres, & se trouvent bien à Bassora, où l'Eufrate se joint au Tigre. Dans leur Baptême, ils n'invoquent que le nom de Dieu, sans distinction des persones de la sainte Trinité. Ils croyent la plûpart des Misteres qui regardent l'humanité de Jesus-Christ, comme sa venuë dans le monde, sa conception dans le sein d'une Vierge sans aucune operation humaine, sa mort, sa resurrection, & même l'institution de l'Eucharistie. Ils ont des Prêtres & des Evêques ; mais parmi eux, comme autrefois parmi les Juifs, on ne parvient au Sacerdoce & à l'Episcopat que par droit d'heredité. Le mariage est non seulement permis parmi eux, il est même necessaire. Ils peuvent se remarier plusieurs fois, pourvû qu'après la mort de la premiere femme, ils en épousent une qui soit vierge. Quant au reste de la Religion de ces prétendus Chrétiens, ils observent le Dimanche en s'abstenant de toute œuvre servile. Ils ont beaucoup de respect pour la Croix, dont ils marquent la figure fort souvent. On jugera aisément que les mœurs de ces peuples ne sont pas fort reglez. Ils n'ont ni la connoissance des

Saintes Ecritures, ni aucuns Livres où ils puiſſent s'inſtruire de leurs devoirs. Outre qu'ils vivent dans une pleine confiance de leur ſalut, quelque criminelle que ſoit leur vie, perſuadez qu'au jour du Jugement les bons prieront pour les mechans, & que par ce moïen ils auront tous le pardon de leurs crimes.

Les Miſſions des Jeſuites de Maduré & de Marava ſur la côte de Coromandel ſont floriſſantes, & ont été honorées du ſang de pluſieurs Martyrs. En 1710. mourut le Prince de Marava âgé de quatre-vint ans. De ſes femmes, qui étoient au nombre de quarante, ſept ſe brûlerent avec le corps du Prince. On creuſa pour cela hors de la Ville une grande foſſe, qu'en remplit de bois en forme de bucher; on y plaça le corps du deffunt richement couvert, on y mit le feu après beaucoup de ceremonies ſuperſtitieuſes que firent les Brames, qui ſont les Prêtres du Pays. Alors parut la troupe de ſes femmes, qui comme autant de victimes deſtinées au ſacrifice, ſe préſenterent toutes couvertes de pierreries, & couronnées de fleurs. Elles tournerent pluſieurs fois autour du bucher, dont l'ardeur ſe faiſoit ſentir de fort loin. La principale de ces femmes tenoit le poignard du défunt, & s'adreſſant au Prince qui ſuccedoit au trône : *Voilà*, lui dit-elle, *le poignard dont le Prince se servoit pour triomfer de ses ennemis ; ne l'employez jamais qu'à cet usage, & gardez-vous bien de le tremper dans le sang de vos sujets. Gouvernez-les en pere, comme il a fait, & vous vivrez lon-tems heureux comme lui : il ne me reste plus qu'à le suivre.* A ces mots, elle remit le poignard entre les mains du Prince. *Helas, pour*suivit-elle, *à quoi aboutit la félicité humaine, je sens bien que je vais me précipiter dans les enfers,* & se jetta dans les flammes ? Elle avoit eu à son service une femme Chrétienne, qui l'entretenoit souvent des veritez de la Religion, & sans doute que la vûë du feu prêt à la consumer, lui rappella le souvenir de ce qu'on lui avoit dit sur les suplices de l'enfer. Les autres femmes se jetterent en mêmetems dans le bucher ; mais à peine eurentelles senti l'ardeur du feu, qu'on les vit se jetter les unes sur les autres avec des cris affreux, & se lancer en haut pour gagner le bord de la fosse. On jetta sur elles quantité de pieces de bois, soit pour les acabler, soit pour augmenter l'embrasement. Les Brames recueïllerent le lendemain les ossemens de ces miserables, les mirent dans de riches toiles, & les jetterent dans la mer. On combla la fosse, on y bâtit un Temple, & l'on y fit chaque jour des sacrifices en l'honneur du Prince & de ses femmes, qui furent mises au rang des Déesses.

Cette brutale coutume de se brûler est assez fréquente dans les Royaumes de l'Inde Meridionale. La Reine de Tricherapali étoit grosse à la mort de son mari. Elle acoucha d'un garçon, & puis se brûla. Sa belle-mere nommée Mingamal ne voulut point se brûler, sous pretexte qu'il n'y avoit qu'elle qui pût élever le jeune Prince, & gouverner le Royaume. Au reste, quoique ce soit de leur propre choix que ces Princesses Indiennes se brûlerent, il n'est gueres en leur pouvoir de s'en dispenser. La coutume du pays, le point d'honneur, la crainte de devenir la fable du Public, y ont beaucoup de part; & quand leurs parens les voyent dans quelque irrésolution, ils leur donnent des breuvages qui leur troublent l'esprit, & leur ôtent toute apréhension de la mort. Les femmes du commun ne sont point assujetties à une coutume si ridicule; & s'il y en a quelqu'une qui la suive, c'est par vanité.

An. de J.C. 1709.
Au mois de Septembre se donna la terrible bataille de Malpaquet, où moururent plus de quarante mille hommes de part ou d'autre, sans que la victoire se déclarât pour l'un des deux partis. Le Maréchal de Bouflers, quoique plus ancien que le Maréchal de Villars, voulut bien lui obéir en cette occasion pour le bien de la Patrie; & lorsque le Maréchal de Villars eût été fort blessé, il

prit le commandement de l'armée Françoise, & la ramena en sureté sans avoir perdu un seul cheval de bagage.

Le Roi d'Espagne avoit passé la campagne de 1710. en Aragon & en Catalogne, sans avoir pû donner bataille. Le Comte de Staremberg General des ennemis, avoit toûjours pris des postes si avantageux, qu'il n'avoit pas été possible de l'y forcer ; mais quand il eut reçû six mille hommes que lui amenerent les flottes d'Angleterre & de Hollande, il retira toutes les troupes qu'il avoit dans le Lampourdan, & alla chercher l'armée Espagnole qui étoit campée auprès de Saragosse. Le Marquis de Bai la commandoit. Elle étoit fort diminuée par les détachemens qu'il avoit falu faire pour les garnisons de Lerida, de Fraga & de Mequinença ; il falut pourtant se batre le 20. d'Août. L'Archiduc s'étoit retiré à Piña. L'aîle droite de l'armée d'Espagne, où le Roi étoit en personne, poussa les ennemis, & deffit leur cavalerie ; mais comme l'aîle gauche étoit la plûpart composée de nouvelles levées, elle se mit en desordre, plia, & facilita aux ennemis le moïen de se jetter sur l'infanterie. Le Marquis de Bai n'ayant pû y remettre l'ordre, songea à se retirer. Il le fit avec quelque facilité, les ennemis n'ayant plus de cavalerie en état de le poursuivre. Il rassembla

An. de J. C. 1710.

à Tudela six mille hommes de pied, & quatre mille chevaux. Les Imperiaux demeurerent maitres du champ de bataille, & de seize pieces de canon, & firent beaucoup de prisoniers. Le Roi prit le chemin de Madrid, & conduisit la Reine & le Prince des Asturies à Valladolid, & ensuite à Vittoria. Il y fit passer tous les Conseils, & permit néanmoins à tous ceux qui ne voudroient pas y aller de demeurer à Madrid, mais pas un n'y demeura; & plusieurs Dames ne trouvant point de voitures, suivirent la Cour à pied. Le Marquis de Mansera de la Maison de Tolede, President du Conseil de Castille, âgé de près de cent ans, suivit dans une chaise de Porteurs, & ne revint à Madrid que par l'ordre du Roi. Après la bataille de Saragosse, les Alliez tinrent Conseil de guerre. Le Comte de Staremberg, General aussi sage que brave, fut d'avis de demeurer en Aragon & en Catalogne, & d'assieger Lerida ; mais les Generaux Anglois & Hollandois voulurent absolument marcher en Castille, alleguant que la Ville de Madrid étoit sans défense, & qu'ils y trouveroient de grandes richesses, y racommoderoient leurs troupes, & que quand l'Archiduc en seroit maître, les Peuples consternez prendroient son parti. Cet avis prévalut ; l'Archiduc entra dans Madrid le 28. du mois de Septembre,

An. de J.C.
1710.

bre, & y fut reçu sans aucunes acclamations. Les Bourgeois fermerent leurs boutiques, & se renfermerent dans leurs maisons. On entendit la nuit plusieurs cris de vive Philippe V. L'Archiduc envoya dire au Marquis de Mansera de lui venir baiser la main ; il répondit ces paroles memorables : *Je n'ai qu'une foi & un Roi, qui est Philippes V. auquel j'ai prêté serment de fidelité. Je reconnois l'Archiduc pour un grand Prince, mais non pas pour mon Roi. J'ai vécu cent ans sans avoir rien fait contre mes devoirs, & pour le peu de jours qui me restent à vivre, je ne veux pas me deshonorer.* L'Archiduc ne coucha qu'une nuit à Madrid, & ne voulut point laisser piller la Ville, mais ses troupes firent de grans desordres aux environs ; ils n'épargnoient ni les Eglises, ni les Monasteres. Ils s'emparerent de Tolede, qu'ils commencerent à fortifier, dans l'esperance de pouvoir passer l'hiver en Castille.

Le Roi d'Espagne avoit envoyé demander du secours à Louis le Grand ; mais ce Prince attaqué de toutes parts, n'avoit pû lui envoyer que le Duc de Vandome. Sa seule présence ranima les troupes ; elles venoient de toutes les Provinces avec de l'argent pour les payer. La Nation Espagnole signaloit son amour & sa fidelité pour son Roi. L'Andaloufie avoit remonté à ses dépens une partie de la cavalerie. Les Ecclesiastiques contribuoient liberalement, & même les particuliers partageoient avec les soldats les provisions qu'ils avoient faites pour leur famille. Le Duc de Vandome fit la revûë de l'armée, qui se trouva composée de dix mille chevaux, & de quinze mille fantassins effectifs. Le Roi se mit à leur tête, & marcha aux ennemis. Ils avoient abandonné avec précipitation Madrid & Tolede, voyant bien qu'ils ne pouvoient pas subsister dans un pays ennemi, si attaché à son Roi. Ils avoient pris le parti de se retirer en Aragon. Le Roi rentra à Madrid avec une joïe incroyable du Peuple, & n'y fit que passer; il vouloit attaquer ses ennemis dans leur retraite. L'Archiduc avoit pris en diligence le chemin de la Catalogne, & le Comte de Staremberg le suivoit avec son armée. Il avoit abandonné Tolede, & quelques soldats avoient mis le feu à l'Alcazar ou Palais des Rois d'Espagne, bâti par l'Empereur Charle-Quint. Enfin, le Duc de Vandome fit une si grande diligence, qu'il joignit les ennemis le 9. Decembre 1710. auprès de Brihuega.

Le Comte de Staremberg y avoit laissé le General Stanhope & cinq mille hommes, avec ordre de le suivre le lendemain. La Place n'avoit que de vieilles murailles, & un fossé. Le Duc de Vandome, en y arrivant, la fit attaquer par tous les Grenadiers de l'armée. Il faloit la brusquer, à cause du voisinage des Imperiaux, qui ne devoient pas manquer de venir au secours. On fit aux murailles deux breches ; & quoiqu'elles fussent fort étroites, on donna l'assaut avec tant de vigueur, qu'au bout de vint-quatre heures les ennemis demanderent à capituler. Ils se rendirent prisonniers de guerre au nombre de cinq mille. On désarma les Soldats ; leurs Officiers Generaux conserverent leurs armes, leurs chevaux & leur bagage.

Cependant le Comte de Staremberg, qui n'étoit qu'à quatre lieuës de-là avec dix-huit ou vint mille hommes de vieilles troupes, revint sur ses pas pour secourir la Place. Il trouva qu'elle étoit prise, & que le Roi d'Espagne marchoit à lui. Il rangea son armée sur deux lignes. Le Duc de Vandome en fit autant, & tout se prépara à la bataille. Les Grans d'Espagne se jetterent aux pieds de leur Roi, pour le conjurer de ne point exposer sa persone sacrée. *Allons, Sire*, dit le Duc de Vandome, *quand vous serez à la tête de tant de braves gens, vos ennemis ne vous résisteront pas*. En effet, tout ce qui se présenta devant le Roi fut taillé en pieces ; cavalerie, infanterie, tout plia devant les Castillans ; & après un combat assez opiniâtré, le Comte de Staremberg se retira vers Saragosse seulement avec quatre mille hommes. Les Imperiaux avoient perdu deux mille cinq cens hommes tuez fur la place, & onze mille prifonniers, outre l'artillerie, les armes & les munitions, plus de cent galeres ou chariots attelez chacun de huit mules, fept cens mulets chargez ; & le butin fut fi grand, que tous les Soldats & les Payfans des environs s'enrichirent.

Dès que la victoire fut affurée, le Roi d'Efpagne dit au Duc de Vandome qu'il mouroit d'envie de dormir, & qu'il donnât tous les ordres qu'il voudroit. *Sire*, lui dit le Duc, *je m'en vais vous faire faire le meilleur & le plus beau lit que vous aurez de votre vie.* (Les villages étoient éloignez.) Il fit ranger fous un arbre cinquante ou foixante Drapeaux pris fur les ennemis, & le Roi fe jetta deffus tout botté, & y dormit quatre ou cinq heures.

Le Duc d'Albe Ambaffadeur d'Efpagne en France, porta au Roi cette grande nouvelle, & voulut remercier Sa Majefté. *Monfieur l'Ambaffadeur*, lui dit le Roi, *je n'y ai pourtant envoyé qu'un homme* : grande loüange pour le Duc de Vandome.

Quelque tems après, le Roi d'Efpagne donna cinquante mille écus aux Religieux de la Merci, pour aller en Barbarie racheter les Efpagnols qui avoient été faits Efclaves à la prife d'Oran.

La Relation du voyage du Pere Florentin

de Bourges, Capucin Missionaire Apostolique, m'a paru si curieuse, que j'ai cru en devoir faire un extrait, & je me servirai, autant que la briéveté me le permettra, de ses propres paroles. Il dit d'abord qu'il s'embarqua à Port-Loüis en 1711. pour se rendre à la côte de Coromandel, lieu de sa Mission, & que par diverses avantures il fut conduit à Buenos-Ayrés, dans l'Amerique Meridionale, où il se trouva beaucoup plus éloigné du lieu où il vouloit aller, qu'en partant de France. Il y fut fort bien reçû par les Jesuites.

J'apris, dit-il, *qu'il y avoit plusieurs Navires François à la côte du Chilly & du Perrou, qui vouloient aller par la Mer du Sud aux Philippines, à la Chine, & revenir dans les Indes Orientales. Je trouvai à Buenos-Ayrés plus de cent Missionaires Jesuites, & quatre Sœurs Capucines qui s'alloient établir à Lima Capitale du Perou, mais elles alloient trop doucement à ma fantaisie. Je pris la resolution de prendre le chemin le plus court, qui étoit pourtant de sept cens lieuës pour aller à la Conception. J'arrivai heureusement à Santafé, petite Bourgade à cinquante lieuës de Buenos-Ayrés. On m'y donna des guides pour gagner Corduba ; mais ils m'abandonnerent dans un pays desert & inconnu. Ils virent bien qu'il n'y avoit pas grande fortune à faire avec un Capucin. Je voulus retourner à Buenos-Ayrés, mais je m'enfonçai dans d'épaisses forêts, où il n'y avoit aucune trace du chemin, ni perſone qui me le pût enſeigner. Il eſt vrai que je trouvai par tout des fontaines de bonne eau, des bœufs, des vaches, des arbres fruitiers, des nids d'oiſeaux, des œufs d'autruche, & même des perdrix que je prenois à la main. J'y trouvai des oſſemens de plus de cent mille bœufs. Les Eſpagnols y avoient fait* grandé matança, *ou tuërie des bœufs, dont ils prenent les cuirs, & j'admirai la* Providence, *qui envoye des chiens ſauvages & des corbeaux, qui y mangent toutes les chairs qui infecteroient le pays. En ſuivant mon chemin, je trouvois quelquefois des terres ſabloneuſes, où l'ardeur d'un Soleil brûlant, la faim, la ſoif, la laſſitude me faiſoient regreter les délicieuſes forêts où j'avois paſſé. J'en retrouvois d'autres qui me remettoient en bonne humeur. Après avoir été un mois durant dans ces ſolitudes, j'aperçûs une groſſe tour en forme de clocher, & quelques Indiens me dirent en langue Eſpagnole, que c'étoit une Peuplade du Paraguay.*

Le Capucin raporte enſuite dans ſa Relation, que le Paraguay eſt un grand Pays, dont les Jeſuites, il y a plus de cent ans, ont été les premiers Miſſionaires, & dont ils ſont les Seigneurs ſpirituels & temporels, ſous la Souveraineté des Rois d'Eſpagne, qui y envoyent de tems en tems des Miſſionaires. Avant qu'ils y euſſent porté l'Evangile, ce Pays étoit habité par des Peuples barbares, ſans religion, ſans loix, ſans ſocieté, ſans demeure fixe, errans au milieu des bois, ou sur le bord des rivieres ; ils ne songeoient qu'à nourrir leur famille, qu'ils traînoient par tout avec eux. Les Jesuites se répandirent dans ce nouveau monde avec un zele Apostolique. Ils rassemblerent quelques familles de ces Barbares, & s'apliquerent à en faire des hommes raisonables avant que d'en faire des Chrétiens. Les Barbares écouterent les instructions qu'on leur donna, & la grace acheva leur conversion. On leur fit gouter les avantages de la societé, & dès lors on commença à former des Peuplades. On envoya de Buenos-Ayres des outils pour couper les bois, pour scier les pierres, pour défricher les terres ; on enseigna aux Indiens la maniere de faire la brique & la chaux. On leur traça le plan des maisons, qu'ils executerent fort bien, & l'on eut bien-tôt trois Peuplades habitées, dont plusieurs ont plus de vint mille ames, & trente ou quarante lieuës de terrain. Il y a présentement plus de trente Peuplades avec des Eglises, où rien ne manque pour le service Divin.

« J'arrivai donc, continuë le Capucin, dans la Peuplade de saint François Xavier, où je fus parfaitement bien reçu. Les Jesuites avoient été avertis de mon voyage, par les Missionaires qui m'avoient vû à Buenos-Ayres. Ils me menerent d'abord à l'Eglise. On sona les cloches, & les enfans s'assemble- »

» rent sur le champ, & chanterent quelques
» prieres. Les garçons étoient dans le Chœur,
» & les filles dans la Nef. La Communauté des
» Jesuites étoit composée de sept Prêtres, &
» de quantité de Catechistes. Ils m'aprirent
» de quelle maniere ils cultivoient cette nou-
» velle Chrétienté. On sone la cloche à la
» pointe du jour, pour appeller le Peuple à
» l'Eglise. Un Missionaire fait la Priere du ma-
» tin, on dit la Messe, & chacun va à son tra-
» vail. Les garçons jusqu'à douze ans vont aux
» Ecoles, où l'on leur enseigne à lire, à écrire,
» le Catechisme, & les Prieres de l'Eglise. Les
» filles ont leurs Ecoles particulieres, où elles
» aprenent à lire, à écrire, à coudre & à filer.
» J'étois atendri en voyant la modestie de ces
« enfans. La frequentation des Sacremens y
« est fort en usage, & il n'y a guéres de Fide-
« les qui ne se confessent & communient une
« fois le mois. Bien des choses contribuënt à
" l'innocence de leur vie; le soin qu'on a de les
» instruire, le bon exemple de ceux qui les
« gouvernent, & le peu de communication
« qu'ils ont avec les Europeans ; car comme il
" n'y a dans le Paraguay ni mines d'Or, ni mi-
" nes d'Argent, aucun Espagnol ne s'est avisé
" de s'y établir; & quand il en passe quelqu'un
« pour aller au Potosi ou à Lima, il n'y sauroit
» demeurer que trois jours, suivant l'ordre de
" la Cour d'Espagne. Dans chaque Peuplade,

il

il y a un Chef qu'on appelle Fiscal, qui regle les differens qui peuvent survenir. La maniere dont s'administre le temporel est admirable ; tous les biens sont en commun, & l'on fournit à chaque famille ce qui lui est necessaire pour vivre ; ainsi on n'y voit ni pauvres ni mandians. Ils travaillent les toiles & les étoffes dont ils ont besoin. L'Eté ils s'habillent de toiles de coton, & l'Hiver de laine ; & comme cette fabrique est considerable, on en envoye beaucoup à Buenos-Ayrès, & à Corduba dans le Chilly, pour acheter quelques marchandises d'Europe. Il y a dans chaque Peuplade de grandes maisons pour les malades. Enfin, j'avouë que tout le bien qu'on m'avoit dit de la Mission du Paraguay, n'aproche point de ce que j'en ai vû dans la Peuplade de saint François Xavier, & l'on m'assura que le même ordre s'observoit dans toutes les autres Peuplades. J'aurois passé volontiers le reste de ma vie dans un lieu où Dieu est si bien servi, si les ordres de la Providence ne m'avoient appellé ailleurs. Je pris enfin congé des Reverens Peres, qui me donnerent des guides pour me conduire à Corduba. Je passai par saint Nicolas, & par la Conception, deux autres Peuplades du Paraguay, & y trouvai les mêmes sujets d'édification. Après une marche de deux cens lieuës par le plus beau pays du

rent sur le champ, & chanterent quelques prieres. Les garçons étoient dans le Chœur, & les filles dans la Nef. La Communauté des Jesuites étoit composée de sept Prêtres, & de quantité de Catechistes. Ils m'aprirent de quelle maniere ils cultivoient cette nouvelle Chrétienté. On sone la cloche à la pointe du jour, pour appeller le Peuple à l'Eglise. Un Missionaire fait la Priere du matin, on dit la Messe, & chacun va à son travail. Les garçons jusqu'à douze ans vont aux Ecoles, où l'on leur enseigne à lire, à écrire, le Catechisme, & les Prieres de l'Eglise. Les filles ont leurs Ecoles particulieres, où elles aprenent à lire, à écrire, à coudre & à filer. J'étois atendri en voyant la modestie de ces enfans. La frequentation des Sacremens y est fort en usage, & il n'y a guéres de Fideles qui ne se confessent & communient une fois le mois. Bien des choses contribuënt à l'innocence de leur vie; le soin qu'on a de les instruire, le bon exemple de ceux qui les gouvernent, & le peu de communication qu'ils ont avec les Europeans ; car comme il n'y a dans le Paraguay ni mines d'Or, ni mines d'Argent, aucun Espagnol ne s'est avisé de s'y établir; & quand il en passe quelqu'un pour aller au Potosi ou à Lima, il n'y sauroit demeurer que trois jours, suivant l'ordre de la Cour d'Espagne. Dans chaque Peuplade, il y a un Chef qu'on appelle Fifcal, qui regle les differens qui peuvent furvenir. La maniere dont s'adminiftre le temporel eft admirable ; tous les biens font en commun , & l'on fournit à chaque famille ce qui lui eft neceffaire pour vivre ; ainfi on n'y voit ni pauvres ni mandians. Ils travaillent les toiles & les étoffes dont ils ont befoin. L'Eté ils s'habillent de toiles de coton, & l'Hiver de laine ; & comme cette fabrique eft confiderable, on en envoye beaucoup à Buenos-Ayrès, & à Corduba dans le Chilly, pour acheter quelques marchandifes d'Europe. Il y a dans chaque Peuplade de grandes maifons pour les malades. Enfin, j'avouë que tout le bien qu'on m'avoit dit de la Miffion du Paraguay, n'aproche point de ce que j'en ai vû dans la Peuplade de faint François Xavier, & l'on m'affura que le même ordre s'obfervoit dans toutes les autres Peuplades. J'aurois paffé volontiers le refte de ma vie dans un lieu où Dieu eft fi bien fervi, fi les ordres de la Providence ne m'avoient appellé ailleurs. Je pris enfin congé des Reverens Peres, qui me donnerent des guides pour me conduire à Corduba. Je paffai par faint Nicolas, & par la Conception, deux autres Peuplades du Paraguay, & y trouvai les mêmes fujets d'édification. Après une marche de deux cens lieuës par le plus beau pays du

» monde, j'arrivai à Corduba, & de-là à la
» Punta, petit Bourg situé au pied des monta-
» gnes que les Espagnols appellent las Cordil-
» leras. J'avois renvoyé mes guides, & mar-
» chois seul. La nuit me surprit, je me couchai
» sous un gros arbre; mais un pressentiment me
» fit monter sur l'arbre, où je me liai aux bran-
» ches avec la corde de ma ceinture. Un mo-
» ment après, j'apperçûs au clair de la Lune un
» gros Tigre, qui après avoir fait le tour de
» l'arbre cinq ou six fois, s'élançoit le long du
» tronc, & faisoit de grans efforts pour y grim-
» per. Je n'eus pas envie de dormir, & à la
» pointe du jour, ne voyant plus ce terrible
» animal, je continuai mon chemin. Il y en
» avoit deux pour arriver au Chilly; je choi-
» sis le plus court, quoique le plus dangereux.
» Je traversai les montagnes avec des fatigues
» incroyables. J'arrivai à Sant-Iago Capitale du
» Chilly, & ensuite à Callao. C'est le plus fa-
» meux Port de l'Amerique Meridionale. Je
» m'y embarquai le 2. Mars 1713. sur un vais-
» seau François, commandé par M. de Bois-
» loré. Nous traversâmes la mer du Sud fort
» heureusement; & après avoir abordé les Isles
» Mariannes & les Philippines, on me mit à
» terre à Manille. J'y eus une longue maladie,
» & en partis le 15. de Fevrier 1714. sur un vais-
» seau Armenien, qui alloit à la côte de Coro-
» mandel. Nous essuyâmes une grande tem-

pête avant que d'arriver à Malaca, d'où je passai à Madras sur un Navire Danois, & enfin à Pontichery, lieu de ma Mission.

Depuis la Relation du Pere Florentin de Bourges, on a eu nouvelle que plusieurs Jesuites y ont été martyrisez par des Barbares, dans une Province voisine du Paraguay.

Le 18. Fevrier 1712. mourut le Duc de Bourgogne, devenu Daufin. Ce Prince ayant été averti qu'on faisoit courir le bruit à Rome qu'il favorisoit le Jansenisme, composa le Memoire suivant, qu'il vouloit envoyer au Pape, & qu'on trouva dans sa cassette après sa mort, tout écrit de sa main, avec des renvois & des ratures qui ne permettoient pas de douter qu'il n'en fut l'auteur. « Quoique je ne sois pas, dit-il, bien profond dans la Theologie, je sai assez que la doctrine de Jansenius rend quelques Commandemens de Dieu impossibles aux justes : qu'elle établit une necessité d'agir selon la domination de la grace interieure, ou de la concupiscence, sans qu'il soit possible d'y résister, se restraignant à la seule exemption de contrainte pour l'action, soit meritoire ou non : qu'elle fait Dieu injuste lui-même, puisque contre la décision expresse du Concile de Trente, elle le fait abandonner le premier les justes lavez dans le Baptême de la tache du peché originel, & reconciliez avec lui ; ensorte que tout par-

» donné qu'eft ce peché, Dieu en conferve
» encore affez la memoire, pour en confequen-
» ce leur refufer la grace neceffaire pour pou-
» voir ne pas pecher ; ce qui établiffant une
» contradiction manifefte en Dieu, va directe-
» ment contre fa bonté & fa juftice : qu'elle
» détruit entiérement la liberté, & la coopéra-
» tion de l'homme à l'œuvre de fon falut, puif-
» qu'il ne peut réfifter à la prévention de la
» grace, ni pour le commencement de la Foi,
» ni pour chaque acte en particulier, lorf-
» qu'elle lui eft donnée, & que Dieu alors agit
» en l'homme, fans que l'homme y ait d'autre
» part, que de faire volontairement ce qu'il
» fait neceffairement : que ce fyftême réduit la
» liberté de l'homme au feul volontaire depuis
» le peché d'Adam, & qu'il merite ou déme-
» rite neceffairement ; ce qui ne peut être un
» veritable merite ni démerite devant Dieu,
» toûjours infiniment jufte : enfin, qu'il enfei-
» gne que de tous les hommes, Dieu ne veut
» le falut que des feuls élus, & que Jefus-Chrift,
» en répandant fon fang, n'a prétendu fauver
» que les feuls élus. Je fai que tout ce fyftê-
» me, fuppofant en Dieu de l'injuftice & de la
» bizarrerie, fi j'ofe ainfi m'expliquer, porte
» l'homme au libertinage, par la fuppreffion
» de fa liberté. Je fai auffi que les Janfeniftes,
» après avoir foûtenu hautement le droit de la
» veritable doctrine des cinq Propofitions, &

ayant été condamnez, se sont jettez sur la
question de fait du Livre de Jansenius :
qu'ayant encore perdu ce point, ils en sont
venus à la suffisance du silence respectueux;
& que forcez dans ce retranchement par la
derniere Constitution de Notre Saint Pere le
Pape, ils ont recours à mille subtilitez Scho-
lastiques, pour paroître simples Thomistes,
mais qu'ils gardent dans le fond tous les mêmes sentimens; qu'ils sont Schismatiques en
Hollande : & que soit qu'ils soutiennent ouvertement la doctrine, soit qu'ils se retran-
chent sur le fait, soit qu'ils s'en tiennent au
silence respectueux, ou à un prétendu Tho-
misme, c'est toûjours une cabale très-unie,
& des plus dangereuses qu'il y ait jamais eu,
& qu'il y aura peut-être jamais. Je croi qu'en
voilà bien assez, dit le Prince en finissant,
pour détruire les soupçons que l'on a répan-
dus si mal à propos sur mon sujet ; mais dont
je ne saurois être que très-allarmé, puisqu'ils
sont arrivez jusqu'aux oreilles du Chef de
l'Eglise. Je voudrois être à portée de les pouvoir dissiper moi-même, & d'expliquer plus
au long que je ne fais ici ma soumission à
l'Eglise, mon attachement au Saint Siege,
& mon respect filial pour celui qui le remplit aujourd'hui. C'est donc afin qu'il con-
noisse mes sentimens, que j'ai cru devoir
donner ce Memoire, où répondant article

» par article aux choses que l'on a avancées sur
» mon chapitre, j'espere qu'ils ne demeureront
» plus douteux, & que non seulement par mes
» discours, mais par toute ma conduite, on me
» verra suivre exactement les traces du Roi,
» mon grand Pere, au témoignage duquel je
» puis m'en raporter, s'il en est besoin. »

Le Roi, pour suivre les intentions du Daufin, envoya ce Memoire au Cardinal de la Trimouille, pour le présenter au Pape, qui marqua à Sa Majesté dans son Bref en datte du 4. Mai, qu'elle l'avoit reçû avec plaisir, lû avec empressement ; & qu'en répandant des larmes de joïe, elle avoit rendu graces au Très-Haut d'avoir inspiré au Prince de si beaux & de si religieux sentimens, pour maintenir la pureté de la saine doctrine, & la soumission dûë aux Constitutions Apostoliques : qu'on pouvoit lui appliquer avec justice, ce qui a été dit autrefois d'un grand Monarque : *Il s'est expliqué comme l'auroit pû faire, non pas un Empereur, mais un Evêque.* Le Pape ajoûtoit, que quoique les persones équitables n'eussent jamais eu le moindre sujet de douter que la foi de M. le Daufin ne fut pure & sans tache, il est néanmoins très-important pour la doctrine orthodoxe, que ce Memoire dissipant tous les nuages, découvrît l'artifice & les tromperies de ceux qui semoient des discours pleins d'impostures : que cet

Ecrit feroit un monument plus durable que l'airain, un monument éternel de la pieté & de la gloire du Prince.

Le 2. d'Aouft 1713. Artus de Lionne Evêque de Rozalie, Vicaire Apoftolique dans la Province de Suchuen dans la Chine, mourut à Paris au Seminaire des Miffions Etrangeres, âgé de cinquante-huit ans. Il étoit fils de Hugues de Lionne Miniftre & Secretaire d'Etat, & né à Rome durant l'Ambaffade de fon pere vers les Princes d'Italie. Ayant embraffé l'Etat Ecclefiaftique, il s'étoit engagé dans les Miffions d'Orient, où il a travaillé avec un grand zele durant plus de vint années, & il avoit acquis une grande connoiffance des Lettres & des Sciences Chinoifes. Il vint en France en 1686. avec les Ambaffadeurs du Roi de Siam, qu'il remena en leur pays l'année fuivante. De là il paffa à la Chine, & il revint à Rome en 1713. pour les affaires de la Religion, & enfuite à Paris.

Le Grand Mogol eft Mahometan de la Reforme d'Aly. Il acorde liberté de confcience dans tout fon Empire, mais il n'y a plus de Miffionaires. Ils fe font tous rebutez, par la difficulté de convertir les Mahometans. Il ne refte qu'un Couvent de Capucins François à Surate, & quelques Carmes Déchauffez à Tatta; la Miffion des Theatins s'eft retirée toute entiere à Lifbone. Il eft arrivé depuis peu de si grans évenemens dans cet Empire, qu'il n'est pas permis de les ignorer; entr'autres, une catastrophe pareille à celle qui arriva sur la fin du regne du Grand Mogol Chah Gehan Roi de l'Indostan. Il avoit quatre fils; Dara, Aurengzeb, Sujah & Moradbeg, qui le voyant vieux, prirent les armes pour s'emparer du trône. Aurengzeb, Prince habile, dissimulé & ambitieux, ayant vaincu ou fait mourir ses trois freres, il resserra Chah-Gehan dans le Serrail, où il mourut quelques années après. Il conquit les Royaumes & Pays de Decan, de Visiapour, de Golconda & de Carnate. Il campoit ordinairement au milieu de son armée, craignant que ses fils ne lui fissent le même traitement qu'il avoit fait à son pere. Il en avoit eu aussi quatre; Chal-Alem, Akbar, Azemdara & Cambax. Akbar ayant voulu remuer, & n'ayant pû réüssir, se refugia en Perse, où il mourut quelques années après. Chah-Alem étoit dans un Gouvernement de l'Indostan, & les deux autres avec Aurengzeb dans le Decan, près de la forteresse d'Amadanagar. Aurengzeb y tomba fort malade le

An. de J. C. 1707.

7. Fevrier, & ne pouvoit se faire voir à ses soldats; il y eut du desordre dans le camp. Azembara, Prince vaillant, mais fier & violent, se broüilla avec son frere Cambax; ensorte que dans une querelle, vint de

leurs

leurs gens furent tuez. Aurengzeb en ayant été informé, commanda au premier Visir Assed Chan d'appaiser le tumulte, & d'ordonner à Azemdara d'aller prendre possession du Royaume de Decan, d'Auredgabad, de Brampour, de Baddar, & des autres Pays, jusqu'à la riviere de Naarbada; & à Cambax d'aller aussi prendre possession des Royaumes de Visiapour, de Golconda, & des Pays de Carnate. Le Visir menagea si bien leurs esprits, qu'ils obéirent tous deux. Le Prince Cambax marcha en diligence, entra dans la Ville de Visiapour, & se saisit de la Forteresse. Il travailla ensuite à assembler des troupes, & à s'emparer de toutes les Places du Royaume, en quoi il fut favorisé par les Princes voisins, & par les Capitaines du Roi de Visiapour, irritez de ce qu'Aurengzeb l'avoit fait empoisonner. Il assembla en peu de tems une armée de trente mille chevaux. Il écrivit des lettres obligeantes à differens Gouverneurs, particulierement à Daoud-Chan, Gouverneur du Pays de Carnate, lui promettant de lui donner toutes les marques de sa faveur & de son estime. Daoud-Chan n'osa pas se déclarer, ne sachant lequel des trois Princes la fortune favoriseroit : néanmoins, pour menager le Prince Cambax, il lui envoya secretement cinq Lacs de Roupies, ou deux cens cinquante mille écus.

Cependant le Prince Azemdara, sachant l'extrémité où étoit Aurengzeb, marchoit lentement par le conseil du premier Visir, qui étoit son ami, & qui quatre jours après lui envoya dire de venir en diligence, parce que le Roi étoit à l'agonie. En effet, il mourut le 4. de Mars à une heure après midi, âgé de près de cent ans, ayant auparavant ordonné au Visir d'ouvrir son tréfor, & de payer tout ce qui étoit dû aux troupes. Quelques amis de Chal-Alem son fils aîné, lui proposerent de le nommer pour son successeur, & il répondit qu'il le faisoit Roi de l'Indostan, mais qu'il n'appartenoit qu'à Dieu de le faire regner. Quelques momens avant sa mort, il se leva une violente tempête qui dura jusqu'à six heures du soir. Toutes les tentes de l'armée furent renversées, les arbres & plusieurs Villages abbatus, & beaucoup d'hommes & d'animaux étouffez par une poussiere si épaisse, & une si grande obscurité, qu'on ne voyoit non plus qu'en pleine nuit. Le Prince Azemdara arriva le lendemain 5. Mars, & il alla d'abord dans les tentes Royales, où le premier Visir, les Grans Officiers de la Cour, & tous les Generaux allerent le trouver. Quelques jours après, il s'assit sur le trône, suivant le Sahet, ou le moment favorable prédit par les Astrologues, & se fit proclamer Roi sous le nom de

An. de J. C.
1707.

Mahomet Azem Chah. Il donna aussi de nouveaux noms honorables à ses deux fils. Il fit battre de la nouvelle Monoye, & le lendemain il fit transporter le corps d'Aurengzeb dans un Palanquin, escorté par quatre mille chevaux, pour être enterré à Aurengabad, dans un superbe Mausolée qu'il avoit fait construire quelques années avant sa mort. Ensuite Azemdara envoya des troupes du côté de la frontiere de l'Indostan, avec ordre de ne laisser passer persone, & d'arrêter tous les Couriers & toutes les lettres. Il fit de grandes liberalitez aux Gouverneurs de Province, aux Officiers, aux Generaux, aux Soldats, & même aux absens, entr'autres à Daoud-Chan. Il joignit à son Gouvernement du Carnate celui de Visiapour, & augmenta sa paye de mille chevaux, avec mille roupies par jour. Enfin, il écrivit aussi aux Princes de l'Indostan que la Couronne lui appartenoit, qu'il ne leur demandoit point de secours ; mais que quand il auroit vaincu ses ennemis, il sauroit se vanger de ceux qui auroient pris parti contre lui. Il agissoit de la même maniere avec les personnes les plus considerables, sans avoir égard à leur merite ; ce qui obligea le General Chiriquilis-Chan, à lui representer qu'il ne devoit pas traiter ses sujets avec tant de fierté. Ce General mal satisfait de sa réponse, se retira avec ses troupes. Azemdara fâché de le perdre, le fit suivre par le General Dulficar-Chan avec d'autres troupes, lui donnant ordre de le ramener de gré ou de force ; mais Dulficar n'ayant pû le persuader, l'attaqua, & fut défait. Chah-Alem, Prince moderé & prudent, prit des manieres toutes opposées à celles de son frere; la vieillesse ne lui avoit pas fait perdre l'esprit, comme Azemdara le publioit. Plusieurs Princes Rasboutes lui envoyerent offrir leur secours, sans en prétendre aucune récompense ; mais il leur quitta le tribut qu'ils payoient à Aurengzeb, & leur fit beaucoup de presens. Il écrivit à divers Generaux des lettres fort honnêtes ; ce qui en engagea plusieurs à demeurer neutres. Il écrivit aussi à Azemdara, qu'il s'étonnoit de sa conduite ; qu'étant tous deux vieux, ils devoient chercher le repos, & qu'il lui promettoit de le laisser joüir paisiblement de ce que leur pere lui avoit donné. En même-tems il marcha vers Deli, assemblant de tous côtez des troupes, particulierement des Rasboutes, des Patans, & d'autres Peuples plus vaillans que le reste des Indiens. Il fut reçû à Deli, & s'assit sur le riche & fameux trône que son grand Pere Chah-Gehan avoit fait faire. Il avoit quatre fils, qui étoient déja assez avancez en âge, & qui avoient aussi des fils & des petits-fils. Le second de ses fils, appellé Haſſameddin, partit du Royaume de Bengale avec de grandes forces pour venir au ſecours de ſon pere, & s'empara d'Agra, dont il fit mourir le Gouverneur, pour avoir arrêté des lettres qu'on écrivoit de la Cour à Chah-Alem. Le Prince Cambax ſe préparoit auſſi à la guerre, lorſqu'il reçût une lettre de Chah-Alem, qui l'aſſuroit qu'il lui ſerviroit de pere, & qu'il le protegeroit & le maintiendroit dans la poſſeſſion de ce qu'Aurengzeb lui avoit laiſſé. Sur ces aſſurances, le Prince Cambax ſe fit couronner Roi à Viſiapour, & envoya auſſi-tôt ſon fils avec dix-huit mille chevaux, pour prendre poſſeſſion du Royaume de Golconda, que le Gouverneur Rouſtan-Deli-Cham lui remit avec vint-cinq lacs de roupies, ou douze cens cinquante mille écus des revenus du Pays. Le Prince Cambax rendit au Prince Gehan-Ghir la forteresse de Pampanacia, avec toutes ſes dépendances ; ce qui le gagna de telle ſorte, qu'il lui envoya un ſecours de dix mille ſoldats ; pluſieurs Chefs des Peuples appellez Marattes, imiterent ſon exemple : cependant Azemdara marchoit contre Chah-Alem avec cent cinquante mille hommes aguerris. Il arriva au mois d'Avril à Aurengabad, où il s'arrêta huit jours. Il continua ſa route après y avoir laiſſé ſes femmes, ſes bagages, & ſon premier

An. de J.C. 1706.

Vifir, à caufe de fa vieilleffe. Chah-Alem vouloit aller à fa rencontre, mais les Princes Rafboutes, & fes Generaux lui reprefenterent qu'il n'y avoit rien de plus important que la confervation de fa perfone, & qu'il pouvoit mettre à la tête de fon armée les Princes Haffameddin & Mashoudi fes fils, qui avoient en plufieurs occafions donné des preuves de leur valeur & de leur conduite ; ainfi il demeura à Agra, & les chargea du foin de la guerre. Ils s'avancerent vers la riviere de Naarbada, où ils fe couvrirent d'un retranchement de fix lieuës de long. Azemdara n'en étoit éloigné que de douze lieuës ; mais ayant fçû comme ils étoient retranchez, & la fuperiorité de leurs forces, il n'ofa entreprendre de paffer la riviere, & écrivit à fes amis de lui envoyer du fecours. Les deux Princes qui ne vouloient pas tirer la guerre en longueur, repréfenterent aux Generaux qu'il étoit honteux de fe tenir dans des retranchemens, & les firent réfoudre à les abandonner, & à s'avancer dans la plaine, pour attirer Azemdara, qui étant brave, ne manqueroit pas de les venir attaquer ; ce qui leur réüffit. Azemdara paffa la riviere fans aucune oppofition, marcha dans la plaine, & vit que l'armée des Princes fe retiroit avec quelque apparence de defordre.

Le 19. Juin les deux armées fe rencontrerent rangées en bataille, mais ce jour-là il n'y eut que quelques efcarmouches. Le 20. les deux armées fe battirent lon-tems, mais d'affez loin, & avec peu de perte. Sur le foir, le Sultan Bedarbek fils aîné d'Azemdara, attaqua un corps de Cavalerie commandé par le Sultan Mahmedguery, fils du Prince Haffameddin, lequel, après un long combat, fit plier les troupes de Bedarbek. Ce Prince au defefpoir, pouffa fon Elephant contre Mahmedguery, & le perça de fa lance. Ce dernier, quoique bleffé à mort, pouffa auffi fon Elephant fur le Prince Bedarbek, & lui donna de fa lance au travers du corps; enforte qu'ils tomberent morts en même-tems. Sultan Valatabar fecond fils d'Azemdara, attaqua auffi le Sultan Ifkandar, fils du Prince Mafhoudy; mais il reçût un coup de lance à la gorge, dont il mourut le foir. Azemdara, furieux de la perte de fes deux fils qu'il aimoit tendrement, exhorta à la vangeance fes Generaux, qui lui promirent de ne le point abandonner. Le lendemain à la pointe du jour, il fe trouva entouré par l'armée ennemie: toutefois il ne perdit pas courage, & il chargea avec tant de vigueur, qu'il auroit remporté la victoire, fi fes troupes avoient obfervé quelque ordre. Le combat dura près de huit heures; & quoiqu'il eût en peu de tems perdu foixante mille hommes, comme il tâchoit de rallier ses troupes, le Sultan Razinsekader, l'un des fils de Chah-Alem, vint fondre sur lui avec quinze mille Chevaux, & mille Chameaux, portant chacun un Fauconneau ; & après les premieres décharges, il le chargea le sabre à la main, & fit un grand carnage. Le Sultan Mashoudy l'attaqua d'un autre côté, de maniere qu'il ne restoit que six mille Chevaux à Azemdara de cent cinquante mille hommes qu'il avoit amenez. Alors il quitta son Elephant, & monta sur un cheval pour se sauver, mais son cheval fut tué. Il se défendit encore le sabre à la main, & le cangiar ou poignard à l'autre, & tua plus de vint hommes qui vouloient le saisir sans le tuer. Enfin, voyant arriver Sultan Mashoudy, qui crioit qu'on le prit, il se tua lui-même de son poignard, pour ne pas tomber entre les mains de ses ennemis ; ainsi il perit avec tout son parti, & Sultan Chab-Alem demeura maître de l'Empire.

Chab-Alem fils aîné d'Aurengbed, & qui a pris le nom de Badour-Chah, étoit demeuré paisible possesseur de l'Empire, par la bataille qu'il gagna contre le Prince Azemdara son frere, qui y fut tué, avec deux de ses fils, & le troisiéme fait prisonnier. Il y avoit tout sujet d'esperer que ces Pays joüiroient d'une tranquilité parfaite, mais elle a été

bien-tôt

bien-tôt troublée par les évenemens suivans. Les quatre fils de ce Prince, & ses principaux Ministres lui persuaderent de faire la guerre à Sultan Cambax son frere, pour le dépoüiller de ses Royaumes de Visiapour & de Golconda, qu'Aurengzeb, qui les avoit conquis, lui avoit laissez en partage, & Badour-Chah lui avoit même promis qu'il l'en laisseroit joüir paisiblement, s'il ne se joignoit pas à leur frere Azemdara, qui marchoit contre lui pour s'emparer de tout l'Empire. Sultan Cambax se fiant à ses promesses, ne s'étoit point mêlé de cette guerre : néanmoins les fils & les Ministres de Badour-Chah lui persuaderent de n'y avoir aucun égard, lui representant qu'il ne seroit jamais en sureté, tandis que son frere seroit en état de lui nuire, & qu'il ne manqueroit pas de l'attaquer, ou de le surprendre quand il en trouveroit une occasion favorable ; ainsi la guerre fut résolue, & Badour-Chah marcha avec une puissante armée vers le Royaume de Visiapour. En ce tems-là, les mêmes conseillers l'engagerent dans de nouvelles affaires, en lui persuadant aussi de manquer de parole aux Rajas, qui sont des Princes Souverains, Gentils ou Idolâtres, & Tributaires du Mogol. Dans la bataille que Badour-Chah donna à son frere Azemdara, ce dernier chargea avec tant de vigueur les premieres troupes, qu'il les défit entierement, de maniere que Badour-Chah crut sa perte certaine; mais les Rajas qui avoient la plûpart embrassé son parti, le rassurerent, promettant de lui faire remporter la victoire, s'il leur permettoit d'aller à la charge. En effet, ils combattirent avec tant de valeur, qu'ils gagnerent la bataille. Badour-Chah se voyant maître de l'Empire, fit dans les transports de sa joïe appeller les Rajas, & leur dit qu'il vouloit leur donner des marques de sa reconnoissance, & qu'ils pouvoient lui demander ce qu'ils voudroient. Après avoir déliberé entr'eux, ils le priérent de leur acorder le libre exercice de leur Religion, & la permission de rétablir leurs Pagodes, ou Temples de leurs faux Dieux, de les exempter du tribut par tête, qu'Aurengzeb leur avoit imposé, de les admettre aux Charges & Emplois, & qu'ils fussent traitez dans les Doüanes, les Peages, & en toutes choses de même que les Mahometans. Tous ces privileges leur furent acordez par Badour-Chah, mais ils n'en joüirent pas lon-tems. Ses fils & ses Ministres lui representerent avec tant de force, qu'il se privoit par-là de ses principaux revenus: que ses finances étoient épuisées: qu'il avoit besoin d'argent pour soutenir la guerre contre son frere: qu'il rendroit les Rajas & les Idolâtres trop puissans: qu'ils pouroient tourner leurs armes contre lui, & ils ajoûterent tant de raisons, qu'ils le forcerent à revoquer toutes les graces qu'il avoit acordées aux Rajas. Ces Princes irritez de ce manquement de parole, prirent les armes, non pas pour lui faire la guerre, mais pour piller & ravager de tous côtez, comme ils font, sans aucune opposition, aux environs de leurs Etats situez dans les montagnes. Cependant Badour-Chah, qui n'y pouvoit pas remedier, à cause de la guerre où il étoit engagé, arriva dans les Etats de son frere avec une armée de cinquante mille Chevaux, & de trente mille Fantassins. Sultan Cambax, qui n'avoit pû rassembler que huit mille Chevaux, & vint-deux mille Fantassins, se voyant trop foible, se retrancha aux environs de Golconda. Les deux armées demeurerent en présence près de six semaines; mais enfin le 16. Janvier, Badour-Chah fit attaquer les retranchemens, qui furent bien-tôt forcez. Sultan Cambax se voyant réduit à la necessité de vaincre ou de perir, se mit à la tête de ses troupes avec deux des trois Princes ses fils; ils combatirent en desesperez, mais ils furent enfin accablez. Les premieres nouvelles portoient que ce Prince & ses deux fils étoient morts de leurs blessures; mais des lettres postericures du camp du 20. Janvier, assurent que ce Prince & ses deux fils aînez étoient encore en vie, quoique dangereuse-

An. de J. C, 1709.

Eee ij

ment bleffez, & que le troifiéme fils étoit aufli prifonnier, mais fans aucune bleffure. Par ce fuccès, Badour-Chah eft à prefent paifible poffeffeur de tout l'Empire.

Vers le milieu de l'année 1712. la Reine Anne d'Angleterre, dont toutes les inclinations étoient portées à la paix, réfolut d'y travailler tout de bon. Elle en parla à fon Parlement, & lui dit qu'elle favoit les intentions des Rois de France & d'Efpagne, qu'ils chargeroient leurs Plenipotentiaires, qui devoient s'affembler à Utrek, de propofitions fort raifonnables, & qu'elle étoit affurée de faire une paix fort avantageufe à la Nation Angloife. Le Parlement remit cette grande affaire à fa prudence. Elle manda auffi-tôt au Duc d'Ormond, qui commandoit fon armée en Flandre, de déclarer aux Alliez qu'elle alloit envoyer fes Plenipotentiaires à Utrek; mais que pour parvenir à la paix, il faloit faire une fufpenfion d'armes. Tous les intereffez y confentirent; il n'y eut que le Prince Eugene, General de l'Empereur, qui s'y oppofa. Il avoit une puiffante armée, & faifoit tous les jours des conquêtes. Il venoit de prendre le Quenoi, Bouchain, & affiegeoit Landreci. La Reine Anne, fur fon refus, ordonna au Duc d'Ormond de fe tenir dans une parfaite neutralité. Cependant le Roi ordonna au Maréchal de Villars de ramasser toutes les troupes qui étoient sur la frontiere, & même une partie de celles qui étoient dans les garnisons, pour s'opposer au Prince Eugene. *Allez,* lui dit-il, *je vous suivrai de près ; on me conseille de me retirer à Orleans ou à Blois, mais je n'en ferai rien, & je n'abandonnerai jamais ma bonne Ville de Paris à la discretion de mes ennemis.* Le Maréchal de Villars trouva bientôt le moïen de ranimer la fortune de la France, qui sembloit endormie depuis quelques années. Il assembla des troupes nombreuses, & s'aprocha du camp de Landrecy. Il savoit que le Prince Eugene étoit si bien retranché, qu'il étoit presque impossible de l'attaquer; mais il savoit aussi qu'il avoit mis des troupes en differens postes, comme à Denain & à Marchiennes, où étoient ses magasins de vivres & de munitions de guerre, avec lesquels il avoit une communication aisée. Il résolut de l'amuser en tournant autour de ses retranchemens, & fit de grans détachemens pour aller attaquer Denain. Il les suivit avec toute son armée, & fit une si grande diligence, qu'il surprit les ennemis, força les retranchemens de Denain, où le Comte d'Albemarle fut pris prisonnier, & ceux de Marchiennes & de Saint Amand, où il prit plus de sept mille hommes, quatre cens Officiers, trente-sept drapeaux, & une quantité prodigieuse de munitions de guerre & de bouche. Il alla ensuite assieger la Ville de Doüai, & la prit. Le Prince Eugene voyant tous ses magasins perdus, avoit levé le siege de Landrecy, & s'étoit avancé à la vûë de Doüai; mais il n'osa attaquer les lignes, & se retira du côté de Mons. Le Maréchal de Villars ne perdit point de tems, & prit tout de suite le Quesnoi & Bouchain. Ces heureux succès avancerent les negociations d'Utrek, & le 11 Avril de l'année suivante la paix fut signée.

An. de J. C. 1712.

Le 14. Septembre mourut à Paris Jean-Dominique Cassini, Gentilhomme Italien, l'un des plus grans Astronomes de son siecle, âgé de quatre-vint-sept ans. Il avoit acquis une grande reputation en Italie ; & quoiqu'il eut d'abord donné dans l'Astrologie judiciaire, & fait quelques prédictions, il en reconnut bien-tôt la vanité, & se donna tout entier à l'Astronomie : science solide, qui en développant peu à peu l'immensité des Cieux, force les hommes à en admirer le Createur. Il fit à Rome plusieurs observations avec la Reine Christine de Suede, qui souvent passoit les nuits à contempler les Astres, & travailla à plusieurs Ouvrages par l'ordre du Pape. Il fut attiré en France en 1669. par les liberalitez du Roi, comme Lorigene, Astronome fameux, vint d'Egypte à Rome appellé par Jules Cesar. Jean-Baptiste Colbert, Ministre toûjours attentif à faire fleurir les

Arts & les Sciences, lui fit donner la conduite de l'Obfervatoire, avec de groffes penfions, & il fut naturalifé François. Il fit dans la fuite des obfervations curieufes fur les Cometes, qu'il prouva clairement être des Aftres comme les Planetes, & qui ont leurs révolutions reglées, & peuvent reparoître de tems en tems. Il acheva la découverte des Satellites de Jupiter, que Galilée avoit commencée. Il trouva par fes calculs, que ce monde de Jupiter eft éloigné de la terre de cent-foixante & cinq millions de lieuës; ce qui a fait prefque changer de face à la terre. Siam, par exemple, fut trouvé de cinq cens lieuës plus proche de nous que l'on croyoit auparavant; & au lieu qu'on avoit fait les efpaces celeftes trop petits, on avoit fait les terreftres trop grans ; fuite affez naturelle de notre fituation, & des premiers préjugez. En 1684. il mit la derniere main au monde de Saturne, & n'y découvrit plus que deux Satellites, au lieu que dans les années précédentes, il en avoit vû jufqu'à cinq. Il perdit la vûë dans les dernieres années de fa vie ; malheur qui lui a été commun avec Galilée, & peut-être par la même raifon, les obfervations fubtiles demandant un grand effort des yeux. Enfin, après avoir paffé une longue vie fans aucune incommodité, il mourut fans aucune douleur, par la feule neceffité de mourir. Son aveuglement ne lui avoit rien ôté de sa guayeté ordinaire ; un grand fond de religion, & ce qui est encore plus, la pratique de la religion aidoit beaucoup à ce calme perpetuel. Les Cieux qui racontent la gloire de leur Createur, n'en avoient jamais plus parlé qu'à lui, & n'avoient jamais mieux persuadé. Son fils lui a succedé dans ses emplois, & s'en acquitte dignement.

An. de J.C. 1713.

Le 15. du mois de Mars le Duc de Berri & le Duc d'Orleans allerent entendre la Messe à la Sainte Chapelle ; deux Presidens à Mortier & deux Conseillers deputez par le Parlement pour les recevoir, vinrent les prendre, & les conduisirent à la Grand'Chambre, où ils prirent leur place, de même que le Duc d'Anguyen, le Prince de Conti, le Duc du Maine, & le Comte de Toulouse. Les Pairs Ecclesiastiques qui s'y trouverent étoient l'Archevêque Duc de Reims, l'Evêque Duc de Laon, l'Evêque Duc de Langres, l'Evêque Comte de Châlons, & l'Evêque Comte de Noyon. Puis les Ducs de la Trimoüille, de Sully, de Richelieu, de Saint Simon, de la Force, de Rohan, d'Etrées, de la Meilleraye, de Villeroy, de Saint Aignan, de Trêmes, l'Evêque de Mets Duc de Coislin, de Villars, de Barvix, Dantin & de Chaune. Comme il s'agissoit de faire enregistrer les Lettres Patentes données par le Roi,

Roi, sur la renonciation du Roi d'Espagne aux droits de sa naissance, & à ceux de ses décendans sur la Couronne de France, & de faire tirer des regiſtres les Lettres, par lesquelles les droits du Roi d'Espagne à la Couronne de France lui avoient été conservez, lorsqu'il partit pour Madrid. Jean-Jaques de Mesmes Premier Preſident, ayant expliqué les intentions du Roi, Joli de Fleury Avocat General, préſenta les Lettres Patentes, qui furent lûës, auſſi-bien que tous les autres Actes qui y étoient joints. L'Arrêt d'enregiſtrement fut enſuite prononcé, ſuivant les Concluſions du Procureur General.

Quatre mois auparavant, le Roi d'Espagne avoit ſigné l'Acte de renonciation à la Couronne de France pour lui & pour tous ſes décendans.

Le 2. Avril 1713. la paix fut ſignée à Utrek entre la France d'une part; & de l'autre l'Angleterre, la Hollande, le Portugal, le Duc de Savoye, & le Roi de Pruſſe. Le Traité entre la France & l'Angleterre, porte que le Roi Très-Chrétien reconnoît la ſucceſſion au Royaume de la Grande Bretagne, ainſi qu'elle a été reglée par les Loix faites ſous le regne précedent, & ſous celui-ci, en faveur de la Princeſſe Sophie, & de ſes heritiers dans la ligne Proteſtante d'Hanovre, promettant pour lui & ſes ſucceſſeurs, de n'en

An de J. C. 1713.

reconnoître point d'autre, & de n'affifter en aucune maniere ceux qui voudroient s'y oppofer : que les renonciations du Roi d'Efpagne à la Couronne de France, & celles des Ducs de Berri & d'Orleans à la Couronne d'Efpagne feront inferées dans ce Traité, & en feront partie : que les fortifications de Dunkerque feront rafées, le port comblé, & les éclufes ruinées. Par d'autres articles, le Roi Très-Chrétien cede à la Reine de la Grande Bretagne le détroit & la Baye de Huffon, la partie de l'Ifle de Saint Chriftophe, qui appartient aux François, l'Accadie, la Ville de Port-Royal, & l'Ifle de Terre-Neuve. Le Traité de paix du Roi avec le Roi de Pruffe, porte que la paix de Vefphalie fera maintenuë en fon entier, tant pour le fpirituel que pour le temporel : que la Ville de Gueldres demeurera au Roi de Pruffe en toute fouveraineté : qu'il demeurera auffi Souverain de Neuchatel & de Valengin : qu'il cedera à la France la Principauté d'Orange; & par le dernier article, le Roi promet au Roi de Pruffe, en fon nom & en celui du Roi d'Efpagne, de lui faire donner le titre de Majefté, & de rendre à fes Miniftres les honneurs qu'on rend à ceux des têtes couronnées.

Enfin, le Traité de paix entre le Roi de France & le Duc de Savoyè, porte que le

Roi restituera incessamment au Duc le Duché de Savoye, & le Comté de Nice : qu'il lui cedera la Vallée de Pragelas, avec les Forts d'Exilles & de Fenestrelles : que reciproquement le Duc cedera au Roi la Vallée de Barcelonnette, de maniere que les sommets des Alpes serviront à l'avenir de limites entre la France, le Piémont & le Comté de Nice. Par un autre article, le Roi consent à la cession que le Roi d'Espagne a faite au Duc du Royaume de Sicile ; & enfin le Roi approuve la disposition du Roi d'Espagne, qui au défaut de ses décendans, assure aux Ducs de Savoye la succession de l'Espagne & des Indes. Les Rois de Suede & de Portugal, le Grand Duc de Toscane, la Republique de Genes, le Duc de Parme, & les Villes Anseatiques de Lubek, de Bremen, de Hambourg & de Dantzic furent comprises dans les Traitez d'Utrek.

Depuis la signature des Traitez, les Plenipotentiaires d'Espagne arriverent à Utrek, où ils signerent cinq Traitez differens avec les mêmes Potentats nommez ci-dessus, dans lesquels ils comprirent tout ce que la France avoit stipulé dans ses Traitez touchant l'Espagne.

Mourut alors Cesar Cardinal d'Etrées, âgé de quatre-vint-sept ans, dans la quarante-troisiéme année de son Cardinalat. Il étoit

An. de J. C.
1714.

Evêque d'Albano, Abbé de saint Germain des Prez, & Doyen de l'Académie Françoise. Les grans emplois qu'il avoit soutenus avec dignité dans les Pays Etrangers, où il avoit donné des preuves de son genie & de son zele pour le service du Roi ; son esprit, sa doctrine, son amour pour les Lettres, sa charité envers les pauvres, l'agrément de sa conversation le firent regretter universellement.

An. de J.C. 1715.

Le 6. Mars de l'année suivante, le Traité de paix entre le Roi & l'Empereur fut signé à Radstad par le Prince Eugene & par le Maréchal de Villars. Il porte que les Traitez de Westphalie, de Nimegue & de Risvic seront executez, s'il n'y est dérogé expressément : que le Roi rendra à l'Empereur & à l'Empire le vieux Brisac, Fribourg & le Fort de Kell, avec l'artillerie qui y est : qu'on rasera les fortifications faites vis à vis d'Huningue, de l'autre côté du Rhin : que le Roi reconnoîtra la dignité Electorale dans la Maison de Brunsvic-Hanovre : que les Electeurs de Cologne & de Baviere seront rétablis dans tous leurs Etats, & qu'ils seront obligez de demander à l'Empereur le renouvellement de l'investiture de leurs Electorats & Principautez, ainsi que tous les Etats de l'Empire sont tenus de faire à chaque mutation d'Empereur : que dans tous les Pays cedez par le

Roi, tout sera maintenu en l'état où il étoit à l'égard de la Religion Catolique : que la neutralité sera conservée en Italie, suivant le Traité conclu à Utrek le 14. Mars 1713. & que les titres & qualitez prises de part & d'autre ne tireront point à consequence.

Le Traité fait à Radstad n'étoit que provisionel, & fut changé au Congrès de Bade en Ergov en un Traité définitif. Les Plenipotentiaires de France, & ceux de l'Empereur, à qui l'Empire avoit donné son plein pouvoir, n'ayant pû convenir sur ce qui étoit demeuré indecis à Radstad, se contenterent de mettre en latin le Traité qui avoit été fait en françois, & ce Traité ainsi rédigé en latin, & revêtu d'une forme plus autentique, fut signé à Bade le 7. Septembre 1714.

An. de J. C. 1714.

La Reine Anne d'Angleterre mourut d'apoplexie le 10. d'Août, âgée de cinquante & un an. Aussi-tôt George Electeur d'Hanovre, fut proclamé Roi de la Grande Bretagne, suivant l'Acte qui établit la succession à la Couronne dans la ligne Protestante.

An. de J. C. 1714.

Le 11. de Septembre, le Maréchal de Barvik, qui commandoit en Catalogne, fit donner l'assaut à la vieille Ville de Barcelone; & après une résistance opiniâtre, elle fut emportée; les rebelles se retirerent dans la nouvelle Ville. Ils demanderent à se rendre; & le Duc de Barvik, pour épargner le sang,

Fff iij

leur acorda qu'ils se rendroient à discretion ; qu'on leur laisseroit pourtant la vie & les biens ; qu'ils rendroient incessamment le Château de Montjoüi & le Château de Cardone, & tous les postes que les Miquelets tenoient encore dans les Montagnes ; ce qui fut executé fidellement. Le Marquis de Broglio en apporta la nouvelle. La joïe étoit alors à la Cour de Madrid. Le Roi d'Espagne, après la mort de Marie-Adelaïde de Savoye, qui lui laissa trois garçons, le Prince des Asturies & les deux Infans, se remaria à la Princesse de Parme. Elle s'embarqua sur des vaisseaux de guerre Espagnols ; mais ne pouvant souffrir les incommoditez de la mer, elle prit le chemin de terre, passa par le Bas-Languedoc, & se rendit à Madrid aux acclamations du Peuple.

An. de J.C. 1715.

Le 19. de Fevrier Mehemet-Rizabeg Ambassadeur de Perse, eut audiance du Roi à Versailles. La marche jusqu'à la cour du Château fut magnifique. L'Ambassadeur étoit sur un cheval du Roi enharnaché à la Persiene, entouré de plusieurs Valets de Pied Persans & Armeniens ; le Maréchal de Matignon à sa droite, & le Baron de Breteüil Introducteur des Ambassadeurs, à sa gauche. Le Moula de l'Ambassadeur, ou Docteur de sa Loi, son Tresorier, le Page qui porte sa Pipe, Agoubchan Armenien, qui avoit été chargé à Erivan de la

lettre & des presens du Roi de Perse suivoient à cheval. L'Etendart de Perse marchoit à la tête de tout, accompagné de douze Fusiliers Persans le fusil haut, quatre
chevaux du Roi avec des harnois à la Persiene, & menez en main par des Persans.
On avoit élevé au bout de la grande Galerie
un Trône, où le Roi parut chargé de pierreries. L'Ambassadeur, après de profondes
reverences, lui presenta la lettre du Roi de
Perse, & s'en retourna à reculons jusqu'à ce
qu'il ne vit plus le Roi. Le courage de ce
grand Prince le fit paroître en cette occasion
dans une santé parfaite, quoiqu'il fut déja
fort incommodé.

Ce fut le 2. de Mars 1715. que le Cardinal
de Boüillon mourut à Rome. Il étoit frere du
Duc de Boüillon, Grand Chambellan de
France, & neveu du Vicomte de Turene,
& dans sa jeunesse il portoit le nom de Duc
d'Albret. Il n'avoit que vint-quatre ans lorsqu'il eut la nomination au Cardinalat. Il étoit
Docteur de Sorbone, & dans une grande réputation de savoir & de pieté. Heureusement
pour lui, l'Abbé le Tellier eut alors la Coadjutorerie de Reims; ce qui donna le courage
au Vicomte de Turene, plus brave à l'armée que dans le cabinet, de demander au
Roi pour son neveu la Coadjutorerie de Paris, du consentement de l'Archevêque. Le Roi

se souvenoit de la peine qu'un Archevêque de Paris lui avoit faite durant la guerre civile, le refusa, ne voulant pas mettre dans une place si importante un jeune homme de si grande naissance, qui pouroit peut-être en abuser. Il refusa le Vicomte, en lui offrant toute autre chose. Il lui demanda sans hesiter la nomination au Cardinalat, qui lui fut accordée sur le champ ; & l'année suivante, le Pape, par une promotion extraordinaire, fit le Duc d'Albret Cardinal, pour consoler le Roi de la perte qu'il venoit de faire du Duc de Beaufort au siege de Candie. Le Cardinal de Boüillon eut dans la suite la Charge de Grand Aumônier de France, & l'Abbaye de Cluni ; & comme il avoit beaucoup d'esprit & de capacité, il ne croyoit pas qu'on lui dût rien refuser ; mais il se broüilla sans retour avec le Marquis de Louvois, Ministre de la Guerre, en prenant le parti du Comte de Marsan son ami, qui songeoit à épouser la Duchesse d'Aumont doüairiere, qui n'étoit pas si riche qu'il croyoit ; & le Ministre s'en vangea, en empêchant le Cardinal, par ses mauvais offices, d'être Evêque de Liege.

Le Cardinal fit donner au Comte d'Auvergne son frere, après la mort du Vicomte de Turene, la Charge de Colonel General de la Cavalerie, que le Roi avoit envie de supprimer

primer, comme il avoit fupprimé celle de General de l'Infanterie après la mort du Duc d'Epernon ; mais le Cardinal en fit tant par fes manieres trop vives, que le Roi perdit une partie de l'inclination qu'il avoit pour lui, & l'envoya deux fois en exil. Il eut pourtant la permiſſion d'aller à Rome au Conclave, & eut beaucoup de part à l'élection du Pape Clement XI.

Enfin le Cardinal de Boüillon, après tant de traverſes, étoit prêt de rentrer en grace, lorſqu'emporté par de petits chagrins que lui cauſoit ſon exil, il ſortit de France ſans congé, & ſe retira à Rome, où il mourut. Le Pape le ſachant à l'extrémité le vint voir, & lui donna ſa benediction. L'Abbé d'Auvergne ſon neveu avoit été, avec l'agrément du Roi, élu ſon Coadjuteur à l'Abbaye de Cluni.

La Miſſion de Kin-te-chim à la Chine fait de grans progrès. Le Pere d'Entre-colles, Miſſionaire Jeſuite, en rend compte au Pere de Broſſia, frere du Marquis de Broſſia, qui a fondé cette Miſſion. Il rapporte qu'il y a trouvé beaucoup de Chrétiens, qu'il a converti grand nombre d'Idolâtres & de Mandarins, & même quelques lettrez, qui ne ſe rendent qu'après avoir lon-tems diſputé. Ses Catechiſtes enſeignent leurs parens & leurs amis. Les Chinois, quand une fois ils ſont bien perſuadez de la vanité des Idoles, ſont meilleurs Chrétiens que toutes les autres Nations. Le Pere d'Entre-colles eut une longue conference avec un Mandarin, qui lui dit ces paroles : *Ce que vos Livres enſeignent du premier principe de toutes choſes ; eſt conforme à la ſainte doctrine : je ſai que l'Empereur eſtime votre Religion, & effectivement elle eſt bonne.* Un nouveau Chrétien lui dit un jour : *On me doit, & je ſouffre beaucoup de ce qu'on ne me paye pas, mais je ne veux aucun mal à ces debiteurs injuſtes ; je me regarde comme un homme qui ſeroit déja mort, & je ne fatigue plus ceux qui me doivent.* Le même Pere rapporte dans ſa Relation, que les Chinois dans leurs grandes fêtes, ont accoutumé de faire une Croix avec du vermillon ſur le front de leurs enfans, pour les préſerver, diſent-ils, du malin eſprit ; ce qui pouroit faire ſoupçonner que la Religion Chrétienne a été connuë anciennement à la Chine.

Les choſes étoient en cet état, lorſqu'il s'éleva une furieuſe perſecution au mois de Decembre 1711. Fan Mandarin, & l'un des Cenſeurs de l'Empire, attaqua ouvertement le Chriſtianiſme. Les Cenſeurs publics avertiſſent des deſordres qui ſe gliſſent dans l'Etat, relevent les fautes des Magiſtrats, & n'épargnent pas même la perſonne de l'Empereur, lorſqu'ils le croyent répréhenſible. Le Cenſeur Fan étoit irrité contre les Chrétiens, parce que son petit-fils avoit épousé une Chrétienne, qui ne vouloit point se prosterner devant les Idoles. Il présenta à l'Empereur le jour qu'il partoit pour un voyage en Tartarie, une requête sanglante contre le Christianisme. L'Empereur, selon la coutume, mit au bas de la requête quatre mots qui signifient, *que le Lipou délibere sur cette affaire, & m'en fasse son rapport.* Le Lipou est un Tribunal peu favorable aux Chrétiens. Les Missionaires tremblerent pour la Religion; mais par bonheur le même Censeur avoit présenté une autre requête sur les Digues de Ovengan, & l'Empereur l'avoit rejettée avec indignation, en disant que ce Censeur étoit un ignorant & un étourdi, qui ne cherchoit qu'à broüiller. Cela indisposa le Lipou contre lui ; sa requête contre les Chrétiens y fut examinée, & le Lipou la jugea en ces termes : *la requête du Censeur Fan, par laquelle il demande qu'on proscrive la Religion Crétienne n'est pas recevable, & l'on ne doit y avoir aucun égard.* On a peine à concevoir, dit le Pere d'Entre-colles, que le Lipou, qui nous a toûjours été infiniment opposé, soit devenu si favorable en cette occasion. On s'attendoit bien que l'Edit accordé par l'Empereur la trente-unième année de son regne, empêcheroit ce Tribunal de proscrire la Religion Chrétienne; mais on avoit tout lieu de craindre que conformément à la requête du Censeur, il ne mit des clauses tout à fait contraires à la publication de l'Evangile, qu'il ne défendit, par exemple, aux femmes de venir à l'Eglise, aux Chrétiens de mettre sur la porte de leurs maisons le saint Nom de Jesus, ou l'Image de la Croix, d'avoir des Images de Notre-Seigneur ou de la sainte Vierge dans leurs appartemens, & une reforme de cette nature eut ruiné le Christianisme. La deliberation du Lipou fut envoyée aux Calaos, qui l'approuverent, la traduisirent en Tartare, & l'envoyerent à l'Empereur. Ce Prince répondit : *Cela est bien, telle est ma volonté ; je confirme cet ordre, & qu'il soit enregistré.* Ainsi finit heureusement la persecution suscitée par le Censeur Fan.

Le Roi dans les dernieres anées de sa vie se trouva fort affoibli, & eut besoin de tout son courage pour donner Audiance à l'Ambassadeur de Perse avec sa majesté ordinaire ; mais sur la fin du mois d'Août, il se sentit défaillir entierement ; la gangrene avoit paru à sa jambe. Il se prépara à la mort, & demanda & reçut le saint Viatique avec une pieté exemplaire. Il parut alors entre les bras de la mort, réduit à lui seul, & presque anéanti sous le poids de la Majesté suprême ; il parut plus grand, plus admirable que dans le plus vif éclat de son regne. Il fit ensuite ses dernieres dispositions pour les affaires temporelles. Il travailla le 26. d'Août avec le Chancelier, mettant ordre lui-même à sa cassette pleine de papiers, & brûlant les inutiles. Il fit venir le Daufin, & lui dit: *Mon enfant, vous allez être un grand Roi ; ne m'imitez pas dans le goût que j'ai eu pour la guerre. Songez toûjours à rapporter à Dieu toutes vos actions ; faites-le honorer par vos Sujets. Je suis fâché de les laisser dans l'état où ils sont ; suivez toûjours les bons conseils ; aimez vos Peuples. Je vous donne le Pere le Tellier pour Confesseur. N'oubliez jamais la reconnoissance que vous devez à Madame de Vantadour.* Il embrassa le Daufin par deux fois, & lui donna sa benediction ; & comme il s'en alla, il leva les mains au Ciel, & fit une priere en le regardant.

Le Roi fit ensuite approcher les Cardinaux de Rohan & de Bissi, & leur dit en présence d'un grand nombre de Courtisans, qu'il étoit satisfait du zele & de l'application qu'ils avoient fait paroître pour la défense de la bonne cause ; qu'il les exhortoit à avoir la même conduite après sa mort, & qu'il avoit donné de bons ordres pour les soutenir. Il ajoûta que Dieu connoissoit ses bonnes intentions, & les desirs ardens qu'il avoit d'établir la paix dans l'Eglise de France ; qu'il s'étoit flaté de la procurer, cette paix si desirée, mais que Dieu ne vouloit pas qu'il eut cette satisfaction : que peut-être cette grande affaire finiroit plus promptement & plus heureusement dans d'autres mains que dans les siennes : que quelque droite qu'eut été sa conduite, on auroit peut-être crû qu'il n'auroit agi que par prévention, & qu'il auroit porté son autorité trop loin ; & enfin après avoir encore fortement exhorté ces deux Cardinaux à soutenir la verité avec la même ferveur qu'ils avoient fait paroître jusqu'à present, il leur déclara qu'il vouloit mourir comme il avoit vécu, dans la Religion Catholique, Apostolique & Romaine, & qu'il aimeroit mieux perdre mille vies que d'avoir d'autres sentimens.

Ce discours dura lon-tems, & le Roi le fit dans des termes si nobles & si touchans, & avec tant de force, quoiqu'il fut déja très-mal, qu'il étoit aisé de reconnoître qu'il étoit pénetré de ce qu'il disoit.

Le même jour le Roi fit approcher tous les Ducs, & tous les gens qui étoient dans sa chambre, & leur dit :

Messieurs, je vous demande pardon du mauvais exemple que je vous ai donné ; j'ai bien à vous remercier de la maniere dont vous m'avez tous bien servi, de l'attachement & de la fidelité que vous m'avez toûjours marquée. Je suis fâché de n'avoir pas fait pour vous tout ce que j'aurois bien voulu. Je vous demande pour mon petit-fils la même application & la même fidelité que vous avez eüë pour moi. J'espere que vous contribuërez tous à l'union ; & que si quelqu'un s'en écartoit, vous aiderez à le ramener. Je sens que je m'attendris, & que je vous attendris aussi. Je vous demande pardon. Adieu, Messieurs, je compte que vous vous souviendrez quelquefois de moi.

Il dit au Maréchal de Villeroy : *Monsieur le Maréchal, je vous donne en mourant une nouvelle marque de mon amitié & de ma confiance ; je vous fais Gouverneur du Daufin, qui est l'emploi le plus important que je vous puisse donner. Vous savez par mon testament ce que vous devez faire à l'égard du Duc du Maine. Je ne doute pas que vous ne serviez avec la même fidelité après ma mort, que vous l'avez fait pandant ma vie. J'espere que mon neveu vivra avec vous avec la consideration & la confiance qu'il doit avoir pour un homme que j'ai toûjours aimé. Adieu Monsieur le Maréchal, souvenez-vous de moi.*

Le Roi fit entrer toutes les Princesses pour leur dire adieu. Elles pleuroient bien haut, & faisoient beaucoup de bruit. Le Roi leur dit en riant : *il ne faut point crier comme cela.* Elles s'approcherent de son lit, & il leur dit à chacune ce qui leur convenoit. Il exhorta deux Princesses qui étoient mal ensemble à se racommoder ; ce qu'elles firent dans le moment.

Il dit à Monsieur le Duc d'Orleans, qu'il l'avoit toûjours aimé, qu'il ne lui faisoit point de tort, & qu'il le verroit par les difpositions qu'il avoit faites. Il lui recommanda sur toutes choses d'aimer la Religion, qu'il n'y avoit que cela de bon, & l'embraſſa par deux fois fort tendrement.

Il recommanda à Monſieur le Duc & à Monſieur le Prince de Conti, de contribuer à l'union qu'il deſiroit qui fut entre les Princes, & ajoûta au Prince de Conti de ne pas ſuivre l'exemple de ſes ancêtres ſur la guerre.

Il parla auſſi à Monſieur le Duc du Maine, & à Monſieur le Comte de Touloufe.

Il recommanda les Finances à Monſieur Deſmarets, & les Affaires Etrangeres à Monſieur de Torcy. Il ſe fit donner ſes poches, & en ôta lui-même quelques papiers; & y ayant trouvé ſon Chapelet, il le donna à Madame de Maintenon, & lui dit en ſouriant: *ce n'eſt pas comme Relique, mais pour ſouvenir.* Il eut grand ſoin qu'on ne vit point quelques papiers qui auroient broüillé deux de ſes Miniſtres, & les fit brûler.

Le lundi matin 26. du mois d'Août, le Roi en diſant adieu à Madame de Maintenon, lui dit des choſes très-touchantes, l'aſſurant qu'il avoit toûjours eu pour elle les ſentimens d'amitié & d'eſtime qu'elle meritoit. *Je ſuis fâché*, ajoûta-t-il, *de vous quitter, mais j'eſpere que je vous reverrai bien-tôt.*

Le

Le Roi languit encore quelques jours. *Je suis en paix*, dit-il, *mon Confesseur veut que j'aye une grande confiance en Dieu.* Il ajoûta assez haut ? *Je ne me consolerai jamais de l'avoir offensé.* On lui dit en lui présentant des cordiaux, *Sire, on veut vous rappeller à la vie* ; il répondit, *la vie, la mort, tout ce qu'il plaira à Dieu.* Une fois il dit : *Je suis aise de mourir ; on m'assure de mon salut ; on me dit qu'il n'y a qu'à esperer en Dieu.* Une personne qui ne le quittoit point, lui dit que cela n'étoit pas si aisé à tout le monde, quand il falloit commencer par le Catechisme auprès d'un mourant, qui a été toute sa vie dans le desordre, qui tient à des attachemens, qui a peut-être la haine dans le cœur, des restitutions à faire. *Ho*, dit le Roi, *je n'en dois à personne comme particulier, mais pour celles du Royaume, j'espere en la misericorde de Dieu.*

La nuit du **27.** au **28.** d'Août, il fut fort agité, & à tous momens on l'entendoit dire ses Prieres, & frapper sa poitrine, & nommant les personnes pour qui il prioit. Quoique dans ses derniers jours sa tête fut souvent embarassée, il revenoit toûjours quand on lui parloit de Dieu.

Le **28.** d'Août on lui proposa un boüillon : *Ce n'est pas là ce qu'il me faut, faites venir mon Confesseur.* Il lui demanda encore l'absolution. *Nous n'avons*, dit-il, *qu'une chose à faire, qui est notre salut, mais on y travaille trop tard.*

On lui demanda s'il souffroit beaucoup: *Non*, dit-il, *c'est ce qui m'afflige.*

Il dit aux Medecins, qui paroissoient inquiets & affligez: *M'aviez-vous crû immortel, pour moi je ne me le croyois pas.*

La nuit du 28. au 29. il dit: *O mon Dieu! quand me ferez-vous la grace de me delivrer de cette miserable vie?* On lui demanda s'il pensoit à Dieu: *de tout mon cœur*, dit-il plusieurs fois, *de tout mon cœur.*

Le Curé de Versailles lui disant que tout le monde faisoit des vœux pour sa conservation: *il est question*, lui dit-il, *de mon salut, & je vous prie de le bien demander à Dieu, car j'ai confiance en vos prieres.*

Pandant sa maladie, il prononça plusieurs fois le nom du jeune Roi; & sur ce qu'une personne qui étoit auprès de son lit parut en fremir: *Hé, pourquoi*, lui dit le Roi, *cela ne me fait aucune peine.*

Il dit à Monsieur de Pontchartrain, avec un ton de voix bien ferme: *Faites dresser un Brevet pareil à celui du Roi mon Pere, sans y rien changer, pour que mon cœur après ma mort soit porté aux Jesuites.*

Son Confesseur lui expliqua ces dernieres paroles de l'*Ave Maria*, *Nunc & in hora mortis nostræ*, & depuis ce tems-là le Roi repeta souvent, *Cela veut dire maintenant, présentement, & à l'heure de ma mort.*

On lui demanda s'il n'avoit rien contre le Cardinal de Noailles : *Non*, répondit-il, *je n'ai rien de personnel contre lui ; & s'il veut venir tout à l'heure, je l'embrasserai de tout mon cœur, s'il veut se soumettre au Pape ; car je veux mourir comme j'ai vécu, Catholique, Apostolique & Romain.*

Il entra dans l'agonie, sans perdre connoissance, & dit ces dernieres paroles : *Mon Dieu, faites moi misericorde, venez à mon aide, hâtez-vous de me secourir.* Il rendit l'esprit le 1. de Septembre 1715. à huit heures du matin, en la soixante-dix-septiéme année de son âge presque accomplie, étant né le 5. Septembre 1638. & dans la soixante & treiziéme année de son regne, qui commença le 14. de Mai 1643. Prince moins grand par ses qualitez royales que par les chrétiennes.

Je croi être obligé d'avertir les Lecteurs, que toutes ces dernieres paroles du Roi que je viens de rapporter, ont été recuëillies de moment en moment par une personne d'esprit, & d'une probité reconnuë, qui ne l'a point quitté dans ses derniers jours.

J'ajoûterai ici ce que ce grand Prince dit au Maréchal de Villars quelque tems après la mort des Ducs de Bourgogne & de Bretagne : *Dieu m'afflige*, Monsieur le Maréchal, *je l'ai bien merité ; mais j'espere que puisqu'il me punit en cett vie, il me pardonnera en l'autre.*

Le regne de Loüis le Grand a été le plus

long dont il y ait memoire depuis l'établiſſement de la Monarchie Françoiſe, & même dans l'Hiſtoire du Monde. Sapor Roi de Perſe, ne regna que ſoixante & dix ans, encore avoit-il été couronné dès le ventre de ſa mere.

Le lendemain de la mort du Roi, le Duc d'Orleans alla au Parlement accompagné du Duc de Bourbon, du Comte de Charolois, du Prince de Conti, du Duc du Maine, du Prince de Dombes, & du Comte de Toulouſe, & y fut déclaré tout d'une voix Regent du Royaume pandant la minorité du Roi Loüis XV.

Le 23. du mois, le Service ſolemnel pour le repos de l'ame du feu Roi fut celebré dans l'Egliſe de l'Abbaye Royale de ſaint Denis. Son corps qui y avoit été tranſporté avec de grandes ceremonies, étoit en dépôt ſous un magnifique Cadafalque ſous un grand Pavillon, au milieu d'une Chapelle Ardente éclairée d'un grand nombre de Cierges. Le tour du Chœur étoit orné de Cartouches, qui repreſentoient les principales actions, & les vertus du Prince défunt. Le Cardinal de Rohan Grand Aumônier de France, s'y étant rendu le ſoir du jour précedent, avoit aſſiſté aux Vêpres des Morts chantées par la Muſique du Roi ; & par les Religieux de l'Abbaye. Le Clergé, le Parlement, la Chambre des Comtes, la Cour des Aides, la Cour des Monnoyes, le Châtelet, l'Election, le Corps de Ville, & l'Université s'y étoient rendus suivant l'invitation qui leur en avoit été faite. Le Duc d'Orleans Regent du Royaume, ayant pris sa place, ensuite le Duc de Bourbon & le Comte de Charolois, la Messe fut celebrée par le Cardinal de Rohan. A l'Offertoire, le Regent conduit par le Marquis de Dreux Grand-Maître des Ceremonies, alla à l'Offrande après les saluts ordinaires de l'Autel, du Corps du feu Roi, des Princes, du Clergé, des Ministres Etrangers, & des Compagnies. Ensuite le Duc de Bourbon, puis le Comte de Charolois y furent conduits. Après l'Offertoire, l'Evêque de Castres prononça l'Oraison Funebre.

Lorsque la Messe fut finie, le Cardinal de Rohan, & ensuite les Evêques d'Auxerre, de Sées, d'Angers & de Beauvais firent les encencemens autour du corps, après lesquels les Gardes du Corps habillez de deüil, le Chaperon en forme, le transporterent au Caveau, après qu'on eut ôté de dessus le cercueil les honneurs qui furent presentez aux Ducs qui devoient les porter. Les quatre coins du Poël étoient tenus par de Mesmes, Premier Président au Parlement, & par de Novion, de Menars & d'Aligre, Presidens au Mortier. Le Roi d'Armes approcha du Caveau, où après que le Corps eut été décendu, il jetta sa Cotte d'Armes & son Chaperon, puis il appella ceux qui devoient porter les pieces d'honneur. Le Marquis de Courtenvaux apporta l'Enseigne des Cent Suisses de la Garde, dont il est Capitaine; le Duc de Charost, le Duc de Villeroy & Baliviere, Lieutenant de la Compagnie du Maréchal d'Harcourt, en son absence, apporterent les Enseignes de leurs Compagnies, & le Duc de Noailles Capitaine de la Compagnie des Gardes Ecossoises, apporta celle de la sienne. Quatre Ecuyers du Roi porterent les Eperons, les Gantelets, l'Ecu & la Cotte d'Armes. Dufaussoi en l'absence du Marquis de Beringhen, premier Ecuyer, apporta le Heaume timbré à la Royale. La Chenaye premier Ecuyer Tranchant, apporta le Pannon du Roi; le Grand Ecuyer de France apporta l'Epée Royale; le Duc d'Albret Grand Chambellan apporta la Baniere de France; le Duc de Brissac apporta la Main de Justice; le Duc de Luines apporta le Sceptre, & le Duc d'Usés la Couronne Royale. Toutes les pieces d'honneur furent portées sur le Cercueil; puis le Duc de la Trimoüille faisant la fonction de Grand-Maître de la Maison du Roi, mit son Bâton dans le Caveau, & les Maîtres d'Hôtel rompirent les leurs. Ensuite le Duc de la Trimoüille cria, *le Roi est mort,*

DE L'EGLISE. Liv. XXXV. Ch. I.

prions Dieu pour le repos de son ame. On fit enfuite une priere ; enfin le Roi d'Armes cria trois fois : *Vive le Roi Loüis XV.* ce qui fut fuivi des acclamations de toute l'Affemblée. Loüis XV. étoit feul refté en France de la pofterité de Loüis le Grand ; la mort avoit moiffoné tous les autres. Le Daufin en 1711. Prince recommandable par fa valeur, fa bonté & fon attachement fincere en la perfonne du Roi. Le Duc de Bourgogne en 1712. le Duc de Berri en 1714. & le Duc de Bretagne, qui avoit déja près de fix ans ; & fi la Ducheffe de Vantadour, Gouvernante des Enfans de France, n'avoit eu des foins incroyables du Daufin, indépendamment des Medecins, il n'eut jamais été Loüis XV. & la France auroit perdu la jufte efperance de le voir un jour digne fucceffeur de faint Loüis.

F I N.

TABLE DES MATIERES

DE L'HISTOIRE DE L'EGLISE,

PAR ORDRE CHRONOLOGIQUE.

TOME ONZIE'ME.

LIVRE TRENTE-QUATRE.
CHAPITRE PREMIER.

An. de J.C. 1661.	Portrait du Pape Alexandre VII.	Page 1
	Affaire des Corses. Le Cardinal Chigy, Legat à latere, vient en faire satisfaction au Roi.	3
	Loüis XIV. gouverne par lui-même.	8
	Mort de Gaston, Duc d'Orleans.	11
	Naissance du Daufin.	
	Mariage de la Princesse de Toscane.	
	Mariage de Monsieur avec la Princesse d'Angleterre.	
	Procès de Fouquet, Chambre de Justice.	12
	Rétablissement du Roi d'Angleterre Charles II. épouse l'Infante de Portugal.	11 15
	Affaire de Watteville.	17
An. de J.C. 1662.	Acquisition de Dunkerque.	19
	Corsaires de Salé. Ambassade de Maroc.	21
	Corsaires de Tripoli, de Tunis & d'Alger.	

Grande

DES MATIERES.

Grande famine en France.	22
Ambaſſade des Suiſſes.	ibid.
Le Vicomte de Turene défend le Portugal.	23
Mademoiſelle d'Aumalle épouſe le Roi de Portugal.	25
Priſe d'Erfort par l'Electeur de Mayance.	ibid.
Conteſtations entre les Theologiens ſur l'infaillibilité du Pape.	26
Converſion du Duc de Mekelbourg.	28
Entrepriſe de Gigery.	29
Les Livres de Jaques Vernant, & ceux d'Amedeus Guimenius ſont cenſurez.	32

An de J. C. 1664.

CHAPITRE SECOND.

Combat de Saint-Gotard.	34
La Reine acouche d'une fille, & tombe malade dangereuſement. Elle guerit par l'interceſſion de ſainte Genevieve, dont on décend la Châſſe.	36
Canoniſation de ſaint François de Sales, Evêque de Genêve.	38
Mort de la Reine Anne d'Autriche.	39
Retraite de la Ducheſſe de la Valliere.	40
Hiſtoire du Nouveau Teſtament de Mons.	ibid.
Decaration du Roi, portant défenſe d'établir de nouvelles Communautez.	42
Hiſtoire de Zabathaï-Sevi.	43
Congregation de la Bienheureuſe Vierge.	50
Guerre de Flandre.	52
Paix d'Aix-la-Chapelle.	55
Procès de Cîteaux.	ibid.
Baptême du Daufin.	56
Mort de Marie-Loüiſe de Gonzague, Reine de Pologne.	58
Abdication du Roi Caſimir.	ibid.
Election de Michel Viſnovieski.	62
Converſion du Vicomte de Turene.	63

An de J. C. 1666.

An de J. C. 1667.

An de J. C. 1668.

An de J. C. 1669.

TABLE

Canonisation de saint Pierre d'Alcantara, & de Marie-Madelaine de Pazzi. 64

CHAPITRE TROISIE'ME.

Siege de la Ville de Candie.	65
An de J. C. 1669. Le Roi rétablit la Charge d'Amiral, & la donne au Comte de Vermandois.	73
Paix de l'Eglise.	74
Missions de la Chine.	86
Erection du Seminaire des Missions Etrangeres.	88
An de J. C. 1670. Le Cardinal Altieri élû Pape, & prend le nom de Clement X.	97
Mort de Madame.	98
Guerre de Macassar.	99
Le Marquis de Nointel, Ambassadeur de France à la Porte.	100
Description de l'état present des Lieux Saints, dans la Judée ou Palestine.	103
Guerre de Hollande.	106

An. de J. C. 1672.

CHAPITRE QUATRIE'ME.

Etat de la Religion en Ethiopie.	113
Le Roi de Monomotapa se fait Chrétien.	115
Le Royaume de Congo reçoit le Christianisme.	116
Mission de Ceylan.	117
Mort du Vicomte de Turene.	120
An de J. C. 1675. Histoire de l'Eglise de saint Denis.	122
Etablissement de la Congregation de saint Maur.	124
Histoire des Quietistes.	126
Histoire des Maronites & des Jesides.	141
Histoire de l'Inquisition.	145
Histoire de la Metempsicose.	146
Le Cardinal Odescalchi est élû Pape, & nommé Innocent XI.	150
Histoire de la Propagande.	151

DES MATIERES.

Le Roi assiege en même-tems Valanciennes, Cambrai & Saint Omer.	155	An de J. C. 1677.
Bataille de Cassel.	156	
Paix de Nimegue.	158	
Combat de Saint Denis.	159	
L'Electeur de Brandebourg signe la paix.	160	
Priere pour le Roi.	161	An de J. C. 1679.
Le Roi d'Espagne Charles II. épouse Marie-Loüise d'Orleans.	162	
Etat de la Religion à la Chine.	ibid.	
Etat de l'Eglise Grecque.	165	
Mort du Cardinal de Retz.	168	
Fondation de la Communauté de saint Cyr.	169	
Le Daufin épouse la Princesse Victoire de Baviere.	171	
Mort du Vicomte Strafort.	173	
Le Roi se rend maître de Strasbourg, & achette Cazal.	181	

CHAPITRE CINQUIEME.

Le Roi donne l'Abbaye de Cluni au Cardinal de Boüillon, qui y tient Chapitre General.	182	An de J. C. 1682.
Canal de Languedoc.	184	
Naissance du Duc de Bourgogne.	187	
Affaire de Gènes.	188	
Le Roi fait abatre plus de 400. Temples.	189	
La Regale.	ibid.	
Assemblée du Clergé.	192	
Mort de la Reine Marie-Therese.	193	An de J. C. 1682.
Mort de Jean-Baptiste Colbert.	194	
Franchises des Ambassadeurs à Rome.	195	An de J. C. 1683.
Le Pape Innocent XII. acommode les démêlez du Saint Siege avec la France.	199	

TABLE

LIVRE TRENTE-CINQ.

CHAPITRE PREMIER.

	Siege de Vienne,	201
An de J. C. 1685.	Mort de Charles II. Roi d'Angleterre.	207
	Ambassades de Siam.	208
	Révocation de l'Edit de Nantes.	218
	Les Lieux Saints rendus aux Religieux de saint François.	234
	Histoire de Remiremont.	235
	Mort de Sluse Chanoine de Liege.	238
	Le Duc de Savoye chasse les Vaudois.	239
	Operation faite au Roi.	241
An de J. C. 1686.	Mission chez les Calibis.	243
	Mort du Prince de Condé.	244
	Mahomet IV. Sultan des Turcs, est déposé.	247
An de J. C. 1687.	Soliman III. est proclamé.	ibid.
	Autorité du Mufti.	248
	La Princesse Ragoski fait sa paix avec l'Empereur, & rend Mongast.	ibid.
	Histoire du Patriarche de Diarbeker.	249
	Mort du Cardinal de la Rochefoucaud.	253
	Histoire de sainte Genevieve.	254
	~~...~~ du Pere Faure, premier General de la Congregation de sainte Genevieve.	ibid.
	Histoire de l'Archevêché d'Auch.	263
	Superstition abolie à Diepe.	264

CHAPITRE SECOND.

Histoire du Roi d'Angleterre Jaques II.	265
Mort de la Reine Christine de Suede.	275
Mort du Pape Innocent XI.	276

DES MATIERES.

Election d'Alexandre VIII.	277	An de J. C.
Election d'Innocent XII.	278	1689.
Etat de l'Eglise dans les Indes.	279	
Mort de la Daufine de Baviere.	283	An de J. C.
Martyrs dans la Nouvelle France.	ibid.	1690.
Paix de Savoye.	286	
Mariage du Duc de Bourgogne avec la Princesse Adelaïde de Savoye.	ibid.	
Etablissement de la Maison de saint Cyr.	287	
Etablissement des Invalides & de l'Observatoire.	ibid.	
Mort du Docteur Antoine Arnaud.	288	
Paix de Risvik.	290	An de J. C.
L'Archevêque de Roüen gagne son procès contre l'Archevêque de Lion pour la Primatie.	293	1697.

CHAPITRE TROISIE'ME.

An de J. C. 1700.

Affaires d'Espagne à la mort de Charles II.	296	
Le Duc d'Anjou est reconnu Roi d'Espagne.	313	
Mort d'Innocent XII.	316	
Mort de l'Abbé de la Trape.	ibid.	
Histoire de l'Eglise de Hollande.	320	
Histoire de la Constitution *Unigenitus*.	321	
Election de Clement XI.	323	
Ecrits trouvez dans la cassette de Charles II. Roi d'Angleterre.	329	
Mort du Roi Jaques II. Roi d'Angleterre.	337	An de J. C.
Le Prince de Galles est proclamé Roi à saint Germain.	ibid.	1701.
Homelie de Clement XI.	341	
Il sacre Charles-Thomas Maillard de Tournon Patriarche d'Antioche.	344	
Mort du Roi Guillaume.	345	An de J. C.
La Princesse Anne est proclamée Reine d'Angleterre.	346	1702.
Histoire du Cas de Conscience.	346	
Suite des affaires d'Espagne.	351	

TABLE

CHAPITRE QUATRIEME.

Mission de Californie.	354
Mort de Monsieur.	355
Mort du Pere Bourdaloüe.	356
Revolte des Cevennes.	357
Naissance du Duc de Bretagne.	360
Mort de Jaques Benigne Bossuet Evêque de Meaux.	ibid.
Bataille navale donnée à la vûë de Minorque.	361
Le Roi d'Espagne leve le siege de Barcelone.	365
Le Duc d'Orleans leve le siege de Turin.	ibid.

An de J. C. 1704.

Bataille d'Almansa.	366
Le Duc d'Orleans prend Lerida & Tortose.	367
Mission de Perse.	368
Mission des Chrétiens de saint Jean.	370
Mission de Maduré.	372
Bataille de Malplaquet.	374
Guerre en Espagne. Bataille de Brighuega.	375
Le Roi d'Espagne envoye en Barbarie racheter les Espagnols faits esclaves à la prise d'Oran.	380
Relation du Paraguai.	381

An. de J. C. 1711.

Mort du Duc de Bourgogne, Daufin.	389
Memoire fait & écrit de la main de Monsieur le Daufin.	ibid.
Mort de l'Abbé de Lionne, Evêque de Rosalie.	393

CHAPITRE CINQUIEME.

Etat de la Religion dans l'Empire du Mogol.	ibid.
Histoire du Mogol.	ibid.

An de J. C. 1712.

Le Maréchal de Villars prend Denain, Marchienne, les Villes de Doüai, du Quesnoi & Bouchain. 408
Mort de Cassini, grand Astronome. ibid.
Le Duc de Berri & le Duc d'Orleans vont au Parlement faire leur renonciation à la Couronne

DES MATIERES.

d'Espagne. 410
Le Roi d'Espagne fait sa renonciation à la Couronne
   de France. 411
Paix d'Utrek. *ibid.*
Mort du Cardinal d'Etrées. 414
Paix de Rastad. *ibid.*   An de J. C.
Paix de Bade. 415   1714.
Mort de la Reine Anne d'Angleterre. *ibid.*
Le Duc de Barvik prend Barcelone. *ibid.*
Le Roi d'Espagne après la mort de Marie-Adelaïde
   de Savoye épouse la Princesse de Parme. 416
Ambassade de Perse. *ibid.*
Mort du Cardinal de Boüillon. 417
Mission à la Chine. 419
Mort du Roi Loüis le Grand, Ses dernieres paro-
   les. 422

Fin de la Table des Matieres du onziéme Volume.

TABLE

CHAPITRE QUATRIEME.

Mission de Californie.	354
Mort de Monsieur.	355
Mort du Pere Bourdaloüe.	356
Revolte des Cevennes.	357
Naissance du Duc de Bretagne.	360
Mort de Jaques Benigne Bossuet Evêque de Meaux.	ibid.
Bataille navale donnée à la vûë de Minorque.	361
Le Roi d'Espagne leve le siege de Barcelone.	365
Le Duc d'Orleans leve le siege de Turin.	ibid.

An de J. C. 1704.

Bataille d'Almansa.	366
Le Duc d'Orleans prend Lerida & Tortose.	367
Mission de Perse.	368
Mission des Chrétiens de saint Jean.	370
Mission de Maduré.	372
Bataille de Malplaquet.	374
Guerre en Espagne. Bataille de Brighuega.	375
Le Roi d'Espagne envoye en Barbarie racheter les Espagnols faits esclaves à la prise d'Oran.	380
Relation du Paraguai.	381

An de J. C. 1711.

Mort du Duc de Bourgogne, Daufin.	389
Memoire fait & écrit de la main de Monsieur le Daufin.	ibid.
Mort de l'Abbé de Lionne, Evêque de Rosalie.	393

CHAPITRE CINQUIEME.

Etat de la Religion dans l'Empire du Mogol.	ibid.
Histoire du Mogol.	ibid.

An de J. C. 1712.

Le Maréchal de Villars prend Denain, Marchienne, les Villes de Doüai, du Quesnoi & Bouchain.	408
Mort de Cassini, grand Astronome.	ibid.

Le Duc de Berri & le Duc d'Orleans vont au Parlement faire leur renonciation à la Couronne

DES MATIERES.

d'Espagne. 410
Le Roi d'Espagne fait sa renonciation à la Couronne de France. 411
Paix d'Utrek. ibid.
Mort du Cardinal d'Etrées. 414
Paix de Rastad. ibid. An de J. C.
Paix de Bade. 415 1714.
Mort de la Reine Anne d'Angleterre. ibid.
Le Duc de Barvik prend Barcelone. ibid.
Le Roi d'Espagne après la mort de Marie-Adelaïde de Savoye épouse la Princesse de Parme. 416
Ambassade de Perse. ibid.
Mort du Cardinal de Boüillon. 417
Mission à la Chine. 419
Mort du Roi Loüis le Grand, Ses dernieres paroles. 422

Fin de la Table des Matieres du onziéme Volume.

APPROBATION

J'Ai lû par ordre de Monseigneur le Chancelier le dixiéme Tome de l'Histoire de l'Eglise par Monsieur l'Abbé de Choisy, où je n'ay rien trouvé qui donne atteinte à la Religion Catholique, Apostolique & Romaine. Fait à Paris ce 14. Octobre 1720.

ROBUSTE.

PRIVILEGE DU ROY.

LOUIS, PAR LA GRACE DE DIEU, ROY DE FRANCE ET DE NAVARRE; A nos amez & feaux Conseillers les Gens tenans nos Cours de Parlement, Maîtres des Requêtes ordinaires de nôtre Hôtel, Grand Conseil, Prevôt de Paris, Baillifs, Sénéchaux, leurs Lieutenans Civils & autres nos Justiciers qu'il appartiendra: SALUT. Notre très-cher & bien amé le Sieur Abbé DE CHOISY & l'un des quarante de l'Académie Françoise, Nous a fait exposer qu'il desireroit faire r'imprimer & imprimer tout de nouveau plusieurs Ouvrages qu'il a composés ; entr'autres, *L'Histoire de l'Eglise depuis Jesus-Christ jusqu'à la fin du dix-septiéme siecle*, *la Vie & les Pseaumes de David* qu'il a traduits en François avec le Latin à côté & les differences de l'Hebreu ; *la Vie de Salomon*, *les Pensées Chrétiennes*, *l'Histoire des Rois Philippe de Valois, Jean, Charles V. Charles VI. & Charles VII. la Vie de S. Loüis* ; *la Vie de la Dame de Miramion* ; *l'Imitation de Jesus-Christ*, *les Dialogues sur l'immortalité de l'Ame* ; *Histoires de Pieté & de Morale*, *& plusieurs Histoires faites pour une jeune Princesse* ; s'il Nous plaisoit lui acorder nos Lettres de Privilege sur ce necessaires. Nous avons permis & permettons par ces Presentes audit Sieur Abbé de Choisy, de faire r'imprimer & imprimer lesdits Livres qu'il a composés, tant ceux qu'il a déja donnés au Public, que ceux qu'il n'a pas encore fait imprimer, en telle forme, marge, caractere, en un ou plusieurs volumes, conjointement ou separément, & autant de fois que bon lui semblera, & de les faire vendre & debiter par tout notre Royaume pendant le tems de douze années consecutives, à compter du jour de la datte desdites Presentes. Faisons défenses à toutes personnes de quelque qualité & condition qu'elles soient, d'en introduire d'impression étrangere dans aucun lieu de notre obéïssance, &

à tous Imprimeurs-Libraires & autres, d'imprimer, faire imprimer, vendre, faire vendre, débiter ni contrefaire aucuns desdits Livres, en tout ni en partie, sous quelque prétexte que ce soit, l'augmentation, correction, changement de Titre, de Traduction en Langue Latine ou autrement, ni d'en faire des Extraits ou Abregés, sans la permission expresse & par écrit dudit Sieur Exposant, ou de ceux qui auront droit de lui, à peine de confiscation des Exemplaires contrefaits, de trois mille livres d'amande contre chacun des Contrevenans, dont un tiers à Nous, un tiers à l'Hôtel-Dieu de Paris, & l'autre tiers audit Sieur Exposant, & de tous dépens, dommages & interêts ; à la charge que ces Présentes seront enregistrées tout au long sur le Registre de la Communauté des Imprimeurs & Libraires de Paris, & ce dans mois de la datte d'icelles ; que l'Impression desdits Livres sera faite dans notre Royaume & non ailleurs, en bon papier & en beaux caracteres, conformément aux Reglemens de la Librairie ; & qu'avant que de les exposer en vente il en sera mis deux Exemplaires dans notre Bibliotheque publique, un dans celle de notre Château du Louvre, & un dans celle de notre très-cher & feal Chevalier Chancelier de France le Sieur Phelypeaux Comte de Pontchartrain, Commandeur de nos Ordres, le tout à peine de nullité des Présentes ; du contenu desquelles vous mandons & enjoignons de faire jouïr ledit Exposant ou ses ayans cause pleinement & paisiblement, sans souffrir qu'il leur soit fait aucun trouble ou empêchemens. Voulons que la copie desdites Présentes qui sera imprimée au commencement ou à la fin desdits Livres, soit tenuë pour dûment signifiée, & qu'aux Copies collationnées par l'un de nos amez & feaux Conseillers & Secretaires, foy soit ajoûtée comme à l'original. Commandons au premier notre Huissier ou Sergent de faire pour l'exécution d'icelles tous Actes requis & necessaires, sans demander autre permission & nonobstant Clameur de Haro, Charte Normande & Lettres à ce contraires ; Car tel est notre plaisir. Donné à Versailles le vingt-septiéme jour de Septembre, l'An de grace mil sept cens onze, & de notre Regne le soixante-neuviéme. Par le Roy en son Conseil.

Signé, LAGAU.

Registré sur le Registre n. 3. de la Communauté des Libraires & Imprimeurs de Paris, page 266. n. 268. conformément aux Reglemens, & notamment à l'Arrêt du Conseil du 11. Août 1703. A Paris le 4. Novembre 1711.

Signé, DELAUNAY, Syndic.

Le Sieur Abbé de Choisy a cedé le present Privilege à Cristophe David suivant l'accord fait entr'eux.

www.ingramcontent.com/pod-product-compliance
Lightning Source LLC
Chambersburg PA
CBHW050255230426
43664CB00012B/1957